JN280178

シリーズ〈年金マネジメント〉3

年金ALMとリスク・バジェッティング

田中周二
［編］

北村智紀
［著］

朝倉書店

本書の付録ソフトについて

本書で付録ソフトとして紹介したExcelのファイル(第1巻の付録CD‐ROMに収録)の中には,マクロを利用しているものがある.これらのファイルは,Excelのマクロのセキュリティレベルが「高」に設定されていると利用できない場合がある.その場合は,「中」に変更し,マクロを有効にして実行していただきたい.

また,ソルバーを使用するものがあるので,ソルバー機能がインストール(およびアドイン登録)されているかどうかを確認してから実行していただきたい.

(追加情報などについては,朝倉書店のホームページを参照していただきたい.http://www.asakura.co.jp)

まえがき

　第3巻では,「年金 ALM（Asset Liability Management：資産負債統合管理）とリスク管理」を取り扱っています．このトピックは，比較的新しい分野です．シミュレーションを利用した年金 ALM については，わが国では1990年代頃から普及しはじめ，多くの年金基金が政策アセット・ミックスの決定に利用し，現在では比較的定番の手法となっています．また最近では，退職給付会計の導入もあってバランスシート型 ALM や多期間 ALM に対する関心が高まっています．リスク管理については，1990年代中頃から年金基金のリスク管理基準の検討が進められ，数年前からリスク・バジェッティング（リスク予算）という言葉が年金関係者の関心を集めたのを記憶している方も多いのではないでしょうか．

　年金基金は，運用環境の悪化を背景に，伝統的資産の運用に加えオルタナティブ投資などにも積極的に取り組みはじめています．しかし，オルタナティブ投資を含む全体のポートフォリオに対し，伝統的なアセット・アロケーションの枠組みではうまくいかないことが理解されはじめ，リスク・バジェッティングの考え方が生まれてきたのです．これは，すでに発展しつつあった金融機関のリスク管理手法が年金の世界に持ち込まれたものと見ることもできます．

　リスク管理は,「水と安全はタダ」（山本七平氏）と考える日本人にとって，単なるコストと見えるかもしれません．しかし，水も安全もタダではないことは,（残念なことですが）否応なしに日本人にも理解できる世の中になってきました．むしろ，3年続きのマイナス・リターンにより，リスク過敏症になって「羹に懲りて膾を吹く」状態になっては，リスクを管理していることにはなりません．リスク管理という翻訳が良くないという人もいます．リスク管理には，リスク経営，あるいはリスク戦略とでもいうべき前向きの態度が求められるのであり，アングロサクソンの人々の間にはリスク回避でなく，リスク欲求

（Risk Appetite）という言葉もあるくらいです．

　本書はシリーズの他の巻に比較すると計算式が多くなっていますが，読者の直感的な理解を優先して，数学的な厳密性にはこだわらずに記述しています．特に，ALMの説明では1変数から多変数へと話を進めたため，スカラー，ベクトル，行列の表現や離散と連続の表現が混在しており，わかりにくくなってしまいましたが，煩わしさを避けるため敢えて太字などは使用しませんでした．また，等号については，本来の意味での等号のほか，分布の意味で等しい場合など，断りなく使用している点にもご注意下さい．

　本書も「年金ストラテジー」に多くを負っており，第1章は特集号「年金基金のリスク管理」(2001年3月末)に加筆したもので，年金ALMやリスク・バジェッティングなどのトピックについても，この間の年金研究の蓄積に基づいています．第1,2巻同様，理解をより深めるために，年金ALMやリスク・バジェッティングなど，プラン・スポンサーがその作業を擬似体験できるように付録ソフトを作成しました（すべてのソフトは第1巻に付属のCD－ROMに収録されています．これらは，あらゆる環境での動作や算出結果の正確性を保証するものではありません）．

　末尾になりましたが，ようやくこの度の出版に漕ぎつけることができましたのは，朝倉書店編集部のおかげです．この場を借りて厚く御礼申し上げます．

2004年2月

田　中　周　二

目 次

0. はじめに ———————————————————————————————— *1*

1. 年金運用とリスク管理 ———————————————————————— *3*
   1.1   本章の概要   *3*
   1.2   年金基金のリスク管理と ALM   *5*
      1.2.1   年金運用で重視すべきリスク   *5*
      1.2.2   平均・分散アプローチによる最適資産配分とリスク・リターン管理   *6*
      1.2.3   リスクテイクに対する疑問   *7*
      1.2.4   ポートフォリオ管理，ALM，リスク管理   *9*
   1.3   年金基金のリスク管理   *11*
      1.3.1   年金リスク管理の基本   *11*
      1.3.2   年金リスク管理の特徴   *12*
      1.3.3   年金リスク管理の運営体制   *12*
      1.3.4   年金リスク管理の標準的手法   *15*
   1.4   年金リスク管理の現実   *19*
   1.5   年金運用に関する最近の話題   *22*
   1.6   シミュレーションによる ALM   *24*
      1.6.1   資産価格モデル   *25*
      1.6.2   モンテカルロ・シミュレーションの手順   *28*
      1.6.3   シミュレーションを利用した ALM の数値例   *30*
   1.7   リスク管理の課題   *34*

2. 年金運用と最適資産配分 ——————————————— 36
- 2.1 本章の概要　*36*
- 2.2 平均・分散法での最適資産配分　*37*
  - 2.2.1 有効フロンティア　*37*
  - 2.2.2 有効フロンティアでの数値例　*39*
  - 2.2.3 ２資産での最適資産配分の例　*40*
- 2.3 サープラス・フレームワークによる最適資産配分　*42*
  - 2.3.1 ２資産と負債がある場合　*42*
  - 2.3.2 サープラス・フレームワークでの数値例　*46*
  - 2.3.3 金利リスクを明示的に扱う場合　*47*

3. 多期間連続モデルを利用した ALM ——————————— 50
- 3.1 本章の概要　*50*
- 3.2 アセット・オンリー・アプローチでの最適資産配分　*51*
  - 3.2.1 マートン問題　*51*
  - 3.2.2 ベルマンの最適化原理　*52*
  - 3.2.3 １期間離散モデルでの例　*53*
  - 3.2.4 ２期間離散モデルでの例　*55*
  - 3.2.5 多期間連続モデルの利用　*58*
  - 3.2.6 マートン・モデルでの数値例　*60*
- 3.3 サープラス・アプローチでの最適資産配分　*61*
  - 3.3.1 １期間離散モデルでの例　*61*
  - 3.3.2 多期間連続モデルの利用　*64*
  - 3.3.3 サープラス・アプローチでの数値例　*68*
  - 3.3.4 「瞬間的」有効フロンティア　*69*
  - 3.3.5 「サープラス」有効フロンティアでの数値例　*72*
  - 3.3.6 短期金利が確率的に変動する場合　*73*
- 3.4 補遺：効用関数，リスク回避度，HJB 方程式の導出　*81*
  - 3.4.1 効用関数の例　*81*
  - 3.4.2 リスク回避度　*82*
  - 3.4.3 HJB 方程式の導出　*83*

3.4.4　より一般的な場合の HJB 方程式　*85*

4. 多期間離散モデルを利用した ALM ———————— *87*
　4.1　本章の概要　*87*
　4.2　数値的手法を利用した多期間 ALM モデル　*88*
　　4.2.1　資産価格と負債モデルの構築　*88*
　　4.2.2　ALM モデル　*91*
　4.3　2 項ツリーモデルを利用した数理計画法　*92*
　　4.3.1　シナリオ生成　*92*
　　4.3.2　数理計画モデルの構築　*95*
　　4.3.3　数理計画モデルの具体例　*98*
　4.4　資産が複数ある場合の多期間 ALM モデル　*102*
　　4.4.1　シナリオ生成　*102*
　　4.4.2　多期間離散型 ALM モデルの構築　*106*
　　4.4.3　多期間離散型 ALM モデルでの数値例　*109*
　4.5　実務的な制約条件と高速化への対応　*114*
　　4.5.1　実務的な制約条件　*114*
　　4.5.2　実務的制約条件の具体例　*115*
　　4.5.3　シナリオ結合によるノード数の削減　*117*
　4.6　シミュレーションを利用した ALM モデル　*119*
　　4.6.1　シナリオ生成と ALM モデルの構築　*119*
　　4.6.2　シミュレーションによる最適資産配分の例　*123*
　4.7　補遺：無裁定理論とツリーモデルの構築　*127*
　　4.7.1　裁定の機会　*127*
　　4.7.2　資産価格決定の基本定理　*128*
　　4.7.3　資産数が 3 資産以上ある場合のツリーモデルの構築　*129*

5. リスク・バジェッティング ———————————— *131*
　5.1　本章の概要　*131*
　5.2　リスク・バジェッティングの概要　*132*
　　5.2.1　リスク・バジェッティングとは　*132*

5.2.2　年金基金での利用方法　*134*
5.3　リスク・バジェッティングの利用例　*136*
　5.3.1　北米基金におけるリスク・バジェッティング　*136*
　5.3.2　カナダの年金基金の例　*137*
　5.3.3　国内基金での利用方法　*140*
5.4　リスク・バジェッティングの方向性　*143*
5.5　最適リスク配分モデル　*144*
　5.5.1　アクティブ・リスク・バジェッティング　*144*
　5.5.2　トラッキング・エラー配分モデル　*144*
　5.5.3　トラッキング・エラー配分モデルでの数値例　*148*
　5.5.4　リスク配分を意識した資産配分モデル　*149*
　5.5.5　アクティブ・リスク・バジェッティングでの数値例　*151*
　5.5.6　資産とトラッキング・エラーを同時に配分するモデル　*156*
　5.5.7　リスク・バジェット配分での数値例　*160*
　5.5.8　リスク寄与度を配分するモデル　*162*
5.6　補遺：リスクの理論　*164*
　5.6.1　リスク指標の計測対象と計測法　*164*
　5.6.2　リスク測度のコヒーレンシー（首尾一貫性）　*169*
　5.6.3　実務的に利用されているリスク測度のコヒーレンシー　*171*
　5.6.4　1次同次性とリスク分解　*172*
　5.6.5　動的リスク指標と静的リスク指標　*174*

参考文献　———————————————————————　*177*
索　　引　———————————————————————　*181*

Chapter 0

はじめに

　わが国では長らく，年金運用が，「多くの明示的ないしは暗黙的な規制に縛られていた結果，大きなリスクをとらずにすんだ代償として，必要なリターンを犠牲にした」と批判されてきた．ところが，1997年末にいわゆる5:3:3:2規制が撤廃され，その他の運用・制度面の規制緩和が進められた結果，年金基金の裁量の幅は大きく広がった．その後，多くの年金基金で実際に起こったことは，バブル崩壊後の運用環境の大幅な悪化による積立不足を解消するために，株式などのリスク資産を大幅に増やし，高いリターンを狙うことであった（リスク性資産（国内株式，外貨建株式・債券，不動産）の占率は，厚生年金基金平均で25％（1995年度末）から62％（1999年度末）まで上昇）．この戦略は，1999年の日米株高局面では功を奏し，基金の財政改善を果たしたが，2000年度以降は一転して日米同時株安に直面し，改めて運用リスクの厳しさを認識することとなった．

　運用利回りは1999年度こそ13.09％（厚生年金基金平均，修正総合利回り）と好成績であったが，2000年度は−9.83％，2001年度は−4.16％，2002年度は−12.46％と実に3年続きのマイナスリターンを記録した．つまり，年金スポンサーは，より高いリターンに挑戦するプレッシャーがますます強まっているが，同時に，テイクするリスクの限度や程度について管理することも，改めて重要な仕事となってきているのである．

　リスク管理については，先進的な金融機関でさえ，様々な議論がなされてい

る段階で，問題があまりにも多岐にわたるため，まだ統一的な処方箋を書く時期ではないと考えられている．市場リスクなどのように，分析手法の発展に伴い，リスクを定量的に計測，管理する手法が広く受け入れられつつある領域もあるが，一方では，オペレーショナル・リスクやコンプライアンス・リスクなどのように，定義自体が広範囲にわたり，統一的な方法論の確立は容易でないというのが現状である．

　実は，年金基金について，リスク管理の一般的フレームワークが議論され始めたのはごく最近のことであり，推奨される方法論が確立されているとはとてもいえない状況である．その理由は，年金基金のおかれた状況が金融機関とは相当異なっているため，独自のフレームワーク作成には時間がかかるからであろう．たとえば，企業年金の場合には，企業側からみると年金負債サイドの給付設計や成熟度は，年金スポンサーごとに異なっており，抱えるリスクの認識や分析手法，またはリスク管理の概念，手法なども，時代の変化とともに変わりつつある．

　しかしながら，年金スポンサーにとって，年金の積立状況，負債構成，経済・運用環境などを総合的に判断して，リスクとは何かを議論し，現時点で最もふさわしいと思われるリスク管理プランを作成・明文化することは，ますます重要になってくるものと考えられる．

Chapter 1

年金運用とリスク管理

1.1 本章の概要

わが国の年金運用では,「多くの明示的ないしは暗黙的な規制に縛られていた結果,大きなリスクをとらずに済んだ代償として,必要なリターンを犠牲にした」と批判されてきた.ところが,1997年12月にいわゆる5:3:3:2規制(安全性資産5割以上,株式資産3割以下,外貨建資産3割以下,不動産資産2割以下)が撤廃され,その他の運用・制度面の規制緩和が進められた結果,年金基金の裁量の幅は大きく広がった.その後,多くの年金基金でバブル崩壊後の運用環境の大幅な悪化による積立不足を解消するために,株式などのリスク資産を大幅に増やし,高いリターンを狙った.当初この戦略は,日米株高局面で功を奏し,基金の財政は改善したが,2000年度以降は一転して株安に直面し,運用リスクの厳しさを認識することになった.それにより,同時に年金基金のリスク管理やALM(Asset Liability Management:資産負債統合管理)が着目されるようになった.

そもそも,リスク管理やALMは,銀行に代表される金融機関から始まった.大手銀行では1988年から始まったBIS(Bank for International Settlement:国際決済銀行)規制と呼ばれる国際的規制がリスク管理規制の標準となり,わが国の金融庁の国内規制も,それに準じて作成されている.この規制は当初,信

用リスクに重きをおいたものであったが，1994年の第2次規制では，デリバティブ取引などのトレーディング業務のウェイトが大きくなってきたため，市場リスクも考慮するようになった．最近では，再び信用リスク規制について精緻化するとともに，オペレーショナル・リスクなどを含める内容となっている．

もう1つの特徴は，第2次規制以来，規制当局は，個々の銀行が利用している内部リスク管理モデルを認めてきたが，リスク管理の運営方法やモデルの信頼性を監督する立場に立つことを明確に認めた点である．これは，単に数値を規制するような形式的な規制方法の限界を当局自身が認めた結果である．このことは，金融機関はリスク管理について自主裁量権を認められた代わりに，その運営責任を厳しく問われるようになったことを意味している．その結果，金融庁の規制方針も，事前指導から事後監督へ重点が移され，リスク管理においても，そのプロセスをチェックすることが重視されるようになった．

わが国の年金基金も，5:3:3:2規制が撤廃されて以降，「受託者責任」が法律上も明確化されるなど，金融機関と同様のリスク管理が求められてきている．しかし，年金基金のリスク管理やALMの一般的フレームワークが議論され始めたのはごく最近のことである．これまでリスク管理やALM手法は，銀行や証券会社などの金融機関で利用されてきた考え方をベースに発展してきた．特に，市場リスクの分析手法の発展に伴い，リスクを定量的に計測，管理する手法が広く受け入れられつつある領域もある．また，「コンプライアンス」という言葉が普及するようになり，質やプロセスを重視するリスク管理も行われている．

しかし，年金運用と金融機関では，経済主体が負っているリスクの内容が相違する面があるために，リスク管理の重点が異なっているものもあると考えられる．たとえば，企業年金の場合には，企業側からみると年金負債サイドの給付設計や成熟度は年金スポンサーごとに異なっているので，リスクの認識や管理手法などについて，金融機関が利用している手法を直接導入すると，矛盾点が見出されることもある．

また最近では，年金基金のリスク管理は基金単独で行うのではなく，年金運用を含めたスポンサー企業の負債という立場から考えられることも多くなってきている．現在まで，年金運用のリスク管理については，米国では「リスク・

スタンダード 20」[*1]，わが国では「リスク管理ガイドライン 40」[*2] などがあるが，不十分であるため，年金スポンサーにとって，年金の積立状況や経済・運用環境などを総合的に判断してリスクとは何かを議論し，現時点で最もふさわしいと思われるリスク管理プランを作成・明文化することは重要なことといえる．本章では，リスク管理と ALM についての概念的な事項を説明する．

[*1] 1996 年に米国のリスク・スタンダード・ワーキング・グループによって策定されたリスク管理基準 "Risk Standards for Institutional Investment Managers and Institutional Investors".

[*2] 日本の年金基金，運用機関，コンサルタントが集まった「リスク管理フォーラム」が年金資産運用のための 40 項目からなるリスク管理基準を策定し，2000 年 5 月 25 日に承認された（事務局は大和総研）．

1.2 年金基金のリスク管理と ALM

1.2.1 年金運用で重視すべきリスク

そもそも「リスク」とは何であろうか．世の中でリスクといえば，何か悪いことが起こる可能性を指す．金融商品の販売等に関する法律では，金融商品の販売業者が「元本欠損が生ずるおそれ」を説明しなくてはならず，「その説明なしに顧客が実際に元本ロスを被った場合，その損失額を業者に賠償請求できる」と定めている（同法4条）．このように，損失を被る可能性をリスクとすると，その種類は無数にある．たとえば，従業員のモラル低下，インフレにより十分な老後の資金を提供できなくなることなども含まれる．

年金運用に直接関連するリスクに限っても，投資した資産の価格が変動する「市場リスク」，投資した証券が必要なときに売却できなくなる「流動性リスク」，投資先が破綻する可能性が高まり，証券価格が下落する「信用リスク」，業者による計算違いやコンピュータの故障などの「オペレーショナル・リスク」，手続きや管理が法令に反する「コンプライアンス・リスク」などがある．もちろん，これらのリスクすべてを管理する必要があるが，年金 ALM で最重視すべきリスクは，「市場リスク」の管理といえる．

現代投資理論（Modern Portfolio Theory：MPT）では，市場リスクを，予想される収益率（リターン）の標準偏差（平均からの分布のばらつき）やその2乗である分散をリスクとしてきた．リスクの増加にはペナルティを与え，リタ

ーンの増加には効用を与える平均（Mean）・分散（Variance）アプローチの考え方は，当時，線形計画を研究していたシカゴ大学の大学院生ハリー・マーコビッツ（Harry M. Markowitz）が 1952 年に提唱したものであり，マーコビッツ教授は後にノーベル経済学賞を受賞したが，変数が平均と分散の 2 つだけで使いやすいことから，実務にも広く応用されてきた．ただ，デリバティブ取引などではリターンの分布が正規分布と異なり，この平均・分散（MV）を使ったリスクやリターンの管理では不十分である．このことについては，年金 ALM においても当てはまる（後述）．

1.2.2 平均・分散アプローチによる最適資産配分とリスク・リターン管理

　年金 ALM の目的の 1 つに，中長期的にどの種類の資産（アセット・クラス）にどれだけの割合を配分するかという政策アセット・ミックスの構築がある．その一般的な方法は，前述の平均・分散アプローチを使った最適資産配分を利用するものである．これは横軸にリスク，縦軸にリターンをとり，できるだけ高い期待リターンのポイントを結んだ線（効率的フロンティア）を描き，その中から最も効率性の高い資産配分を選ぶ作業である．実務においても，資産配分の検討に平均・分散アプローチは広く利用されている．

　年金運用では単に資産のみを考えるのではなく，将来の積立動向を把握するためにサープラス（年金資産－負債（時価））という概念が利用される．平均・分散法とサープラスの考え方を組み合わせたサープラス・フレームワークでの資産配分の検討も利用される．次章ではサープラス・フレームワークも含めて，平均・分散アプローチを利用した最適資産配分を求める様々な方法を紹介する．

　しかし，このように一見洗練された方法を使っても，リスク・リターン管理は決して簡単ではない．特に資産種類ごとの期待リターン，リスク（標準偏差），さらにはリターンの相関などの前提値をどう設定するかは難問である．

　その方法の 1 つは，過去何年かの実績をそのまま利用する方法である．しかし，過去データは，特に期待リターンの推計に利用することは難しい．わが国のバブル期のように株価は必ず上がると投資家が信じ，株式投資を行うとリスク・プレミアムは低下（価格は上昇）する．その結果，バブル崩壊後の 1990 年代を振り返ると株式のリスク・プレミアムはマイナスとなり，無リスク資産のリターンを下回ることとなった．

過去の実績をそのまま利用しようとすると，どの時点の過去データを利用してよいかがわからないし，過去のデータがそのまま将来に当てはまる保証などない．そのため，期待リターンの推計にはビルディング・ブロック法やシナリオ法などが考えられた．ビルディング・ブロック法は，期待インフレ率に実質金利を加えて無リスク資産のリターンを予測し，それに長期債や株式の期待リスク・プレミアムを加えて，各資産の期待リターンを予測する方法である．シナリオ法とは，3～5つ程度の経済シナリオを立て，各シナリオでの予想リターンとその発生確率から期待リターンを計算する方法である．また，運用会社の予測や，実際に使用している期待リターンを平均する方法（コンセンサス法）などもある．

しかし，どのような方法をとるにせよ，正確な予測は不可能である．土台となる前提条件が定まらなければ，そこに構築されたモデルがいかに精緻であっても，その結果は信用できない．たとえば，リスク・プレミアムを推定するモデルが適切でなければ，負債を精緻に分析したALMモデルの結果である最適資産配分は，信用できないということである．だからといって，こうした最適資産配分の手法が役に立たないということではない．

年金運用では体系的に，運用の計画を立て（Plan），実行し（Do），その効果を確認する（See）ことが重要である．政策アセット・ミックスの構築は，この基盤をなすものである．できるだけ正確なパラメータ推定を行うことはいうまでもないが，もともと不完全だとわかりながらも利用できるものは利用する，という考え方も実務上大切である．

1.2.3　リスクテイクに対する疑問

年金運用では，誰のためにリスクをとり，リターンの向上を目指すかという点はよく問題にされることが多い．受託者責任を考えると，それは加入者（従業員）のためという議論もあるが，年金の給付が文字どおり確定しているのであれば，リスクをとって高いリターンを上げてもそうでなくても，加入者の利益（給付）は変わらない．それなら，どのくらいのリスクをとるかは，企業の所有者である株主が決めるべきということになる．しかし，株主の立場からみると，年金資産でリスクをとる必然性はない．企業が年金運用でリスクをとるのも，無リスク証券のみで運用し，株主自身が別途高いリスクの投資を行うの

も，株主のリスク・リターンの特徴は同じになるからである（税金がないと仮定している．税金を考えると年金運用では無リスク証券で運用する方が有利となる）．

一般の企業は，株式などのリスク資産への投資に専門性があるわけではなく，事業への投資の経営資源を集中させるべきといわれる．株主の代わりに企業が株式投資を行うよりも，株主が自ら株式投資を行った方が自由度は高まる．このような議論の結論は，年金運用ではリスク資産への投資を行わず，無リスク資産への投資のみを行った方が合理的であるということを導き出す．

逆に，年金資金は長期資金でありリスクをとるべきといわれることもある．その理由として，長期間では株式などリスクの高い資産が，結局，高いリターンを上げてきたからである．非常に長期のスパンで考えれば，リスクに対するリターンが報われることが資本主義の源泉であり，この関係が成立しなければ，わが国を含め多くの資本主義国でのマネーの流れは機能不全に陥ることになる．しかし，年金運用でのリスク資産投資に，この考えをそのまま適用することはできない．

どれほどの長期でこの関係が成立するかといえば，一般に年金運用で想定する期間よりも，はるかに長い期間が必要である．通常は，長期間のリスクとリターンの関係が成立する前に，年金基金が破綻する可能性を考慮しなければならなくなる．

リスク資産投資へのもう1つの追い風は，長期間にはリスクが減るという，リスクの時間分散効果の考え方である．その証拠として，リスクの指標（標準偏差）が小さくなるグラフが示される．たしかに，収益率の標準偏差をσ_R（シグマ）とすれば（σ_Rは本項のみの記号），n年間では1年当たりの標準偏差が$\sigma_R/\sqrt{n}$に下がる．たとえば，4年間の投資であれば1年の1/2になる．しかしそれは統計の当然の性質であり，実際の金額でみた標準偏差の額は，期間が長くなれば増加する（資産の収益率が正規分布に従うとすると，資産価格自体は対数正規分布に従う．その場合，資産価格の標準偏差σ_Aは，時間が経過すると$\sigma_A\sqrt{n}$倍となる）．しかし，リスクの時間分散効果については懐疑的な考え方をもつ人も多く，これだけでリスク資産への投資を正当化することはできない．

もっとも，厚生年金基金の場合，単なる確定給付型とは異なり，剰余金があ

ると掛金引下げや給付引上げなどにあてられる．また，厚生年金基金が解散した場合，剰余を加入者に配分することになっている．逆に，厚生年金基金の維持が難しくなっていくつかの条件が満たされれば，給付引下げもありうる．その意味では，加入者もリスクを負担しているが，それでも年金運用でリスクをとる必然性がないのは同じである．これは，従業員も個人資産でリスクをとることが可能だからである．

　それにもかかわらず，米国の確定給付型年金をみると年金の資産配分は株式中心であり，わが国でも同じ方向に進んできた．その理由を考えると，1つに，年金資産の運用担当者，企業の経営者，株主の目的がそれぞれ異なっている点に求められるであろう．米国での研究によると，①企業の財務状態が良好な場合，②年金基金の剰余金（資産−負債）の比率が高く，掛金引上げの可能性や企業会計上の積立不足（SFAS 87号における追加最小債務）が計上される可能性が低い場合，③年齢構成が低い場合に株式の割合（リスク）を高めているようである．これらは，「何か悪いこと」が起こって，年金資産運用まで株主が注目する可能性が低いため，リスクが隠れているケースといえる．年金資産運用でリスクをとる1つの理由は，株主が投資リスクに関する情報をもっていないこと，つまり経営者と株主の情報の非対称性に求めることができる．この点はわが国の企業年金でも同じであろう．年金運用でリスクをとる必然性はなく，組織間での情報の非対称性が背景にあると考えると，もしリスクをとるのであれば，年金基金だけでなく，母体企業や従業員にもリスクの内容を明らかにすることが重要であろう．

1.2.4　ポートフォリオ管理，ALM，リスク管理

　年金運用でのリスク・リターン管理は，より狭い意味でのポートフォリオ管理，資産負債統合管理（ALM），リスク管理の3つに分類できる．第1の狭い意味でのポートフォリオ管理は，主に，一定のリスクのもとでできるだけ高いリターンを上げるため，投資対象を検討することを指す．運用機関は年金基金が定めた運用ガイドラインに従い，アクティブ運用を通じて，リスク当たりリターンを高める手法を開発・選択し実行する．

　第2のALMは，年金資産と負債の差であるサープラス（剰余金）部分に着目する．サープラスが減るリスクを抑えて，リターン（サープラスの増え方）

を高くする資産配分（政策アセット・ミックス）を算出する．また，掛金計算上の債務や掛金額を抑えることも考慮する．この場合，年金負債には企業会計上の退職給付債務と，掛金計算での数理債務の両方を考慮しなくてはならない．前者は過去部分の負債であるうえ，財務諸表作成時に時価に近い価格で評価される一方，後者は将来の給付や掛金収入を含んでおり，いったん決めた評価がなかなか変わらないという違いがある．

　第3のリスク管理は，過度あるいは逆に過少のリスクを負う投資行動を事前に防ぐことが目的といえる．個別資産や運用機関に対して許容できるリスク水準を決定して，ポートフォリオがその範囲にあるかどうかを常にモニターし，それより外れた場合は修正を求めることになる．VaR（バリュー・アット・リスク：ある一定の期間に，ある一定の確率で被る可能性がある損失額）などのリスク管理に使われている指標は，米国では1980年代後半からすでに提唱されてきた．アジア通貨危機やLTCM社（ロングタームキャピタルマネジメント社：米国のヘッジファンド運用会社）の破綻などで市場変動が大きくなると，金融機関だけでなく，企業年金でも注目されるようになった．米国の年金関係者がリスク・スタンダード20（RS 20）を制定したのも，そうした動きの現れといえよう．

```
          ┌──────────────────────────────┐
          │  資産負債統合管理（ALM）       │
          │ ・企業会計上や年金数理上のサープラス管理 │
          │ ・掛金のコントロール            │
          │ ・政策アセット・ミックスの見直し  │
          └──────────────────────────────┘
                        │
          ┌──────────────────────────────┐
          │ ・投資基本方針                 │
          │ ・投資対象資産                 │
          │ ・政策アセット・ミックス        │
          │ ・運用ガイドライン             │
          └──────────────────────────────┘
          ／                           ＼
┌────────────────────────┐   ┌────────────────────────┐
│   ポートフォリオ管理      │   │     リスク管理           │
│ ・政策アセット・ミックスからの乖離を管理 │   │ ・市場リスクなどのリスク・エクスポージャーの管理 │
│ ・運用スタイルやマネージャー・ストラクチャーの管理 │   │ ・予想される最大損失のコントロール │
└────────────────────────┘   └────────────────────────┘
```

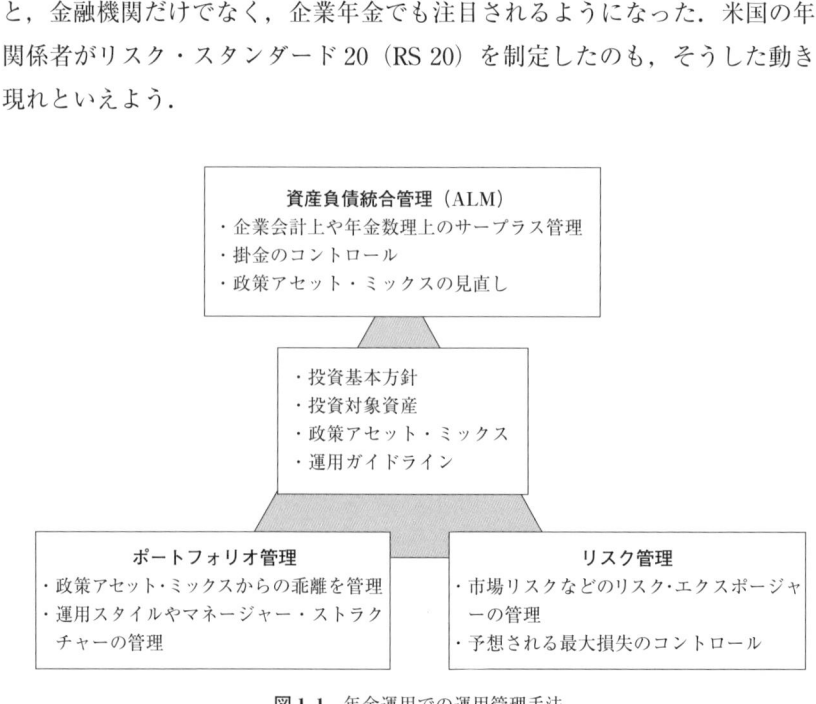

図 1.1 年金運用での運用管理手法

年金運用では，これら3つの理論を運用管理手段として利用し，運用基本方針の決定，投資対象資産の選定，政策アセット・ミックスの策定や，その変更手続き，個別運用会社別の投資ガイドラインの策定やリバランスなど，年金運用で必要な事項に利用される．実際，これら3つの管理手法は重なる部分も多く，厳密に分けることはできない．年金運用のそれぞれの階層から，様々な角度で各アプローチが利用され，Plan‒Do‒See を担うことになる（図1.1）．

1.3　年金基金のリスク管理

1.3.1　年金リスク管理の基本

　そもそも経済主体を取り巻くリスクには，未知で測定不可能なものと，既知で測定可能なものの2種類がある．また，損害額は比較的小さいが相当の頻度で発生するリスク（例：株価や債券価格の短期的下落）と，発生頻度は小さいがいったん起きると損害がきわめて大きいリスク（例：ブラックマンデー，大地震や大災害）という分類もできる．リスク管理は，このように質の異なる様々なリスクに対処するため，その重要性や頻度を意識した体系立った方法を事前に決定しておくことが基本となる．

　『リスクへの挑戦』（1994）を著したドミニク・キャサリーは，金融機関のリスク管理プロセスについて，次の4段階論を提唱した．第1段階は「リスクの抽出・特定化」であり，未知のリスクを発見し，測定可能かどうかは別としても，リスクの性質について認識を深める．第2段階は「リスクの可視化」であり，目に見えないリスクをわかりやすく分類し，定量化できるものについては数字で表現する．これにより，トップおよび各部門に共通の言葉でリスクが理解できるようになる．第3段階は「リスクの分析と評価」であり，専門家が収益や経営効率との関係でリスクを評価する．第4段階は「リスクの処理」であり，引受け，分散，移転などの手段によりリスクを処理する．金融機関に限らずいかなる経済主体でも，以上のプロセスが基本になるであろう．

　金融機関を取り巻くリスクは，①信用リスク（与信先の倒産など），②市場リスク（資産価格の変動など），③オペレーショナル・リスク（事務上のミスや犯罪など），④環境リスク（法規制や市場環境変化），⑤行為リスク（事業判断の失敗）などに分類されるが，年金基金で重視されるリスクは，これと異な

るものもあろう．

1.3.2　年金リスク管理の特徴

　年金基金が金融機関と大きく異なる点は，まずそれ自体，収益を目的とした会社組織ではないことである．すなわち，年金基金は，企業（ないし従業員）から委託された資金を運用し，年金規定で約束された給付を受給者に支給する「受託者」としての役割と責任を果たすことが目的の組織である．したがって，スポンサー企業の株主だけでなく，従業員のことも考慮しなければならない．

　次に，金融機関の場合，おそらく年度決算の収益見合いでリスクを管理するが，年金運用はあくまでも長期のスタンスに立った運用を目指すべき，という点である．短期的な収益の極大化より，ある程度安定したリターンを獲得することを目標とする方が望ましい．最終的には「年金給付」を支払えるように，バランスのとれた運用が必要となる．政策アセット・ミックスが間違った形（たとえば，とれないようなハイリスクを強要してハイリターンを狙うなど．現実に年金基金は，積立不足の解消や予定利率を達成するために，破綻リスクを考慮に入れず，株式などのリスク資産投資を拡大させた）で決定されると，リスク管理もうまく機能しなくなる．

　最後に，多くの年金基金は，自家運用でなく複数の運用機関を使って委託運用を行っている点であるが，この場合，年金基金自体は，運用者というより管理者として機能することになる．そこには，委託運用に特有のエージェンシー問題が発生する．すなわち，基金が望む運用目的どおりに運用機関が動いてくれないという問題である．そのため，運用機関に対して，円滑なコミュニケーションの維持と情報公開を要請し，また，運用機関にリスク管理のルールを守らせるようなインセンティブを付与することが必要となる．

1.3.3　年金リスク管理の運営体制

　リスク管理の方法を決めること自体，難しいことであるが，リスク管理を実行することは，それよりもさらに困難である．首尾一貫しないリスク管理は，かえって運用会社や年金スポンサー自身を混乱させることもありうる．リスク管理を体系的に実行するには，まず年金スポンサー自身が，リスク管理の重要性を認識することから始めるべきである．

リスク管理は，年金運用に関する大まかな方向性（基盤）を与えるものであるから，有効なリスク管理体制の構築には，母体企業の経営レベルが参加したトップダウン方式でないと効果的ではない．適切なリスク管理プロセスを制定し，リスク管理に人的および金銭的に適切な資源配分を行うことで，トップマネジメントがリスク管理の重要性を認識していることを示すことも重要である．

運用基本方針と政策アセット・ミックスの策定は，リスク管理の基本であることはいうまでもない．運用基本方針とは，年金基金がどのような目的を達成するために，どのような投資を行うのかを定める文書である．形式的ではあるが文書化され明示化されている場合と，そうでない場合とでは，運用とその管理に対する影響度は大きく異なる．基本方針は抽象的なものではなく，できるだけ具体的に定めることにより高い効果を得ることができる．安定的に年率5％以上のリターンを得るなどといった，精神論的で，現実には不可能なことを記述してはならない．基本方針を定めるにあたり，様々な議論がなされることになるが，この議論を通じて関係者に資産運用に関する共通の土台が築かれる．

投資方針を具体化する最初のステップは，リスクとリターンの特徴を考慮して投資対象資産を定めることである．以前までは，株式や債券という資産を決めることで，どのようなリスクをとるかの分類は可能であったが，最近では，資産クラスという言葉は役に立たなくなっている．デリバティブ手法の発展により，その形式と中身のリスクが異なるようになったからである．その場合は，資産の代わりに「リスク・エクスポージャー」という考え方を利用する．リスク・エクスポージャーとは，運用基本方針を実現するにあたり，どのようなリスクをとれば，どの程度のリターンを得ることができるかを検討することといえる．最後に，より具体的な政策アセット・ミックス（政策アセット・ミックスを決定する様々な手法の紹介が本書のテーマである）と，そのベンチマーク[*]を決定する．政策アセット・ミックスは，ALMによって負債サイドの特徴を十分反映したものでなければならない．

[*] 政策アセット・ミックスを構成する各資産の代表．株式であればTOPIXなど．個別運用会社に委託する際に指定するベンチマークと区別する必要がある．この2つは必ずしも同一である必要はない．

継続的なリスク管理で重要なことは，その組織形態にある．わが国の年金基金では，規模が比較的大きい基金であっても，資産運用担当とリスク管理担当が同一であるケースが多いが，本来は異なる組織であるべきである．また，担当者も兼任しない方が望ましい．この2つの組織は，まったく別のことをするわけではないが，リスク管理と資産運用では見る視点が異なるものである．

資産運用部門では，リスク当たりリターンを高める効率的な運用を目指して，投資対象資産や運用会社の選定，自家運用の場合は投資対象の調査やポートフォリオ管理を担当する．これに対して，リスク管理部門では，ポートフォリオ全体や，個別運用機関が適正なリスク水準にあるかどうかを監視し，不用意なリスクによる損失を限定することがその役割である．また，コンプライアンスの維持を行い，運用機関（自家運用部門）が法令やガイドラインを遵守しているかどうかを監視する．リスク管理部門と資産運用部門は，どちらも一定の独立性を維持して，互いに牽制する体制が望ましい形である（図1.2）．

理想的には，理事会のような最高意思決定機関の下部組織に，資産運用委員会とは別に「リスク管理委員会」などのリスク管理の専門部門をおく方が望ましい．ただ，資産運用委員会がリスク管理を担当しないかというと，そういうわけではない．資産運用部門は，常に資本市場や運用機関をモニタリングして，リスク・リターンの関係から効率的な投資戦略を選択する．しかし，どちらかというと，追加的リターンの獲得に目がいきがちで，相場の変動により過大なリスクを負っている状態でも，タイミングや投資戦略などが優先となり，リスクの適切な管理を過小評価する傾向がある．このような場合，リスク管理部門が積極的に運用機関（自家運用部門）に働きかけ，適正なリスク水準を維持するようにコントロールする必要がある．たとえば，リスク管理部門は，リスク

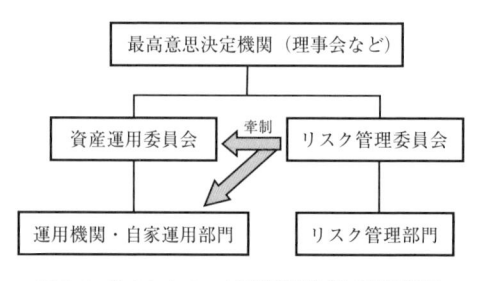

図1.2 独立したリスク管理部門と資産運用部門

指標によりリスク局面となったとき，運用機関（自家運用部門）に警告を発したり，対処を求めたりすることになる．

継続的なリスク管理を効果的にするには，最初に，理事会のような最高意思決定機関でリスクテイクに対する考え方や姿勢を整理し明確にすべきであろう．リスク管理の実行は，どちらかといえば日陰に扱われおろそかになりがちである．これを防ぐためには，その考え方や姿勢にトップマネジメントのコンセンサスを得ておくことが不可欠である．

次に，リスク管理責任者の責任と権限を明確にしておかなければならない．必要な権限とは，リスク管理上，必要な投資行動を資産運用部門に指示できることを意味する．具体的には，ポートフォリオのリバランス指図や，運用機関に警告や対処を要請できることである．リスク管理責任者に必要な権限がない場合には，リスク管理が停滞し，結果として過度なリスクを負担することが考えられる．リスク管理部門は，リスク管理上必要であれば，適切な行動をとる．その行動があらかじめ定めた「リスク管理ガイドライン」の範囲内であれば，リスク管理部門が意思決定を行う．その範囲外では，最高意思決定機関の責任において実行することになる．米国の運用機関の例では，リスク管理責任者が資産運用部門に対する人事権をもっているケースが多くあるようであるが，このように，リスク管理部門には，ある一定以上の強い権限を与える必要がある．

政策アセット・ミックスとそのベンチマーク策定後は，個別運用機関に対して，運用委託時の，運用ガイドラインやアクティブ・マネージャーに対するベンチマークが策定される．運用ガイドラインとは投資対象資産，ベンチマーク，スタイルなどの運用方法を記述したもので，アクティブ・リスク管理のベースとなるものである．また，運用会社の評価は，運用ガイドラインで定めたベンチマークとの比較で行われる．

1.3.4　年金リスク管理の標準的手法

リスク管理には，計量的に認識できるものを対象とするリスク計量分析と，法令やガイドラインを遵守しているかどうかに関するコンプライアンスの2種類がある．計量的に認識できるものに関しては，管理すべき指標や適切な管理手法を設定する．これら指標や手法は数多く存在するが，残念ながら，この方

法で管理していれば済むというような指標は存在しないし，管理プロセスについても確立された方法があるわけではない．年金運用に関するリスクは複雑であり，一元的に管理できるようなものではないと考えた方がよい．

逆に，管理する指標や手法を1つに絞ると，重要なリスクが認識できなくなる危険性がある．リスク管理プロセスを確立するために最も重要であると強調したいことは，文書化された「リスク管理ガイドライン」を策定することである．リスク管理ガイドラインには，以下の6点について明確に記述する必要があると考えられる．

（1）管理する対象
（2）管理する単位
（3）管理する指標
（4）管理目標値の設定
（5）リスク局面での対処方法の設定
（6）リスク管理のタイミング

（1）の「管理する対象」とは，リスクを管理する対象であり，年金運用の場合は，サープラスと年金資産の2つが考えらる．サープラスとは，資産の評価額から負債の評価額を引いたもの（サープラス＝資産(時価)－負債(時価)）で，本来であれば，年金運用では年金債務を考慮したサープラスについてリスク管理を行うことが妥当といえる．しかし，サープラス自体の計算方法が確立されたものではなく，把握が難しい場合があるので，資産サイドの分析（アセット・オンリー・アプローチ）を補助的に用いる．あるいは，実務的にサープラスを扱うことが難しい場合は，アセット・オンリー・アプローチで代用される．現在のように金利が低いと，どちらのアプローチでも同じような資産配分とはなるが，年金運用では継続基準や非継続基準でみた年金剰余が重要であるから，サープラス・アプローチで分析を行う方が望ましい．

（2）の「管理する単位」とは，サープラスや年金資産を管理する単位として，①ポートフォリオ全体，②個別アセット・クラスごと，③個別運用機関が想定できる．①ポートフォリオ全体の管理は年金スポンサーにとって重要なもので，ポートフォリオ全体のリスクを定め，それが意図した水準に収まっているかどうかをモニタリングすることである．このようなことが起きた場合，実務的には，個別運用機関に対してリスク・エクスポージャーを減少・増加する

ように要請したり，オーバーレイ・マネージャーなどを採用したりして対処することになる．なお，②,③については，アクティブ・リスクの管理が中心になる（5.5節参照）．

（3）の「管理する指標」とは，リスクを管理するための指標を定めることで，ポートフォリオ全体に対するリスク管理では①標準偏差，②政策アセット・ミックスからの乖離，③TE（トラッキング・エラー），④VaR（バリュー・アット・リスク）やSaR（サープラス・アット・リスク：ある一定の期間に，ある一定の確率で被る可能性があるサープラスの損失額），⑤ショートフォール確率（ある一定の期間に，ある一定の損失を被る確率）などがあげられる．標準偏差，VaR（SaR），ショートフォール確率については，管理する対象がサープラスと年金資産とでは異なる数値を得る．アセット・クラスごとや個別運用機関（ファンド）ごとのリスク管理では，①ベンチマークからの乖離，②トラッキング・エラー，③VaRなどが対象となる．これは，各運用会社や，その集合体であるアセット・クラスごとのアクティブ度をコントロールするものである．バリューやグロースなどの運用スタイルを重視した運用機関を採用している場合には，これらスタイル・リスクについても管理する．管理方法としては，信頼できるソフトウェアや外部レポートの活用を考慮する．将来的には，マスタートラストなどの利用も考えられる（図1.3）．

（4）の「管理目標値の設定」とは，政策アセット・ミックスを定めベンチマークを決めた後に，目標となるリスク値，つまりポートフォリオの目標標準偏差，目標VaR，目標SaRなどを定めることである．また，アクティブ運用を委託するあたっては目標トラッキング・エラーを決める．単に標準偏差などのリスク管理の指標を定め，定期的にリスクをモニタリングするだけでは，リ

〈リスク管理対象〉　　〈リスク管理指標〉

・年金資産　　　　　・ポートフォリオ全体
　　　　　　　　　　　標準偏差
　　　　　　　　　　　政策アセット・ミックスからの乖離
　　　　　　　　　　　VaR（SaR）
・サープラス　　　　　ショートフォール確率

　　　　　　　　　　・アクティブ・マネージャーごと
　　　　　　　　　　　トラッキング・エラー
　　　　　　　　　　　ベンチマークからの乖離
　　　　　　　　　　　VaR

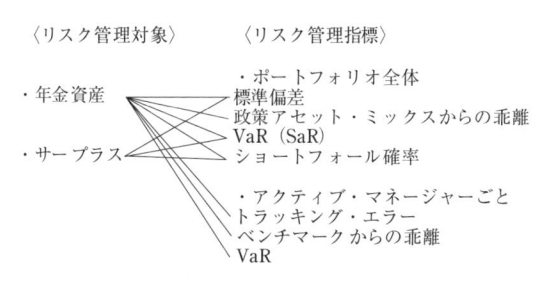

図1.3　リスク管理対象と指標

スク管理を実行したことにはならない．リスク管理が効果的であるためには，政策的な管理目標値を設定しなければならない．これは管理すべき指標に対して，「目標値」「限界値」「通常の範囲」などの数値を設定することである．

　また，ポートフォリオが年金スポンサーの意図したリスク水準にあるかどうかを認識するため，リスク指標に対して単なる中央値だけでなく，年金スポンサーにとって何が通常のリスクで，何が通常のリスクでないのかを認識するための，政策的な限界値を与えることである．たとえば，資産残高500億円のポートフォリオにおいて，今後1年間で5％の確率での損失額（VaR）が50億円だったとする．しかし，価格が変動する証券市場へ投資する限り，損失の可能性は0とはならないので，将来50億円を失う可能性があるという事実だけでは，それが年金スポンサーにとって大きいリスクなのか否かは把握できるものではない．

　リスクの程度を認識するためには，このようなリスク指標に対して，判断の基準となる目標値や限界値，あるいはリスク水準の通常の範囲が与えられる必要がある．たとえば，上の例で年金スポンサーに年間での最大損失額が40億円という目標値が与えられている場合，VaRが50億円というのは，過大なリスクをとっていると判断できる．

　これら政策的な目標や限界値の設定は非常に困難なことが予想されるが，負債サイドを考慮して数値を決め，母体企業トップのコンセンサスを得て，最高意思決定機関が承認する必要がある．これらの数値を具体的に決めるプロセスで，年金運用の問題点などが明らかになり，トップマネジメントが問題意識を共有することにもなる．政策アセット・ミックスやリスク管理値を定めても，リバランス方針を定めなければその効果は半減するといっても過言ではない．政策アセット・ミックスと実際のポートフォリオが乖離したり，ポートフォリオのリスク管理指標がリスク局面に到達することは常に想定できる．

　（5）の「リスク局面での対処方法の設定」と（6）の「リスク管理のタイミング」とは，定期的な見直しタイミングや，リスク局面での対処方法をあらかじめ定めておくことである．ポートフォリオが政策アセット・ミックスから，ある一定値以上乖離した場合のリバランス方法や，定期的に計測しているリスク指標が限界値（警告値）に達した場合など，想定できる対処方法（行為準則）をあらかじめ策定しておくということである．

リスクへの対処を要請する場合，通常，値上がりしてリスク許容値を上回った資産を売却し，値下がりした資産を購入するというリバランスを行うことになる．つまり，パフォーマンスが上がっている資産クラスからいままでパフォーマンスのよくない資産クラスへ，資産を移動する投資判断となる．このような判断は，リスク管理責任者にとって非常に厳しい投資判断といえる．

リスク許容値を超えていても，現状を維持した方が結果的に高いパフォーマンスが得られるかもしれない．リバランスに対する指針がなく，そのつど投資判断を行うと，結局，対処できず現状を維持し，問題の先送りをすることが多くなる．また，対処までのスピードが遅くなりがちであろう．その結果，想定していたより過大なリスクをとって，大きな損失を被るということもよくある．逆に，高いパフォーマンスを得ることができるかもしれないが，それは意図して行動した結果でなく，許容できるリスク水準を超えてリスクをとったが，幸いパフォーマンスがよかっただけである．

リスク管理には，年金スポンサーの長期的な視野に立った投資戦略，それを実行するための断固たる意思，組織としてのサポート体制が不可欠であり，そのためにはリスクへ対処する指針は明示的で，理事会のような最高意思決定機関が承認したものが必要である．ただし，ここで注意すべきことは，あらかじめ策定した対処法（行為準則など）に必ず従わなければならないわけではない．対処法はあくまで客観的なガイドであり，これを参考にそのときの状況を分析して，実際の対処策を考え実行することが望ましい．

1.4　年金リスク管理の現実

リスク管理を行う上で最も脅威となることは，リスクが高まっているのにもかかわらずそれが認識できないか，あるいは認識できたとしても対処する方法をもたず黙認することであろう．リスク管理とは，独特な言語や考え方を用いる企業文化の1つともいえる．運用会社においても，リスク管理部門を強化して資産運用部門と対等に扱うところが多くなってきている．資産運用部門とリスク管理部門とが互いに牽制し合うことで，適正な管理を保つことが可能となる．

この1つの文化が定着するには，時間や努力が必要である．特に年金運用の

意思決定者，母体企業のトップレベルが，リスク管理の重要性を認識し，それが大切な文化として定着させようとしなければ，リスクに対する黙認を防止することはできないであろう．

　厚生年金基金におけるリスク・リターン管理の現状をみると，大規模基金を中心に7割が政策アセット・ミックスを定めているものの，残りの3割が未策定との調査がある（「年金情報」（2002.12.16），格付投資情報センターによる）．体系的なリスク管理体制の整備は，大規模な基金にとどまるであろう．その理由は2つ考えられる．1つは，いわゆる運用の自由化からそれほど時間が経っていないからであろう．そのため，政策アセット・ミックスの策定や，リスク管理体制の整備にかかる時間やコストだけが強調され，その一方で，効果が目に見えて現れていないためである．もう1つは，厚生年金基金や適格退職年金で情報開示が進んでおらず，関係者間の責任が曖昧だからである．もし，リスク管理者の責任が厳しく問われるのであれば，リスク管理手法が自然と発展することになる．予測の前提や起こるかもしれない結果（リスク）について，年金基金の責任者，母体企業の責任者，従業員の間でコンセンサスを得ておけば，結果がその範囲内に収まっている限り，リスク管理者の1次的な責任ではない．

　ここで正反対のことをいうようであるが，リスク管理を厳密に行うことによる弊害も強調しておく必要があろう．

　まず，リスク管理では，各運用会社に市場リスクやアクティブ運用のリスク（トラッキング・エラーなど）について，数値によるガイドラインを設け，それをもとに一定の頻度で管理,評価する Plan－Do－See のプロセスを継続する．しかし，こうしたリスクの管理も度が過ぎると，運用会社が本来とるべきリスクよりも低いリスクしかとらなくなるといわれている．そのため，年金スポンサーにとっては，リスク資産のウェイトが本来あるべき水準より低くなり，長期的には目標となるリターンを達成できなくなる可能性が出てくる．

　また，頻繁なチェックは，往々にして資産配分や運用機関の無駄な変更にも結びつきがちである．これらは，「行動ファイナンス理論」で"近視眼的損失回避（Myopic Loss Aversion）"と呼ばれる．

　リスクの把握は，月単位あるいは四半期など，できるだけ頻繁にすべきであるが（たとえば，北米の年金基金の中には金融機関に匹敵するリスク管理シス

テムを導入し，日々管理を行う基金も存在する），実際の行動は近視眼的な傾向を避け，長期的視点をとらなくてはならない．これは非常に難しい問題であり，少ない労力とコストで高い効果を得るためには，知識や経験が必要となる．このことは，年金運用においてもプロフェッショナルが必要となってきたことを意味する．

　リスク管理に限らず，運用基本方針の策定や ALM 分析，政策アセット・ミックスの策定などにも懐疑的な目を向ける関係者も少なくないようである．その理由として，①有効性が疑わしい，②コストがかかる，③人材がいないなどがあげられている．そもそも市場の現実を 100% 説明できる理論や手法などは存在しないし，リスク管理をどんなに厳密に行っても，損失を限りなく回避することはできない．その意味では，最初の批判は正しいといえるかもしれない．しかし，リスクがある資本市場へ投資している限り，常に損失を被る可能性は存在するものであるし，何の指針もなしに相場観に頼って運用する，あるいは運用機関に任せっきりにするということでは，適切な管理といえるものではない．現状で運用基本方針が不要と断言するのは，経済学やファイナンスで市場のすべてを説明できるというのと同じくらい無謀といえる．

　第 2，第 3 の批判はコストに関わる問題といえる．つまり，良質の知識や人材を使うコストがかかりすぎる点である．これはある程度もっともなことである．たしかに，運用基本方針や政策アセット・ミックスの策定，リスク管理体制の構築には，人件費，外部コンサルティング費用，ソフトウェアの購入費用など多大なコストが必要である．相当規模の年金基金しか，これまで記述したリスク管理体制を構築することは現実にはできないかもしれない．その場合は，どの部分を重視するかの選択が必要となる．この中で，運用基本方針と政策アセット・ミックスを策定し，資産配分や運用機関を評価する努力は最低限必要であろう．

　また，リスク・エクスポージャーを把握して，必要であればそれを減らすルールをつくることも不可能ではない．マスタートラストの普及などにより，情報サービスは質・量ともさらに利用しやすくなってきている．しかし，資産運用を合理的に行うには，ある程度の規模が必要であることは確かである．規模の小さい年金基金は，中小企業退職金共済制度（中退共）や特定退職金共済制度（特退共）のような公的制度へ加入し，確定拠出年金の導入や，総合型基金

の設立など年金運用の共同化ができる仕組みを利用することを考える時期にきているようである．

1.5 年金運用に関する最近の話題

わが国の株式市場は，バブル崩壊後長い間低迷が続いている．米国においても，2000年以降，株式市場は明るくない．ファイナンス理論では，リスクが高ければ高いリターンが期待できるというが，このように長い間株式市場が低迷すると，理論は現実を説明していないと感じてもおかしくない．このような無リスク資産とリスク資産のリターンの平均的な格差（期待超過リターン）を「リスク・プレミアム」というが，最近，米国においてもわが国においても将来のリスク・プレミアムは，過去と同様に高いのであろうかという疑問が提起されている．米国では最近，リスク・プレミアムは過去の半分程度しか期待できないのではないか，あるいは0ではないのか，という研究結果もある（図1.4）．

年金運用においても，このリスク・プレミアムをどうみるかで，運用方針の決定に大きく影響する．株式リスク・プレミアムが過去の半分であると考えても，株式投資の水準をこれまでと同様に維持する理由に疑問が生じる．ただわが国においては，株式投資を行わない場合，その資金の投資先がない．株式投資と比較してリスクが少ない債券投資へ向かうとしても，債券価格は歴史的な高値（金利は低金利）であり，今後もこの価格が維持されるという保障はない．株式と債券との間の資産配分は，単に片方の資産に魅力がないとかリスクが少ないというだけでなく，両者の相対的なリスクと期待リターンの関係に注目す

図1.4 日本と米国のリスク・プレミアム（リターン格差：株式リターン－債券リターン）の推移

ることが重要である．

　政策アセット・ミックスを検討するにしても，リスク資産のリスク・プレミアムをどう考えるかが鍵となる．しかし，前節でも述べたように，リスク・プレミアムの推定は非常に難しい．将来の資産配分を決めるとき，将来の経済環境や資本市場の関係に一定の予測や前提をおき，その前提に対するリスク・プレミアムを求めることができれば，資産配分の検討に役立つように思われる．つまり，何らかのマクロ経済モデルを考え，次にその経済環境に対するリスク・プレミアムを推定するリスク・プレミアム・モデルを仮定する．そして次にその仮定したリスク・プレミアムを利用して，最適資産配分を検討しようとする手順である．そこには，経済環境と資本市場の間には一定の関係が成立するという仮定がある．しかし現実には，マクロ経済環境と，資本市場のリスク・プレミアムの間に関係を見出すことは容易でない．単純に過去のデータを分析しても，すぐにある一定の統計的関係をいうことは困難なようである（図1.5）．

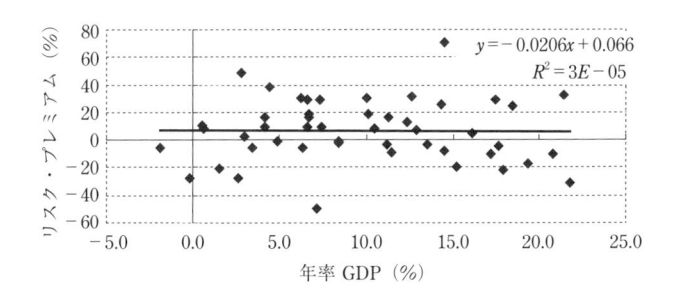

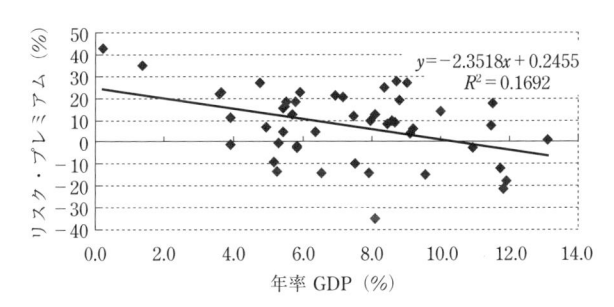

図 1.5 GDPとリスク・プレミアム（リターン格差）の関係（イボットソン・アソシエイツ・ジャパンのデータより作成）
上段：日本，下段：米国．

リスク・プレミアムの推定が頑健なものでなければ，その上に精緻な負債モデルを構築し ALM を検討しても，その結果は信用できない．リスク・プレミアムの予測が不完全なものであれば，その結果である最適資産配分も不完全である．最適資産配分という華麗な結果を鵜呑みにしてその値を政策アセット・ミックスに当てはめるのは，モデルの特性を無視したものといえよう．

こうしたことから，最近では最適資産配分という考え方を用いず，ある一定のリスク・プレミアム，資産配分や掛金を仮定してシミュレーションを行い，将来の年金基金の姿を予想して投資意思決定を行おうという考え方が台頭してきた．

資産配分の仮定では，たとえば，①現状維持の場合，②株式への投資比率を5%上昇させた場合など様々な仮定をおいてシミュレーションを行う．以前はある1つの数値を用いていた株式のリスク・プレミアムなどの前提条件についても同様に，①株式リスク・プレミアムが過去と同じであった場合，②半分になった場合，③0であった場合など様々な仮定をおく．この考え方では，政策アセット・ミックスは最適資産配分の答えである必要はない．だからといって，ある一定の前提条件のもとで，最適な行動はどのようなものかを示唆してくれる最適資産配分の考え方が役に立たないということにはならないであろう．

完全なモデルというものは存在しない．要は，モデルが不完全なことを知りつつ，合理的に利用することが重要なのである．次節で，シミュレーションにより ALM の方法を紹介し，次章以降で，様々な最適化手法を取り入れた ALM について解説する．

1.6　シミュレーションによる ALM

本節では，シミュレーションを用いた ALM の例を紹介する．ここでの方法は，①資産価格と負債の変動モデルを仮定し，②リスク・プレミアムやリスクなどの前提をおき，③一定の資産配分や掛金を維持した場合，将来のサープラスがどのようになるかの検討を行い，政策アセット・ミックスを決定するためのヒントを得ようとするものである．本節では，資産と負債の変動モデルは幾何ブラウン運動を利用する．また，ここでは資産配分の最適化は行わない．最適化については，次章以降に解説する．

1.6.1 資産価格モデル

無リスク金利を r として,無リスク債券価格 B は,

$$dB = rBdt \tag{1.1}$$

に従うとする.ここで,dt は微小時間,dB はその時間の債券価格の変化を表す(以下同様).株価 S は,

$$dS = \mu S dt + \sigma S dW \tag{1.2}$$

に従うとする.ここで,μ は株式の期待収益率,σ はボラティリティーで定数とする.W は標準ブラウン運動である(株式の変動モデルについては巻末参考文献 Hull(2000)の第 10 章などを参照).(1.2)は幾何ブラウン運動と呼ばれるもので,ブラック・ショールズ・オプション価格公式で仮定している株価変動モデルとして有名である.モンテカルロ・シミュレーションを行うために,(1.2)を離散時間(オイラー近似)で表現すると,

$$\Delta S = \mu S \Delta t + \sigma S z \sqrt{\Delta t} \tag{1.3}$$

となる.ここで,ΔS は微小時間での株価の変化幅であり,z は標準正規分布(平均 0,標準偏差 1)からのランダム無作為抽出である.シミュレーションによるシナリオ生成は,株価 S に対して行うよりも,$\ln S$ に対して行う方が一般的である.$G = \ln S$ とすると,G が従う確率過程は,伊藤の補題より,

$$dG = \left(\frac{\partial G}{\partial t} + \frac{\partial G}{\partial S}\mu S + \frac{1}{2}\frac{\partial^2 G}{\partial S^2}\sigma^2 S^2\right)dt + \frac{\partial G}{\partial S}\sigma S dW \tag{1.4}$$

となる.ここで,

$$\frac{\partial G}{\partial t} = 0, \quad \frac{\partial G}{\partial S} = \frac{1}{S}, \quad \frac{\partial^2 G}{\partial S^2} = -\frac{1}{S^2} \tag{1.5}$$

であるから,$\ln S$ が従う確率過程は,

$$d\ln S = \left(\mu - \frac{1}{2}\sigma^2\right)dt + \sigma dW \tag{1.6}$$

とできる.(1.6)の解は,

$$S = S_0 \exp\left\{\left(\mu - \frac{1}{2}\sigma^2\right)t + \sigma W\right\} \tag{1.7}$$

となり,これを離散時間で表現すると,

$$S(t+\Delta t) = S(t)\exp\left\{\left(\mu - \frac{1}{2}\sigma^2\right)\Delta t + \sigma z \sqrt{\Delta t}\right\} \tag{1.8}$$

となる．ここに，=は分布として等しいことを意味している．(1.8) は，ある時間 t の株価 $S(t)$ より，$t+\Delta t$ 時点の株価シナリオ $S(t+\Delta t)$ を構築する式である．この式には乱数 z があるため，$t+\Delta t$ 時点の株価は，当然であるが一意に決まらず，乱数 z の値に応じて異なるものとなる．(1.8) を繰り返し使用して，任意の期間の株価シナリオを構築することができる．無リスク債券のシナリオは，(1.1) より，

$$B(t+\Delta t) = B(t)\exp\{r\Delta t\} \quad (1.9)$$

となる．シミュレーションでは，複数の資産クラスを扱うことが容易である．資産を表す添字を i とし，資産数は n とする．リスク資産の添字を表す集合を $\iota = [1\ 2\ \cdots\ i\ \cdots\ n]$ とする．リスク資産価格 S_i は，

$$dS_i = S_i\left(\mu_i dt + \sum_{j=1}^{n} \sigma_{ij} dW_j\right), \quad i \in \iota \quad (1.10)$$

に従うとする．ここで，$W^{\mathrm{T}} = [W_1\ \cdots\ W_n]$ は n 次元標準ブラウン運動，μ_i はリスク資産の期待収益率（定数），σ_{ij} は第 i 資産の第 j ブラウン運動に対するボラティリティー（定数）とする．ボラティリティーは $n \times n$ 次元行列

$$C = \begin{bmatrix} \sigma_{11} & \cdots & \sigma_{1n} \\ \vdots & \ddots & \vdots \\ \sigma_{n1} & \cdots & \sigma_{nn} \end{bmatrix} \quad (1.11)$$

で表され，$\Sigma = CC^{\mathrm{T}}$ はリスク資産収益率の分散共分散行列となる．(1.10) の解を離散時間で表現すると，

$$S(i, t+\Delta t) = S(i, t)\exp\left\{\left(\mu_i - \frac{1}{2}\sigma_i^2\right)\Delta t + \varepsilon_i\sqrt{\Delta t}\right\} \quad (1.12)$$

とできる．ここで，ε_i は多次元正規乱数（平均 0 ベクトル，共分散行列 Σ）からのランダム無作為抽出である．共分散行列 Σ は，

$$\Sigma = \begin{bmatrix} \sigma_1^2 & \cdots & \sigma_{1n} \\ \vdots & \ddots & \vdots \\ \sigma_{n1} & \cdots & \sigma_n^2 \end{bmatrix} \quad (1.13)$$

である．ここで，σ_i^2 は第 i 資産の収益率の分散，σ_{ij} は第 i 資産と第 j 資産の共分散である．シミュレーションを行うためには，多次元正規乱数 ε_i を生成しなければならない．これにはまず，リスク資産の共分散行列 Σ をスペクトル分解により，

1.6 シミュレーションによる ALM

$$\Sigma = CC^{\mathrm{T}} \tag{1.14}$$

と分解する（C は一意には決まらない）．次に，標準正規乱数（平均 0, 標準偏差 1）を z とし，その n 次元ベクトルを $Z^{\mathrm{T}} = [z_1 \cdots z_n]$ とすると，多次元正規乱数（平均 0, 共分散行列 Σ）ベクトル $E^{\mathrm{T}} = [\varepsilon_1 \cdots \varepsilon_n]$ は，

$$E = CZ \tag{1.15}$$

として得ることができる．(1.10) ではボラティリティー行列 C を先に仮定して，株価変動モデルを仮定した．しかし実際には，分散共分散行列 Σ を先に仮定し，C をコレスキー分解によって得ることになる．

時点 t での資産配分を表すベクトルを $\phi_t^{\mathrm{T}} = [\phi(0,t) \quad \phi(1,t) \quad \cdots \quad \phi(n,t)]$ とする（投資比率ではなく投資量）．$\phi(0,t)$ は無リスク資産への投資量，$\phi(1,t), \cdots, \phi(n,t)$ はリスク資産への投資量である．ポートフォリオ $A(t)$ の価値は，

$$A(t) = \phi(0,t)B(t) + \sum_{i=1}^{n} \phi(i,t) S(i,t) \tag{1.16}$$

と表すことができる．ここに，$B(t) \equiv S(0,t)$ とした．以降，$S_t = [S(0,t) \quad S(1,t) \quad \cdots \quad S(n,t)]$ と表記する．初期時点 $t=0$ の資産配分を ϕ_0, リスク資産の価格を S_0 とすると，初期時点のポートフォリオ価値は $\phi_0^{\mathrm{T}} S_0$ となる．また，時点 $k>0$ でのポートフォリオ価値 A_k は，

$$A_k = \phi_0^{\mathrm{T}} S_0 + \sum_{t=1}^{k} \phi_{t-1}^{\mathrm{T}} S_t \tag{1.17}$$

となる（このようにポートフォリオ価値が表されることを自己資本調達的という）．資産価格が変化すると，各資産への配分比率 $w_i = S(i,t) \theta(i,t) / A_t$ も変化する．各資産への配分比率 w_i を常に一定とする場合（たとえば，ある資産への配分比率を 50% に固定する場合などを考える．コンスタント・ミックスという）は，投資量 θ_i が，

$$\theta(i,t) = \frac{w_i A_t}{S(i,t)}, \quad i \in \iota \tag{1.18}$$

となるように毎時点でリバランスを行う（ここでは売買コストは考慮していない）．A_k を年金資産と考えて，掛金 P_k と給付 Q_k を考慮した場合，(1.17) は，

$$A_k = \phi_0^{\mathrm{T}} S_0 + \sum_{t=1}^{k} \phi_{t-1}^{\mathrm{T}} S_t + P_k - Q_k \tag{1.19}$$

とできる．t 時点での年金負債（時価）を L_t とする．年金負債は従業員構成，

報酬，退職規定などを考慮して退職給付債務や責任準備金などを考える本格的なモデルを構築することもできる．ここでは，負債モデルを簡単に表すことにして，資産価格を同じように幾何ブラウン運動，

$$dL = \mu_L L dt + \sigma_L L dW_L \tag{1.20}$$

に従うと仮定する．ここで，μ_L は負債の期待リターン（予定利率），σ_L は負債のボラティリティー，W_L は標準ブラウン運動である．資産価格と負債価値との間に相関があるとして，(1.20) の解を離散時間にすると，

$$L(t+\Delta t) = L(t)\exp\left\{\left(\mu_L - \frac{1}{2}\sigma_L^2\right)\Delta t + \sigma_L z_L \sqrt{\Delta t}\right\} \tag{1.21}$$

となる．z_L は資産との相関を考慮した多次元正規乱数（平均 0，共分散行列 Σ^*）からのランダム無作為抽出である．負債を幾何ブラウン運動に従うとした場合は，新しい分散共分散行列 Σ^* を考えた方が簡単である．Σ^* は Σ の外側に負債の分散 σ_L^2 と，資産と負債の共分散 σ_{Li} を考慮した $(n+1)\times(n+1)$ 次元行列で，

$$\Sigma^* = \begin{bmatrix} \sigma_L^2 & \sigma_{L1} & \cdots & \sigma_{Ln} \\ \sigma_{L1} & & & \\ \vdots & & \Sigma & \\ \sigma_{Ln} & & & \end{bmatrix} \tag{1.22}$$

である．負債と資産のシナリオを生成する多次元正規乱数 $n+1$ 次元ベクトル $Z^T = [z_L \; z_1 \; \cdots \; z_n]$ も，Σ^* を利用して生成する．サープラス F_t は，

$$F_t = A_t - L_t \tag{1.23}$$

また，積立比率は，

$$R_t = \frac{A_t}{L_t} \tag{1.24}$$

と表すことができる．

1.6.2　モンテカルロ・シミュレーションの手順

次に，モンテカルロ・シミュレーションの手順と，関連項目について解説する．モンテカルロ・シミュレーションは，以下のような手順で行う．

（1）資産価格パラメータである期待リターン μ_i，予定利率 μ_L，共分散行列 Σ^* を仮定する．

（2）スポンサー企業のリスク許容度に基づき，年金基金の目標やリスクの

限度などの数値を設定する．
　（3）標準正規乱数 Z を発生させ，(1.15) より多次元正規乱数 E を生成する．
　（4）負債 L_t と資産価格 S_t シナリオを生成する．
　（5）資産配分比率 w_i，掛金 P_t，給付 Q_t を仮定する．
　（6）最終時点や適当な時点でのサープラスや積立比率の分布を作成する．
　（7）分布より VaR や SaR などのリスク値を計算する．
　（8）（2）で仮定した目標値とシミュレーション結果を比較検討する．
　（9）異なる資産価格パラメータや資産配分比率で検討を行う．

　前節でも説明したように，パラメータの推定を行うことは難しい．特に，期待リターン（リスク・プレミアム）を正確に予想することは非常に困難である．そこで，パラメータを1つに決めるのではなく，数種のパラメータの組について，資産配分を検討することが提案されている．たとえば，①デフレ加速，②現状維持，③インフレなどのシナリオをつくり，そのシナリオで考えられるパラメータを設定し，資産配分を検討することである．シナリオのつくり方は様々あるだろう．残念ながらシナリオに合致するリスク・プレミアム・モデルを構築することも難しい．各シナリオで資産配分を検討し，最終的には政策アセット・ミックスを1つ選ぶこととなるが，モデルが結論を導くことはない．検討は定性的な判断が必要である．後述する年金運用の目標やリスクなどをあらかじめ検討しておくことが役立つであろう．

　モンテカルロ・シミュレーションを行う前に，年金基金の目標や許容リスク値などをあらかじめ検討する．それらは，将来の積立比率と，その比率を達成するのにどの程度のリスクを許容できるか，最大限のリスクはどの程度か，などである．負債モデルを本格的に構築した場合は，将来の責任準備金，非継続基準でみた最低責任準備金や掛金の水準，企業会計上の退職給付債務や勤務費用などについて検討することができる．

　シミュレーションにより，資産価格が下落した場合に母体企業に対する影響度や，破綻リスクなどの分析を行うことになる．各項目について，「最低維持額」などの具体的な数値目標を設定する．シミュレーションを行う前に，このような客観的な目標やリスクに関する検討を行わないと，シミュレーションの結果が受け入れられるようにするため，期待リターンなどの前提条件を逆算し

て設定するようなことが起こる．シミュレーションの結果をみながらいろいろ検討することも重要ではあるが，最初にしっかりとした目標を設定することで，モデルを用いたこのような ALM 分析が生かされることになる．

1.6.3 シミュレーションを利用した ALM の数値例　　CD-ROM

本項では，第1巻に付属の CD-ROM の Excel シート「Example 01」を利用し，前項で解説したモンテカルロ・シミュレーションの手順に従った数値例を解説する（図1.6～1.11）．資産として，無リスク債券，長期債，株式の3資産を考える．無リスク資産の価格は，(1.1)に従うとする．リスク資産価格と負債は，(1.10)で表現される幾何ブラウン運動に従うとする．最終時点までの時間を3期間に分割し，1期間1年と仮定する．シミュレーション数は300回とする（ここでは，Excel シートで例示できるように時間の分割数やシミュレーション数を制限している．実際に利用するには，詳細なシミュレーションが必要である）．運用はコンスタント・ミックス（当初定めた資産配分となるようにリバランスを行うこと）で，掛金と給付は分析期間中一定とする．基金は，経済シナリオとして，①デフレ加速，②現状維持，③インフレの3つのシナリオを検討しているとする．この数値例では，そのうちの1つのシナリオを検討する．

年金基金は，(1) 3年後の 5% サープラス・アット・リスク (SaR)（ここでは，3年後，5% の確率で損失するサープラス額）が年金資産の 10% 以下と

	B	C	D	E	F	G	H	I	J
1	Example01:	シミュレーションを利用した資産配分検討の数値例							
2		変更可能セル							
3					前提条件				
4		μ	σ	ドリフト	相関係数	負債	長期債	株式	
5	負債	3.50%	4.0%	3.34%	負債	1.00	0.80	0.10	
6	長期債	1.50%	3.5%	1.38%	長期債	0.80	1.00	0.30	
7	株式	6.00%	18.0%	2.76%	株式	0.10	0.30	1.00	
8									
9	dt	1				無リスク資産価格			
10	無リスク金利	0.10%				t=0	t=1	t=2	t=3
11	負債時価	100				100.0	100.1	100.2	100.3
12	資産時価	100							
13	長期債	50.0%					t=0	t=1	t=2
14	株式	30.0%				掛金	2	2	2
15	無リスク資産	20.0%				給付	1	1	1

図 1.6　シミュレーションの前提条件（「Example 01」シート）

1.6 シミュレーションによる ALM

なること，（2）年金資産が50％以上の確率で105以上となることを目標としている．無リスク金利，リスク資産の期待リターンとボラティリティー，相関係数は以下のように仮定している（B4：J7 セル，無リスク金利はC10 セル）．現在の年金負債（時価）は100，資産時価は100，サープラスは0で，現状の資産配分は長期債50％，株式30％，無リスク資産20％であるとする（C11：C15 セル）．毎期，掛金として2の資金流入，給付として1の資金流出があるとする（G13：J15 セル）．これらキャッシュフローは期初に発生する（図1.6）．

負債，長期債，株式の価格シナリオを生成するため，独立な標準正規乱数（平均0，標準偏差1）から，(1.15) を利用して多次元正規乱数を生成する

	L	M	N	O	P	Q	R	S	T	U	V	W
3						多次元正規乱数						
4			負債			長期債				株式		
5	パス	t=1	t=2	t=3	t=1	t=2	t=3	t=1	t=2	t=3		
6	1	-0.277	0.2581	0.7591	-1.081	-0.114	0.1874	0.6258	-1.017	-0.47		
7	2	0.6475	-0.612	0.7608	1.5692	-0.949	-0.094	0.5332	-1.752	-0.989		
8	3	0.7732	0.4247	0.9941	-0.301	-0.981	0.4147	-1.038	-0.19	0.0007		
9	4	0.0402	-0.514	2.4101	0.2145	0.3368	2.2201	1.2058	-0.784	-0.158		
10	5	-0.435	-0.48	-0.5	-0.167	0.1778	-0.295	1.0344	0.6579	0.0935		
11	6	1.2826	-0.796	-2.417	1.2532	-1.261	-2.42	1.0219	-2.582	-0.718		
12	7	-0.47	0.8268	1.6208	-0.194	0.4195	1.5934	-1.094	-0.347	-0.57		
13	8	0.2548	0.1986	1.3977	0.821	0.5705	1.7693	1.315	1.0826	1.5931		
14	9	0.6839	0.3393	1.0403	0.5615	1.0561	0.9033	-0.449	1.4806	-1.642		
15	10	0.4942	0.6934	-0.024	-0.223	0.4351	0.5019	0.4293	-0.536	1.7308		

図1.7　多次元正規乱数の生成（「Example 01」シート）

	Y	Z	AA	AB	AC	AD	AE	AF	AG	AH	AI	AJ	AK	AL	AM
2			=Z6*EXP(($E$8*dt+$D$8*SQRT(dt)*M6))												
3							資産価格シナリオ								
4			負債				長期債					株式			
5	パス	t=0	t=1	t=2	t=3		t=0	t=1	t=2	t=3		t=0	t=1	t=2	t=3
6	1	100.0	102.3	106.8	113.9		100.0	97.6	98.6	100.6		100.0	115.1	98.5	93.0
7	2	100.0	106.1	107.1	114.1		100.0	107.1	105.0	106.2		100.0	113.2	84.9	73.0
8	3	100.0	106.6	112.2	120.7		100.0	100.3	98.3	101.1		100.0	85.3	84.7	87.1
9	4	100.0	103.6	104.9	119.4		100.0	102.2	104.8	114.8		100.0	127.7	114.0	113.9
10	5	100.0	101.6	103.1	104.5		100.0	100.8	102.8	103.2		100.0	123.8	143.3	149.8
11	6	100.0	108.8	109.0	102.3		100.0	105.9	102.8	95.7		100.0	123.6	79.8	72.1
12	7	100.0	101.5	108.4	119.6		100.0	100.7	103.6	111.1		100.0	84.4	81.5	75.6
13	8	100.0	103.8	109.0	119.0		100.0	104.3	107.9	116.4		100.0	130.3	162.7	222.8
14	9	100.0	106.3	111.4	120.1		100.0	103.4	107.9	116.4		100.0	94.8	127.2	97.3
15	10	100.0	105.5	112.1	115.8		100.0	100.6	103.6	106.9		100.0	111.1	103.7	145.5

図1.8　資産価格シナリオの生成（「Example 01」シート）

(M：W列). 各行が相関のある正規乱数の組を表している（図1.7）.

生成した多次元正規乱数から，(1.12)を利用して負債（Z：AC列），長期債（AE：AH列），株式（AJ：AM列）の価格シナリオを生成する．各行が1つのシナリオを表している（図1.8）.

現状の資産配分（長期債50%，株式30%，無リスク資産20%）を維持した場合，年金資産，サープラスとそのリスクが将来どのようになるかを検討する．コンスタント・ミックス戦略で運用を行うので，各期にリバランスを行う．期初の資産配分を維持するために，各資産の投資量（株数や額面）を変更する必

	AO	AP	AQ	AR	AS	AT	AU	AV	AW	AX	AY
2			=(BC6+I$18-I$22)*$C$20/AG6								
3					投資量						
4		長期債				株式			無リスク債券		
5	t=0	t=1	t=2		t=0	t=1	t=2		t=0	t=1	t=2
6	0.51	0.54	0.52		0.30	0.27	0.31		0.20	0.21	0.20
7	0.51	0.51	0.48		0.30	0.29	0.36		0.20	0.22	0.20
8	0.51	0.49	0.50		0.30	0.34	0.35		0.20	0.20	0.19
9	0.51	0.55	0.53		0.30	0.26	0.29		0.20	0.22	0.22
10	0.51	0.54	0.57		0.30	0.27	0.24		0.20	0.22	0.23
11	0.51	0.53	0.48		0.30	0.27	0.37		0.20	0.22	0.20
12	0.51	0.48	0.48		0.30	0.35	0.36		0.20	0.20	0.20
13	0.51	0.54	0.58		0.30	0.26	0.23		0.20	0.23	0.25
14	0.51	0.49	0.53		0.30	0.32	0.27		0.20	0.20	0.23
15	0.51	0.53	0.51		0.30	0.29	0.31		0.20	0.21	0.21

図1.9 各資産への投資量の決定（「Example 01」シート）

	BA	BB	BC	BD	BE	BF	BG	BH	BI
2			=AP6*AG6+AT6*AL6+AX6*I$14				=BC6-AB6		
3					時価				
4		年金資産				サープラス			
5	t=0	t=1	t=2	t=3		t=0	t=1	t=2	t=3
6	101.0	104.4	101.4	101.7		1.0	2.1	-5.5	-12.1
7	101.0	108.6	100.3	97.6		1.0	2.5	-6.7	-16.5
8	101.0	96.7	96.6	99.8		1.0	-9.9	-15.6	-20.9
9	101.0	110.5	109.4	115.7		1.0	6.9	4.5	-3.8
10	101.0	108.6	115.9	118.8		1.0	7.0	12.9	14.3
11	101.0	111.2	98.6	93.3		1.0	2.3	-10.4	-9.0
12	101.0	96.7	98.1	100.5		1.0	-4.8	-10.4	-19.1
13	101.0	112.4	123.8	143.6		1.0	7.9	15.0	24.6
14	101.0	101.2	115.3	110.8		1.0	-5.1	4.0	-9.2
15	101.0	104.7	105.1	120.7		1.0	-0.8	-7.0	4.9

図1.10 将来の年金資産とサープラス（「Example 01」シート）

1.6 シミュレーションによる ALM

要がある．各期の投資量は，(1.18) より AO：AY 列のように計算できる（図 1.9）．

各期の年金資産額は，(1.19) より BA：BD 列，サープラス額は，(1.23) より BF：BI 列のように計算できる（図 1.10）．

分析の最終期日（3年後）の年金資産額（BL：BM 列）とサープラス額（BP：BQ 列）の分布，パーセンタイル値（BS：BU 列）を利用してリスクとリターンのトレード・オフを検討する．当初の目標は，5％ SaR が現在の年金資産 100 の 10％以下となること，つまり損失額を 10 以下に抑えること，50％以上の確率で年金資産が 105 となることであったが，サープラスの 5％タイル値をみると -20.0 である（BU6 セル）．これは，3年後，確率 5％で，サープラスが現在の 0 から -20.0 になる可能性があるという意味であり，現在の資産配分では，リスク資産への配分が多いためハイリスクで，当初の目標である 5％ SaR が 10 以下を達成していないことがわかる．また，年金資産の 50％タイル値は 107.9 であり（BT15 セル），3年後の 50％の確率で年金資産が 105 以上となる目標は達成されている（図 1.11）．

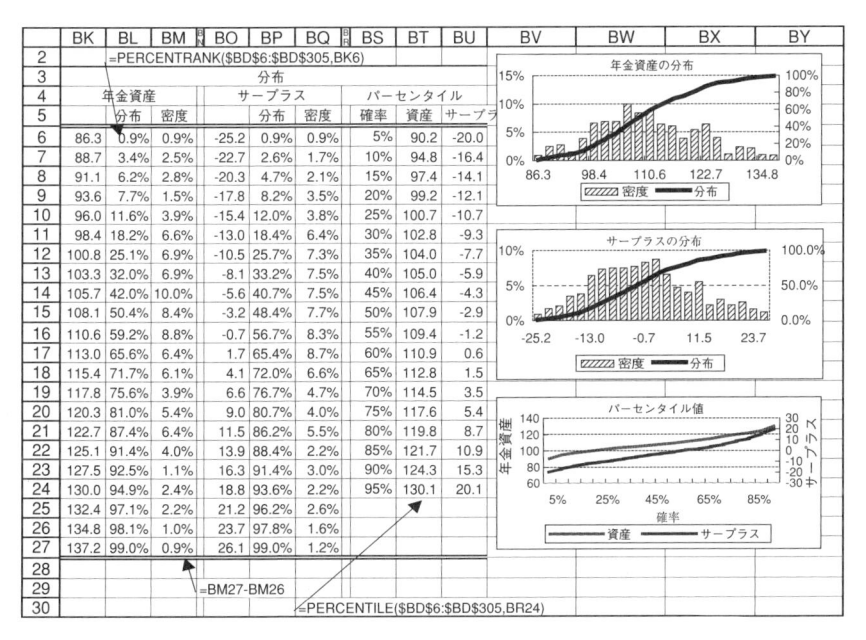

	BK	BL	BM	BO	BP	BQ		BS	BT	BU	BV	BW	BX	BY
2		=PERCENTRANK($BD$6:$BD$305,BK6)												
3					分布							年金資産の分布		
4		年金資産			サープラス				パーセンタイル					
5		分布	密度		分布	密度		確率	資産	サープ				
6		86.3	0.9%	0.9%	-25.2	0.9%	0.9%	5%	90.2	-20.0				
7		88.7	3.4%	2.5%	-22.7	2.6%	1.7%	10%	94.8	-16.4				
8		91.1	6.2%	2.8%	-20.3	4.7%	2.1%	15%	97.4	-14.1				
9		93.6	7.7%	1.5%	-17.8	8.2%	3.5%	20%	99.2	-12.1				
10		96.0	11.6%	3.9%	-15.4	12.0%	3.8%	25%	100.7	-10.7				
11		98.4	18.2%	6.6%	-13.0	18.4%	6.4%	30%	102.8	-9.3		サープラスの分布		
12		100.8	25.1%	6.9%	-10.5	25.7%	7.3%	35%	104.0	-7.7				
13		103.3	32.0%	6.9%	-8.1	33.2%	7.5%	40%	105.0	-5.9				
14		105.7	42.0%	10.0%	-5.6	40.7%	7.5%	45%	106.4	-4.3				
15		108.1	50.4%	8.4%	-3.2	48.4%	7.7%	50%	107.9	-2.9				
16		110.6	59.2%	8.8%	-0.7	56.7%	8.3%	55%	109.4	-1.2				
17		113.0	65.6%	6.4%	1.7	65.4%	8.7%	60%	110.9	0.6				
18		115.4	71.7%	6.1%	4.1	72.0%	6.6%	65%	112.8	1.5				
19		117.8	75.6%	3.9%	6.6	76.7%	4.7%	70%	114.5	3.5				
20		120.3	81.0%	5.4%	9.0	80.7%	4.0%	75%	117.6	5.4		パーセンタイル値		
21		122.7	87.4%	6.4%	11.5	86.2%	5.5%	80%	119.8	8.7				
22		125.1	91.4%	4.0%	13.9	88.4%	2.2%	85%	121.7	10.9				
23		127.5	92.5%	1.1%	16.3	91.4%	3.0%	90%	124.3	15.3				
24		130.0	94.9%	2.4%	18.8	93.6%	2.2%	95%	130.1	20.1				
25		132.4	97.1%	2.2%	21.2	96.2%	2.6%							
26		134.8	98.1%	1.0%	23.7	97.8%	1.6%							
27		137.2	99.0%	0.9%	26.1	99.0%	1.2%							
28														
29				=BM27-BM26										
30				=PERCENTILE($BD$6:$BD$305,BR24)										

図 1.11　年金資産とサープラスの予想分布（「Example 01」シート）

この2つの分析から，基金の目標を達成するには，現状よりリスクの低い資産配分の方が望ましいことが想像できる．資産配分に対する前提を変え，再びシミュレーションを実行する．

続けて，経済シナリオを変えることにより，期待リターンなどの前提条件を変えてシミュレーションを行う．最終的に選択する資産配分は，モデルからのアウトプットだけでは決めることはできないであろう．年金運用に対するしっかりとした目標と，ある資産配分を選択したときのリスクとリターンの比較を試行錯誤することで，最終的な資産配分の決定が可能となる．

1.7　リスク管理の課題

リスク管理は，年金運用が正常に行われているかどうかを，定期的に確認する手段ともいえる．その目的は，①意図せざるリスクをとった結果，大きな損失を被ることを回避すること，②意図したリスクであっても，適切な範囲に収まっているかどうかをモニターすること，と整理できるであろう．「意図したリスク」とは，リスクの所在や大きさの程度が明らかで，管理下におかれたリスクである．仮に証券市場が下落し，基金が損失を被っても対処可能な範囲のものである．「意図せざるリスク」とは，リスクの存在自体がわからないか，存在に気づいていないリスクである．大きな損失が発生して初めて，リスクの所在がわかることになるかもしれない．

「意図せざるリスク」をとらないようにする，というのがリスク管理の目標の1つであるが，それは，存在自体がわからないリスクが管理対象であり，その場しのぎのリスク管理では対応できない．「リスク管理を行えば，損失を回避できる」という考え方は誤解である．

年金運用は，意図した「リスク」をとり，リスクに対して高いリターンを上げることである．証券市場が下落した場合には，損失することは避けられない．そのためリスク管理は損失の管理ではなく，プロセスの管理といわれる．リスクが適切な範囲か，予想以外の損失を被る可能性はないかどうかを継続的にモニタリングし，必要なときに適切に対処するため，組織や意思決定プロセスを事前に整備しておくことが重要である．対処療法的な行動は損失の先送りにつながり，結果的に大きな損失を被ることも少なくない．

1.7 リスク管理の課題

リスク管理を適切に行うためには，まず運用目標を明らかにする必要がある．どのような目的をもち年金運用を行うかが明らかになれば，そこから乖離する可能性がリスクとなる．しかし，その目標には母体企業の財政状態が関わるので，基金だけでは決めることはできない．退職給付会計の導入などにより，基金のリスクは母体企業のリスクに直結するようになった．年金運用のリスク管理は基金だけの問題ではなくなった．つまり，リスク管理は母体企業全体の問題といえる．リスク管理体制には，基金のトップだけでなく，母体企業のトップマネジメントが積極的に年金運用のリスク管理を強化する方針を確立することが必要である．

リスク管理は，とかく後ろ向きに考えられがちである．資産運用と異なり，誰の目にも明らかな優秀な成績を修めることはない．場合によっては，運用益以上にコストがかかる場合もある．人材の確保，システム投資，コンサルティング費用などで，多くの経営資源が必要である．年間 1000 〜 5000 万円程度の費用が必要な場合もありうる．リスク管理をすべてインハウスで行うとすれば，億円単位のコストとなろう．実際，米国の大規模な年金基金の中には，数億円の費用をかけて，インハウスのリスク管理システムを構築し利用している基金も存在する．

リスク管理が後ろ向きといわれる最大の原因は，そのコストは運用を向上させるものではないという認識が強く，収益と直接には結びつかないからである．しかし，意図せざるリスクが明らかになった場合の損失は，非常に大きなものとなるであろう．

このように，その効果が具体的な数値で示すことができないリスク管理にこそ，トップマネジメントの積極的な関与が重要であろう．

Chapter 2

年金運用と最適資産配分

2.1 本章の概要

　本章では，平均・分散（MV）アプローチを利用した資産配分モデルについて解説する．資産価格の収益率が平均と標準偏差で特徴づけられる正規分布に従うと仮定し，その平均を期待リターン，標準偏差をリスクとして考え，ある一定の期待リターンのもとで，最小のリスクをもつ最適資産配分を選択する．年金運用の実務においても，このモデルは広く利用されている．このモデルは1期間モデルといわれるもので，現在と将来のある1時点を仮定する．どの程度の将来を検討するかについては，モデル自体には仮定がない．インプットとなる期待リターンやリスクが長期のものを想定すれば，モデルも長期ということになる．

　これに対して次章以降に紹介する多期間モデルにおいては，明示的に分析時間を想定する．また，1期間モデルでの資産配分は，ポートフォリオ価値に依存しない（リスク許容度が資産価格やポートフォリオ価値に依存すれば，最適資産配分は資産価格やポートフォリオ価値に依存することになる）．現在のポートフォリオ価値が100万円である投資家も，3000億円である投資家も同一の結果となる．このような弱点があるにもかかわらず，1期間モデルはよく利用されている．その理由は，資産価格の分布を正規分布と仮定するため，コン

ピュータによるシミュレーションに頼ることなく，分析が容易なことである．

本章では，最初に有効フロンティアについて解説し，2資産での例を利用して最適資産配分の特徴を分析する．年金基金では負債を考慮すべきであるので，次にALMでの資産配分の特徴を検討する．最後に，金利リスクを明示的に扱う場合での，資産配分と債券ポートフォリオのデュレーションを検討する．本章ではリスクとして標準偏差をとることにする．

2.2 平均・分散法での最適資産配分

2.2.1 有効フロンティア

資産 i の収益率 r_i を，

$$r_i = \mu_i + \sigma_i z_i \tag{2.1}$$

と表す．ここで，z_i は標準正規分布に従う乱数で，期待値 $E[z_i]=0$，分散 $Var[z_i]=1$ とする．資産 i の収益率の期待値は，

$$E[r_i] = E[\mu_i + \sigma_i z_i] = \mu_i \tag{2.2}$$

分散は，

$$Var[r_i] = Var[\mu_i + \sigma_i z_i] = \sigma_i^2 \tag{2.3}$$

である．資産は $1, \cdots, n$ まであるとし，収益率を表す n 次元ベクトルを $R^T = [r_1 \cdots r_n]$，ポジション（保有量）を表す n 次元ベクトルを $w^T = [w_1 \cdots w_n]$ とすると，ポートフォリオの収益率は $w^T R$ であり，ポートフォリオの期待値 μ_p は，

$$\mu_p = E[w^T R] = \sum_{i=1}^{n} w_i \mu_i \tag{2.4}$$

となる．また，資産間のリスクを表す $n \times n$ 次元分散共分散行列 Σ を

$$\Sigma = \begin{bmatrix} \sigma_{11} & \cdots & \sigma_{1n} \\ \vdots & \ddots & \vdots \\ \sigma_{n1} & \cdots & \sigma_{nn} \end{bmatrix} \tag{2.5}$$

とすれば，ポートフォリオの分散 σ_p^2 は，

$$\sigma_p^2 = Var[w^T R] = \sqrt{w^T \Sigma w} \tag{2.6}$$

となる．年金基金は，ある一定の期待リターン k のもとで，ポートフォリオのリスクが最小となる資産配分を選択する（年金資産のみを考慮して資産配分を

検討するので，アセット・オンリー・アプローチと呼ばれる）．目的関数は，

$$\min_{w} \sigma_p^2 = \min_{w} Var[w^T R] = \min_{w} \sqrt{w^T \Sigma w} \qquad (2.7)$$

制約条件は，ターゲットとなる期待リターンに関して，

$$\mu_p = E[w^T R] = \sum_{i=1}^{n} w_i \mu_i = \mu^* \qquad (2.8)$$

ポートフォリオの資産配分の合計が1になるために，

$$w^T e = 1 \qquad (2.9)$$

と設定する．ここで，e はすべての要素が1の n 次元ベクトルである．μ^* を動かし，有効フロンティアを構築して，資産配分を選択する．この最適化問題は，ラグランジュ（Lagrange）未定乗数法を用いて解を得ることができる．任意の実数 λ，θ に対して，ラグランジュ乗数を，

$$L(w, \theta, \lambda) = w^T \Sigma w + 2\theta(w^T \mu - \mu^*) + 2\lambda(w^T e - 1) \qquad (2.10)$$

と定義すると，$\hat{w}$ が最適解であるための1次の必要条件は，

$$\frac{\partial L}{\partial w} = 2\Sigma \hat{w} + 2\theta \hat{\mu} + 2\hat{\lambda} e = 0, \quad \frac{\partial L}{\partial \theta} = 2(\hat{w}^T \mu - \mu^*) = 0, \quad \frac{\partial L}{\partial \lambda} = 2(\hat{w}^T e - 1) = 0 \qquad (2.11)$$

を満たす $\hat{w}$，$\hat{\theta}$，$\hat{\lambda}$ が存在することである．そこで，(2.11) を連立して解けば，最適資産配分 $\hat{w}$ を求めることができる．(2.11) の最初の式より，

$$\hat{w} = -\Sigma^{-1}(\theta \mu + \lambda e) \qquad (2.12)$$

であり，これを残りの式に代入して整理すると，

$$\begin{aligned} w^T \mu - \mu^* &= -\theta \mu^T \Sigma^{-1} \mu - \lambda e^T \Sigma^{-1} \mu - \mu^* = 0 \\ w^T e - 1 &= -\theta \mu^T \Sigma^{-1} e - \lambda e^T \Sigma^{-1} e - 1 = 0 \end{aligned} \qquad (2.13)$$

とできる．ここで，$X = \mu^T \Sigma^{-1} \mu$，$Y = e^T \Sigma^{-1} \mu$，$M = e^T \Sigma^{-1} e$ と定義すれば，

$$-X\theta - Y\lambda = \mu^*, \quad -Y\theta - M\lambda = 1 \qquad (2.14)$$

となり，簡単な連立方程式となる．この式を解くことでラグランジュ乗数は，

$$\hat{\theta} = \frac{Y - M\mu^*}{MX - Y^2}, \quad \hat{\lambda} = \frac{\mu^* Y - X}{MX - Y^2} \qquad (2.15)$$

となる．最後に (2.12) へ代入することにより，最適資産配分

2.2 平均・分散法での最適資産配分

$$\hat{w} = -\Sigma^{-1}\left(\frac{Y - M\mu^*}{MX - Y^2}\mu + \frac{\mu^* Y - X}{MX - Y^2}e\right) \quad (2.16)$$

を得ることができる．空売りを制限するならば，制約条件としてさらに $\theta \geqq 0$ を加えてこの問題を解くことになる．

2.2.2 有効フロンティアでの数値例

〔CD-ROM〕

第1巻に付属の CD-ROM の Excel シート「Example 02」を利用し，有効フロンティアの数値例を示す（図2.1）．国内債券，国内株式，外国債券，外国株式の4資産を考える．各資産の期待リターン μ を C3：C6 セル，分散共分散行列 D を D3：G6 セルのように仮定する．H3：H6 セルは要素1のベクトル e である．C8：C10 セルは $X = \mu^T \Sigma^{-1} \mu$，$Y = e^T \Sigma^{-1} \mu$，$M = e^T \Sigma^{-1} e$ を計算している．あるターゲット・リターン（B16：B74（本書では35行まで表示．以下同

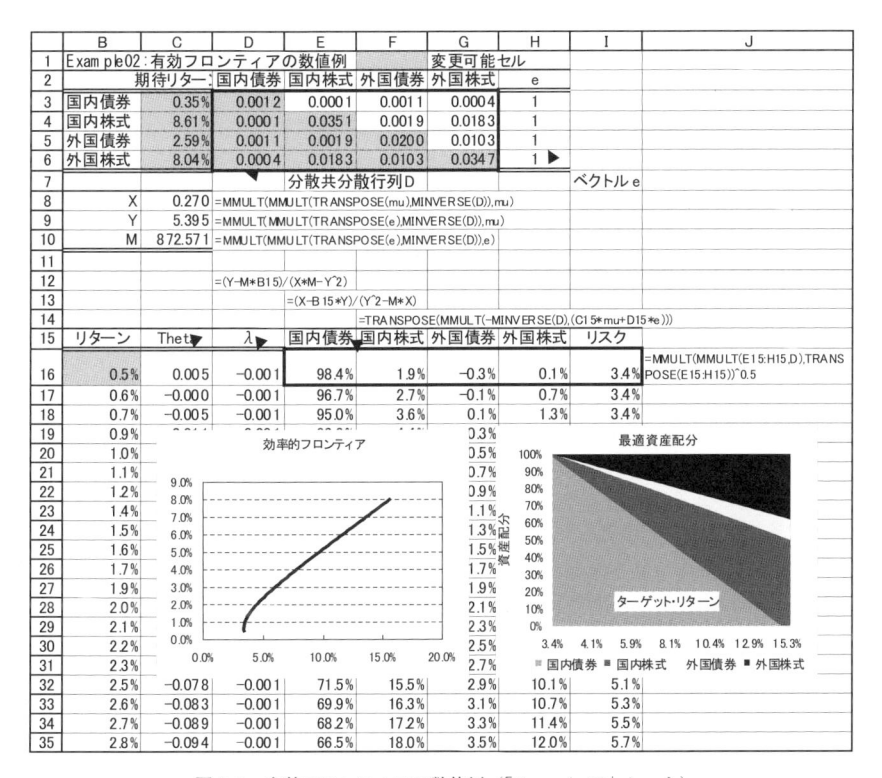

	B	C	D	E	F	G	H	I	J
1	Example02:有効フロンティアの数値例					変更可能セル			
2		期待リターン	国内債券	国内株式	外国債券	外国株式	e		
3	国内債券	0.35%	0.0012	0.0001	0.0011	0.0004	1		
4	国内株式	8.61%	0.0001	0.0351	0.0019	0.0183	1		
5	外国債券	2.59%	0.0011	0.0019	0.0200	0.0103	1		
6	外国株式	8.04%	0.0004	0.0183	0.0103	0.0347	1		
7				分散共分散行列D				ベクトルe	
8	X	0.270	=MMULT(MMULT(TRANSPOSE(mu),MINVERSE(D)),mu)						
9	Y	5.395	=MMULT(MMULT(TRANSPOSE(e),MINVERSE(D)),mu)						
10	M	872.571	=MMULT(MMULT(TRANSPOSE(e),MINVERSE(D)),e)						
11									
12				=(Y-M*B15)/(X*M-Y^2)					
13				=(X-B15*Y)/(Y^2-M*X)					
14					=TRANSPOSE(MMULT(-MINVERSE(D),(C15*mu+D15*e)))				
15	リターン	Theta	λ	国内債券	国内株式	外国債券	外国株式	リスク	
16	0.5%	0.005	-0.001	98.4%	1.9%	-0.3%	0.1%	3.4%	=MMULT(MMULT(E15:H15,D),TRANSPOSE(E15:H15))^0.5
17	0.6%	-0.000	-0.001	96.7%	2.7%	-0.1%	0.7%	3.4%	
18	0.7%	-0.005	-0.001	95.0%	3.6%	0.1%	1.3%	3.4%	
19	0.9%					0.3%			
20	1.0%			効率的フロンティア		0.5%	100%	最適資産配分	
21	1.1%					0.7%	90%		
22	1.2%	9.0%				0.9%	80%		
23	1.4%	8.0%				1.1%	70%		
24	1.5%	7.0%				1.3%	60%		
25	1.6%	6.0%				1.5%	50%		
26	1.7%	5.0%				1.7%	40%		
27	1.9%	4.0%				1.9%	30%		
28	2.0%	3.0%				2.1%	20%	ターゲット・リターン	
29	2.1%	2.0%				2.3%	10%		
30	2.2%	1.0%				2.5%	0%		
31	2.3%	0.0%	0.0%	5.0%	10.0%	15.0% 20.0% 2.7%	3.4% 4.1% 5.9% 8.1% 10.4% 12.9% 15.3% ■国内債券 ■国内株式 外国債券 ■外国株式			
32	2.5%	-0.078	-0.001	71.5%	15.5%	2.9%	10.1%	5.1%	
33	2.6%	-0.083	-0.001	69.9%	16.3%	3.1%	10.7%	5.3%	
34	2.7%	-0.089	-0.001	68.2%	17.2%	3.3%	11.4%	5.5%	
35	2.8%	-0.094	-0.001	66.5%	18.0%	3.5%	12.0%	5.7%	

図 2.1　有効フロンティアの数値例（「Example 02」シート）

様))でのラグランジュ乗数 θ と λ は (2.15) より,それぞれ C16:C74 セルと D16:D74 で計算され,最適資産配分 w は (2.16) より,E16:H74 セルのようになる.このときのポートフォリオのリスクは I16:I74 セルとなる.

図中左側のグラフは,X 軸をリスク,Y 軸をターゲット・リターンとした有効フロンティアであり,基金が一定の目標リターン g を想定すると,最小のリスクとなるポートフォリオを得ることができる.そのときの資産配分は右側のグラフで示される.ターゲット・リターンが高くなるほど,リスクが高い資産への配分比率が増加することがわかる.

2.2.3　2 資産での最適資産配分の例

最適資産配分を求めるのに,年金基金の効用関数を考える方法もある.基金の効用関数 $U(w)$ を設定し,効用が最大となる資産配分 w を選択することになる.たとえば,効用関数 U を,

$$U(w) = \kappa \mu_p - \frac{1}{2}\sigma_p^2 \tag{2.17}$$

とすれば,最適資産配分は,

$$\hat{w} \in \arg\max\{\hat{w}\} U(w) = \kappa \mu_p(w) - \frac{1}{2}\sigma_p^2(w) \tag{2.18}$$

である.ここで,κ は年金基金のリスク許容度とする.空売りを制限するならば,制約条件として,$w \geq 0$ を加える.ポートフォリオの期待リターン μ_p が,ある一定のリターン g を上回る条件を課すならば,$\mu_p \geq g$ とする.この効用関数を利用した最適資産配分を 2 資産の例で分析する.株式の収益率 r_s と債券の収益率 r_b が次のように表せると仮定する.

$$r_s = \mu_s + \sigma_s z_s, \qquad r_b = \mu_b + \sigma_b z_b \tag{2.19}$$

収益率 r_s,r_b は正規分布に従う確率変数である.μ_s,μ_b はそれぞれ,株式と債券の期待リターン,σ_s,σ_b はリスクを表し,z_s,z_b は平均が $E[z_s] = E[z_l] = 0$,分散が $Var[z_s] = Var[z_b] = 1$,相関係数が ρ である確率変数とする.株式への投資比率を w,債券への投資比率を $1-w$ とすると,株式と債券で構成されるポートフォリオの期待リターン μ_p と分散 σ_p^2 は,

$$\begin{aligned}\mu_p &= w\mu_s - (1-w)\mu_b \\ \sigma_p^2 &= w^2\sigma_s^2 + (1-w)^2\sigma_b^2 + 2w(1-w)\rho\sigma_s\sigma_b\end{aligned} \tag{2.20}$$

となる．基金は，効用関数 $U(w)$ を最大化する最適資産配分 w^* を決定する．効用関数は，

$$U(w) = \kappa\{w\mu_s - (1-w)\mu_b\} - \frac{1}{2}\{w^2\sigma_s^2 + (1-w)^2\sigma_b^2 + 2w(1-w)\sigma_{sb}\} \quad (2.21)$$

ここで，κ は年金基金のリスク許容度，σ_{sb} は株式と債券の共分散である．最小分散ポートフォリオを検討する．最小分散ポートフォリオとは，文字どおりリスクが最小となるポートフォリオで，(2.21) のリスク許容度を $\kappa=0$ とした場合である．このときの最適解の 1 階条件は，

$$\begin{aligned}\frac{\partial U(w)}{\partial w} &= \frac{1}{2}\{2w\sigma_s^2 - 2(1-w)\sigma_b^2 + 2(1-2w)\sigma_{sb}\} \\ &= (\sigma_s^2 + \sigma_b^2 - 2\sigma_{sb})w - \sigma_b^2 + \sigma_{sb} = 0 \end{aligned} \quad (2.22)$$

となり，最小分散ポートフォリオでの株式への配分比率 $w^{\min}$ は，

$$w^{\min} = \frac{\sigma_b^2 - \sigma_{sb}}{\sigma_s^2 + \sigma_b^2 - 2\sigma_{sb}} \quad (2.23)$$

と表せる．$w^{\min}$ は，株式，債券のリスク，共分散によって決まり，各資産の期待リターンには影響されないことがわかる．リスクとリターンのトレードオフを考慮した場合（$\kappa>0$），同様に最適解の 1 階条件，

$$\frac{\partial U(w)}{\partial w} = \kappa(\mu_s - \mu_b) - \frac{1}{2}\{2w\sigma_s^2 - 2(1-w)\sigma_b^2 + 2(1-2w)\sigma_{sb}\} = 0 \quad (2.24)$$

を利用して，

$$w_\kappa^* = \frac{\kappa(\mu_s - \mu_b) + \sigma_b^2 - \sigma_{sb}}{\sigma_s^2 + \sigma_b^2 - 2\sigma_{sb}} \quad (2.25)$$

と表せる．この資産配分は，

$$\begin{aligned}w_\kappa^* &= \frac{\kappa(\mu_s - \mu_b) + \sigma_b^2 - \sigma_{sb}}{\sigma_s^2 + \sigma_b^2 - 2\sigma_{sb}} \\ &= \kappa\frac{(\mu_s - \mu_b)}{\sigma_s^2 + \sigma_b^2 - 2\sigma_{sb}} + \frac{\sigma_b^2 - \sigma_{sb}}{\sigma_s^2 + \sigma_b^2 - 2\sigma_{sb}} = w^\kappa + w^{\min}\end{aligned} \quad (2.26)$$

ただし，

$$w^\kappa = \kappa\frac{(\mu_s - \mu_b)}{\sigma_s^2 + \sigma_b^2 - 2\sigma_{sb}}, \quad w^{\min} = \frac{\sigma_b^2 - \sigma_{sb}}{\sigma_s^2 + \sigma_b^2 - 2\sigma_{sb}} \quad (2.27)$$

と 2 つに分解すれば，ある一定のリスク許容度における最適資産配分 w^* は，

最小分散ポートフォリオ $w^{\min}$ と，株式と債券の期待収益率格差に基金のリスク許容度を反映したポートフォリオ $w^{\min}$ との2つを加えたものになることがわかる．w^κ は，①株式の期待リターンと債券の期待リターンとの差，つまり超過リターンが高いほど，②株式と債券のリスクが低いほど，③株式と債券の相関が高いほど，その値は大きくなり，その分，株式への配分比率も増加することがわかる．

2.3 サープラス・フレームワークによる最適資産配分

2.3.1 2資産と負債がある場合

前節では年金資産にのみ着目して株式への最適資産配分を検討したが，本節では，年金資産と負債の両方を考慮した場合の最適資産配分がどのような特徴をもつかということを検討する．このようなアプローチを用いて年金基金の資産配分を検討することを，サープラス・フレームワークによる ALM，あるいはバランスシート型 ALM と呼ぶことがある．前節と同様に，株式と債券の収益率 r_s, r_b がそれぞれ次のように表せるとする．

$$r_s = \mu_s + \varepsilon_s, \qquad r_b = \mu_b + \varepsilon_b \tag{2.28}$$

μ_s, μ_b は，株式と債券の期待リターンであり，ε_s, ε_b はリスクを表し，平均が0，分散が σ_s^2, σ_b^2，共分散が σ_{sb} である確率変数とする．また，負債時価（累積給付債務（Accumulated Benefit Obligation：ABO）ないし予測給付債務（Projected Benefit Obligation：PBO）を想定する）の収益率が，

$$r_l = \mu_l + \varepsilon_l \tag{2.29}$$

で表されるとする（負債時価として何がふさわしいかという議論は，第2巻5.3.6項「年金負債インデックス」を参照されたい）．ここで，μ_l は負債の期待リターン，ε_l は平均が0，分散が σ_l^2 の確率変数であり，ε_s と ε_l の共分散を σ_{sl}, また ε_b と ε_l の共分散を ε_{bl} とする．負債の期待リターンは，たとえば，年金債務（PBO, ABO など）のデュレーションやコンベクシティーなどが類似する債券ポートフォリオの最終利回りなどを想定する．年金資産 A の収益率 r_a は，株式への配分比率を w とすると，

$$r_a = w r_s + (1-w) r_b \tag{2.30}$$

となる．時点0での資産時価を A_0，負債時価を L_0 とすると，サープラス G_0

2.3 サープラス・フレームワークによる最適資産配分

と積立率 F_0 は以下のように定義できる．

$$G_0 = A_0 - L_0, \qquad F_0 = A_0/L_0 \qquad (2.31)$$

また，1期間後の資産 A_1 と負債 L_1 は，資産のリターンが r_a，負債のリターンが r_l であるので，

$$A_1 = (1+r_a)A_0, \qquad L_1 = (1+r_l)L_0 \qquad (2.32)$$

と表せる．1期間後のサープラス G_1 は，(2.31) と (2.32) より，

$$\begin{aligned} G_1 &= A_1 - L_1 = (1+r_a)A_0 - (1+r_l)L_0 \\ &= (A_0 - L_0) + r_a A_0 - r_l L_0 = G_0 + L_0[r_a(A_0/L_0) - r_l] \end{aligned} \qquad (2.33)$$

となる．サープラスの成長率（サープラス・リターン）r_g は，(2.31) と (2.33) より，

$$r_g = \frac{G_1 - G_0}{L_0} = F r_a - r_l \qquad (2.34)$$

となる．ここで，F は時点0での積立比率 A_0/L_0 とする．したがってサープラス・リターン r_g の期待リターン μ_g は，

$$\begin{aligned} \mu_g &= E[F r_a - r_l] = E[F\{w r_s + (1-w) r_b\} - r_l] \\ &= F[w \mu_s + (1-w) \mu_b] - \mu_l \end{aligned} \qquad (2.35)$$

となり，分散 σ_g^2 は，

$$\begin{aligned} \sigma_g^2 &= Var[F r_a - r_l] = Var[F\{w r_s + (1-w) r_b\} - r_l] \\ &= F^2 w^2 \sigma_s^2 + F^2 (1-w)^2 \sigma_b^2 + \sigma_l^2 \\ &\quad - 2F^2 w(1-w) \sigma_{sb}^2 - 2 F w \sigma_{sl} - 2 F (1-w) \sigma_{bl} \end{aligned} \qquad (2.36)$$

と表せる．リスク許容度が κ である年金基金は，効用関数 $U(w)$ を最大化する最適資産配分 w_F^* を選択する．バランスシート型 ALM は，以下のように定式化できる．

$$\hat{w} \in \arg\max\{\hat{w} | U(w) = \kappa \mu_g(w) - \frac{1}{2} \sigma_g^2(w)\} \qquad (2.37)$$

このような定式化が可能であることは，サープラス・リターンが正規分布に従い，通常の平均・分散アプローチで最適資産配分の検討ができるという意味である．

前節と同様に，最初に最小分散ポートフォリオを検討する．サープラス・リスク σ_g を最小化する最小分散ポートフォリオ $w_g^{\min}$ は，$\kappa = 0$ として最適化問題を解けばよい．最適解の1階条件は，

$$\frac{\partial U(w)}{\partial w} = \frac{1}{2}\{2F^2 w\sigma_s^2 - 2F^2(1-w)\sigma_b^2 + 2F^2(1-2w)\sigma_{sb} - 2F\sigma_{sl} + 2F\sigma_{bl}\} = 0 \tag{2.38}$$

であるので，最小分散ポートフォリオ $w_g^{\min}$ は，

$$w_g^{\min} = \frac{F(\sigma_b^2 - \sigma_{sb}) + \sigma_{sl} - \sigma_{bl}}{F(\sigma_s^2 + \sigma_b^2 - 2\sigma_{sb})} \tag{2.39}$$

となる．これを変形すると，

$$w_g^{\min} = \frac{\sigma_{sl} - \sigma_{bl}}{F(\sigma_s^2 + \sigma_b^2 - 2\sigma_{sb})} + \frac{\sigma_b^2 - \sigma_{sb}}{\sigma_s^2 + \sigma_b^2 - 2\sigma_{sb}} = w^l + w^{\min} \tag{2.40}$$

のように2項に分解できる．ここで，$w^{\min}$ はアセット・オンリー・アプローチでの最小分散ポートフォリオ，$w^{\min} = (\sigma_b^2 - \sigma_{sb})/(\sigma_s^2 + \sigma_b^2 - 2\sigma_{sb})$ であり，

$$w^l = \frac{\sigma_{sl} - \sigma_{bl}}{F(\sigma_s^2 + \sigma_b^2 - 2\sigma_{sb})} \tag{2.41}$$

とする．したがって，サープラス・フレームワークでの最小分散ポートフォリオ $w_g^{\min}$ は，アセット・オンリー・アプローチでの最小分散ポートフォリオ $w^{\min}$ に，負債との相関を考慮したポートフォリオ w^g を加えたものといえる．(2.41) は年金基金に負債があることを考慮した項で，いわば負債のヘッジ項ともいえる部分である．w^l は，①債券と負債の相関が大きいほど，②株式と負債の相関が低いほど，③株式と債券のリスクが大きいほど，④株式と債券の相関が低いほど，債券への配分比率が増加（株式への配分比率は減少）することがわかる．

(2.37) において $\kappa > 0$ とした場合の最適解の1階条件

$$\frac{\partial U(w)}{\partial w} = \lambda F(\mu_s - \mu_b)$$
$$-\frac{1}{2}\{2F^2 w\sigma_s^2 - 2F^2(1-w)\sigma_b^2 + 2F^2(1-2w)\sigma_{sb} - 2F\sigma_{sl} + 2F\sigma_{bl}\} = 0 \tag{2.42}$$

より，

2.3 サープラス・フレームワークによる最適資産配分

$$w_g^* = \frac{\kappa(\mu_s - \mu_b)}{\sigma_s^2 + \sigma_b^2 - 2\sigma_{sb}} + \frac{\sigma_{sl} - \sigma_{bl}}{F(\sigma_s^2 + \sigma_b^2 - 2\sigma_{sb})} + \frac{\sigma_b^2 - \sigma\sigma_{sb}}{\sigma_s^2 + \sigma_b^2 - 2\sigma_{sb}}$$
$$= w^\kappa + w^l + w^{\min} \tag{2.43}$$

と表せる. ここで, w^κ は,

$$w^\kappa = \frac{\kappa(\mu_s - \mu_b)}{\sigma_s^2 + \sigma_b^2 - 2\sigma_{sb}} \tag{2.44}$$

とする. ここまでの分析により, サープラス・フレームワークでの最適資産配分は, アセット・オンリー・アプローチでの最小分散ポートフォリオ $w^{\min}$, 負債との相関を考慮したポートフォリオ w^l, 株式と債券のリターン格差と基金のリスク許容度を考慮したポートフォリオ w^κ で構成されることがわかる. サープラス・フレームワークでの株式への配分比率は,

① 株式と債券の期待リターンの差である超過リターンが高い,

② 株式のリスクが低い,

③ 株式と負債の相関が高い,

④ 基金のリスク許容度が高い,

⑤ 債券と負債の相関が低い,

ほど株式への配分比率が高まることがわかる. 債券のリスクや, 株式と債券と相関の大きさとは, (2.43) の分母と分子にあるため, その影響はわからない.

バランスシート型 ALM は, アセット・オンリー・アプローチで用いる通常の平均・分散 (MV) 法を利用して分析可能なことがわかったが, アセット・オンリー・アプローチと異なる点は, サープラスはプラスにもマイナスにもなるということである. このことは, バランスシート型 ALM には不都合なことである.

たとえば, 株式のリターン r_s が正規分布に従うと仮定すると, 株価はリターンが大きく下落しても, 株価自体がマイナスになることはない. 1期間後の株価は $S_1 = S_0(1 + r_s)$ と表せるので, $-1 < r_s < 0$ であっても $S_1 > 0$ である. 同様に, サープラス・リターン r_g が正規分布に従うと仮定すれば, 1期間後のサープラスは $G_1 = G_0\{1 + (L_0/G_0)r_g\}$ となり, サープラス・リターン r_g のマイナス幅が大きくても, サープラス自体はマイナスにはならない ($G_1 > 0$).

しかし, 基金のサープラスは, マイナスにもプラスにもなりうるので, これでは明らかに基金の財政状態を表してはいない. そのため, バランスシート型

ALM を考える場合は，サープラスではなく積立比率 $F=A/L$ を考えるか，後述のシミュレーションを用いる方が一般的である．

2.3.2 サープラス・フレームワークでの数値例　CD-ROM

第 1 巻に付属の CD‒ROM の Excel シート「Example 03」を用い，(2.37) を利用した最適資産配分の数値例を示す（図 2.2）．株式と負債の 2 資産と負債を考える．各資産の期待リターン，リスク，相関係数は C4：J6 セルのように仮定する．最小分散ポートフォリオは C9 セル，また負債ヘッジポートフォリオは C10 セルのように計算できる．年金基金のリスク許容度 κ を B13：B32 セルのように仮定すると，株式と債券の期待リターン格差と基金のリスク許容

	B	C	D	E	F	G	H	I	J
1	Example03:MVアプローチによる最適資産配分					変更可能セル			
2				相関係数			共分散		
3		期待リターン	リスク	株式	債券	負債	株式	債券	負債
4	株式	5.0%	15.0%	1.00	0.30	0.00	0.023	0.003	0.000
5	債券	3.4%	6.0%	0.30	1.00	0.95	0.003	0.004	0.003
6	負債	3.5%	5.5%	0.00	0.95	1.00	0.000	0.003	0.003
7	積立比率	1.0							
8									
9	最小分散P	4.3%	=(I5-I4)/(H4+I5-2*I4)			=(B13*($C$4-$C$5)/($H$4+$I$5-2*$I$4))			
10	負債ヘッジP	-15.1%	=(H6-I6)/(H4+I5-2*H5)/C7			=C13+$C$9			
11						=D13+$C$10			
12	リスク許容度	格差P	アセッオンリーA	サープラスF					
13	0.10	7.7%	12.1%	-3.1%					
14	0.20	15.5%	19.8%	4.7%					
15	0.30	23.2%	27.5%	12.4%					
16	0.40	30.9%	35.3%	20.1%					
17	0.50	38.6%	43.0%	27.9%					
18	0.60	46.4%	50.7%	35.6%					
19	0.70	54.1%	58.5%	43.3%					
20	0.80	61.8%	66.2%	51.0%					
21	0.90	69.6%	73.9%	58.8%					
22	1.00	77.3%	81.6%	66.5%					
23	1.10	85.0%	89.4%	74.2%					
24	1.20	92.8%	97.1%	82.0%					
25	1.30	100.5%	104.8%	89.7%					
26	1.40	108.2%	112.6%	97.4%					
27	1.50	115.9%	120.3%	105.1%					
28	1.60	123.7%	128.0%	112.9%					
29	1.70	131.4%	135.7%	120.6%					
30	1.80	139.1%	143.5%	128.3%					
31	1.90	146.9%	151.2%	136.1%					
32	2.00	154.6%	158.9%	143.8%					
33	最小分散P:最小分散ポートフォリオ，負債ヘッジP:負債ヘッジポートフォリオ，格差P:資産のリスク・リターンのトレードオフによるポートフォリオ，アセットオンリーA:アセットオンリー・アプローチによる最適資産配分，サープラスF:サープラスフレームワークによる最適資産配分								

図 2.2　サープラス・フレームワークでの最適資産配分（「Example 03」シート）

度を反映したポートフォリオは，(2.44) より C13：C32 セルのように計算できる．アセット・オンリー・アプローチでの最適資産配分は，D13：D32 セルのように，またサープラス・フレームワークによる最適資産配分は，E13：E32 セルにように計算できる．

この例では，負債と債券の相関が 0.95 と高いので，負債ヘッジポートフォリオはマイナスの値となり，株式への配分比率が減少している．

2.3.3 金利リスクを明示的に扱う場合

これまでバランスシート型 ALM での最適資産配分を検討したが，債券のポートフォリオのデュレーションをどのように考えればよいかは示していない．本項では金利リスクを明示的に扱い，最適資産配分における債券ポートフォリオの特徴を検討する．

株式，債券，負債の収益率 r_s，r_b，r_l が，それぞれ次のように表せるとする．

$$r_s = \mu_s + \varepsilon_s, \quad r_b = \mu_b - D_b \Delta r + \varepsilon_b, \quad r_l = \mu_l - D_l \Delta r + \varepsilon_l \tag{2.45}$$

ここで，μ_s，μ_b，μ_l はそれぞれ株式，債券，負債の期待リターン，D_b，D_l は投資する債券のデュレーションと負債のデュレーションとする．Δr は金利変動を表す確率変数で，平均 0，標準偏差 σ_r に従うとする．また，ε_s，ε_b，ε_l はそれぞれ株式，債券，負債の金利変動以外のリスクを表し，平均 0，分散 σ_s^2，σ_b^2，σ_l^2，共分散 σ_{sb}，σ_{sl}，σ_{bl} に従う確率変数とする．金利変動 Δr とそれ以外のリスク ε には相関がない．つまり

$$Cov(\varepsilon_s, \Delta r) = Cov(\varepsilon_b, \Delta r) = Cov(\varepsilon_l, \Delta r) = 0 \tag{2.46}$$

とする．株式への配分比率を w とすると，サープラス期待リターン μ_g は (2.35) より，

$$\mu_g = E[Fr_a - r_l] = E[F\{wr_s + (1-w)r_b\} - r_l] = F[w\mu_s + (1-w)\mu_b] - \mu_l \tag{2.47}$$

分散 σ_g^2 は，

$$\begin{aligned}
\sigma_g^2 &= Var[Fr_a - r_l] = Var[F\{wr_s + (1+w)r_b\} - r_l] \\
&= F^2 w^2 \sigma_s^2 + F^2(1-w)^2 D_b^2 \sigma_r^2 + F^2(1-w)^2 \sigma_b^2 \\
&\quad + D_l^2 \sigma_r^2 + \sigma_l^2 - 2F^2 w(1-w)\sigma_{sb} - 2Fw\sigma_{sl} \\
&\quad - F(1-w)\sigma_{bl} + F(1-w)D_b D_l \sigma_r^2
\end{aligned} \tag{2.48}$$

と表せる．前節と同様にリスク許容度を κ として，年金基金は以下の効用関数

$U(w, D_b)$ を最大化する最適資産配分 w_g^* と,債券ポートフォリオでの最適デュレーション D_b^* を選択する.

$$U(w, D_b) \in \arg\max_{w, D_b} U(w, D_b) = \kappa\mu_g - \frac{1}{2}\sigma_g^2 \qquad (2.49)$$

最小分散ポートフォリオ $w_g^{\min}$ は,$\kappa=0$ として (2.49) を解けばよい.最適解の1階条件は,

$$\frac{\partial U(w, D_b)}{\partial D_b} = 2F^2(1-w)^2 D_b \sigma_r^2 - 2F(1-w)D_l \sigma_r^2 = 0$$

$$\frac{\partial U(w, D_b)}{\partial w} = F^2 \sigma_s^2 w - F^2(1-w)D_b^2 \sigma_b^2 - F^2(1-w)\sigma_b^2$$
$$+ F(1-2w)\sigma_{sb} - F\sigma_{sl} + 2F\sigma_{bl} + FD_b D_l \sigma_r^2 = 0 \qquad (2.50)$$

となる.(2.50) より,最小分散ポートフォリオのデュレーション D_b^* は,

$$D_b^* = \frac{F(1-w)D_l \sigma_r^2}{F^2(1-w)^2 \sigma_r^2} = \frac{D_l}{F(1-w)} \qquad (2.51)$$

となり,負債のデュレーション,積立比率,債券への投資比率に依存することがわかる.最小分散ポートフォリオは,

$$w_g^{\min} = \frac{F(\sigma_b^2 - \sigma_{sb}) + \sigma_{sl} - \sigma_{bl}}{F(\sigma_s^2 + \sigma_b^2 - 2\sigma_{sb})} = w^l + w^{\min} \qquad (2.52)$$

となる.(2.52) は前節の金利リスクを明示的に表さないモデルと同じであり,最小分散ポートフォリオの投資比率は,負債のデュレーションは影響されず,アセット・オンリー・アプローチでの最小分散ポートフォリオと同じことがわかる.$\kappa>0$ とした場合の最適解の1階条件より

$$w_g^* = \frac{\kappa(\mu_s - \mu_b) + F(\sigma_b^2 - \sigma_{sb}) + \sigma_{sl} - \sigma_{bl}}{F(\sigma_s^2 + \sigma_b^2 - 2\sigma_{sb})}$$
$$= w^\kappa + w^l + w^{\min} \qquad (2.53)$$

となる.また,債券ポートフォリオの最適デュレーションは,

$$D_b^* = \frac{D_l}{F(1-w_g^*)} = D_l \frac{\kappa(\mu_s - \mu_b) + \sigma_s^2 + \sigma_b^2 - 2\sigma_{sb}}{F(\sigma_s^2 - \sigma_{sb}) - \sigma_{sl} + \sigma_{bl}} \qquad (2.54)$$

となる.以上を整理すると,次のようなことがわかる.

(1) 最適資産配分は,最小分散ポートフォリオ $w^{\min}$,負債との相関に関連

あるポートフォリオ w^f，各資産のリスク・リターンの関係からみた相対的な魅力度と基金のリスク許容度に関連のあるポートフォリオ w^κ で決定される．

（2）債券への投資比率は，負債のデュレーションに影響を受けず決定される（モデルの設定方法に依存する）．

（3）債券ポートフォリオの最適デュレーションは，負債のデュレーションの大きさに比例し，債券への投資比率に反比例する．

Chapter 3

多期間連続モデルを利用した ALM

3.1 本章の概要

　現代投資理論（MPT）の中心的な存在である平均・分散（MV）法による最適資産配分は1期間モデルであり，「現在」と，特にいつという定めがない「将来」とを対象とした分析である．意思決定は期初に1回することを仮定している．

　このモデルは証券投資の実務にも広く利用されていて，年金 ALM で利用する場合は，①分析期間中の負債サイドの特徴は変化しない，②期待リターンやリスクは長期投資を前提にデータを推定し，分析期間中は一定である，と仮定して資産配分を検討することが多い．これに対して多期間モデルとは，資産価格，リスク，年金債務が，時間の経過とともに変化していくことを前提として資産配分を検討する．たとえば，資産価格が平均回帰的な過程に従うとか，負債のキャッシュフローや従業員構成が変化するという仮定をおくことが可能である．

　多期間モデルを大きく分類すると，連続時間モデルと離散モデルの2つに分類できる．連続モデルは数学的に最適資産配分を求める考え方で，資産価格の変化を確率過程で表し，一定の制約条件のもとで，年金運用の目的を表した効用関数を最大化する資産配分を決定する．連続モデルでは，資産価格モデル，

効用関数，制約条件が，数学的に問題を解くのに適当な形であれば，最適資産配分を解析解（公式）で表すことができる．最適解がどのような特徴をもつかを分析することで，年金基金の意思決定に利用できる．しかしこのモデルは，問題の本質を理解するには十分であるが，より実務的な問題に対応することは難しいかもしれない．

本章では，多期間連続モデルを利用した年金基金の最適資産配分戦略を紹介する．前半では多期間資産配分問題の原点ともいえるマートンの問題を紹介し，1期間と2期間の離散モデルでの例で最適資産配分を検討する．次に多期間連続モデルでの最適解を解説する．後半ではサープラス・フレームワークを用いた年金 ALM の応用例を紹介する．前半と同様に離散モデルを利用した例を解説し，多期間連続モデルでの最適資産配分を検討する．コンピュータを利用した離散型多期間年金 ALM の例は次章で紹介する．

3.2 アセット・オンリー・アプローチでの最適資産配分

3.2.1 マートン問題

多期間連続モデルで，ポートフォリオの最適配分比率 ϕ^* を決定する方法の1つとして，①確率制御アプローチと，②マルチンゲール・アプローチ（巻末参考文献：Duffie (1996) の第9章を参照）とがある．ここでは，①の確率制御アプローチを紹介する．この方法は，マートン（Merton, 1969, 1971）により紹介された方法である（参考文献参照）．初めに，年金負債を考慮せず，無リスク債券 B_t と株式 S_t の2資産の多期間最適資産配分を考える．短期金利を定数 r として，リスクのない債券の価格過程を

$$dB_t = rB_t dt \tag{3.1}$$

と仮定する．また株価 S_t の価格過程は

$$dS_t = \mu S_t dt + \sigma S_t dW_t \tag{3.2}$$

とする．ここで，μ, σ は定数であり，W は（1次元）標準ブラウン運動である．dS_t や dB_t は連続時間での株価や債券価格の変化で，dt は微小時間での時間の変化を表す．また，$\mu > r$ を仮定している．株式 S_t への投資比率を ϕ_t，無リスク債券 B_t への投資比率を $1 - \phi_t$ としてポートフォリオ A_t を構築する．A_t は，

$$dA_t = A_t[\phi_t(\mu-r)+r]dt + A_t\phi_t\sigma_s dW_t \qquad (3.3)$$

に従う．株式への投資比率が ϕ_t であるから，ポートフォリオ A_t の期待リターン $[\phi_t(\mu-r)+r]$ は，株式の期待リターン μ と無リスク金利 r との加重平均である．また A は，資産価値によってのみ変動し，掛金や給付のように年金資産の外部からの資金流入や流出は想定していない．年金基金は，時刻 t で，

$$U(t, A_T) = E_t[F(A_T)] \qquad (3.4)$$

と表される効用関数をもつとする．A_T は最終時点 $t=T$ でのポートフォリオ価値である．F は効用関数で微分可能な増加凹関数とする．年金基金は効用関数 $U(t, A_T)$ を最大化するような株式への最適投資比率 ϕ_t^* を決定する．

$$\{\phi\} \in \arg\max_{\substack{\phi \\ t_s \leq t \leq T}} U(t, A_T)(\phi) \qquad (3.5)$$

ここで，効用関数は凹で単調増加としたので，最終時点 T でのポートフォリオ価値 A_T が大きいほど効用も大きい．しかし，時点 T でのポートフォリオ価値 A_T は途中の期における株式 S_t への投資比率 ϕ_t に依存して決まる．年金基金の資産配分は初期時点で資産配分 ϕ_0 を選択した後，固定されるものではなく，初期時点 $t=0$ から満期時点 $t=T$ まで，連続的に最適資産配分 ϕ_t^* を選択する．

3.2.2　ベルマンの最適化原理

年金基金は，効用関数 (3.5) を最大化する株式への最適投資比率 ϕ^* を決定したい．まず，間接効用関数 $J(t, A_T)$ を以下のように定義する．

$$J(t, A_t) = \max_{\substack{\phi \\ t_s \leq t \leq T}} E_t[F(A_T)] \qquad (3.6)$$

間接効用関数 $J(t, A_t)$ は評価関数（Value Function）と呼ばれる．初期時点 $t=0$ でのポートフォリオ価値は A_0 であり，最終時点 $t=T$ でのポートフォリオ価値に依存する効用 $F(A_T)$ を最大化するよう，各時点での株式への最適配分比率を決定する．ここで，ポートフォリオ価値 A_t は状態変数，資産配分 ϕ_t は操作変数という．

多期間連続モデルでの最適資産配分の決定には，ベルマン（Bellman）の最適性原理を利用して導出されるハミルトン・ヤコビ・ベルマン（HJB：Hamilton-Jacobi-Bellman）方程式を使う（3.4 節参照）．ベルマンの最適性原理とは，「初期時点の選択が何であろうと，その選択により得られる結果か

ら生じる状態から始まるそれ以降の問題に関して最適であるという性質をもつのが最適政策となる」（文献：Dixit and Pindyck（1994）；邦訳，p.125 より）というものである．つまり，多期間の最適化問題は，将来に最適な行動を行うと仮定して，現在の最適な行動を決定しさえすればよいことになる．

3.2.3　1期間離散モデルでの例

　ベルマン方程式を利用した連続時間での最適資産配分を検討する前に，単純な1期間モデルでの例を考える．次に離散2期間での例を考え，最後に多期間連続モデルでの最適資産配分を検討する．(3.1) で定義される無リスク資産 B と，(3.2) で定義されるリスク資産 S の2資産が存在すると仮定する．状態変数である年金資産 A_t の価格過程は，

$$dA_t = A_t\left[\phi_t(\mu-r)+r\right]dt + A_t\phi_t\sigma dW_t \tag{3.7}$$

に従うと仮定する．時点 t でのポートフォリオ価値 A_t は，確率微分方程式 (3.7) の解であり，伊藤の補題を用いて，

$$A_t = A_0\exp\left\{\left(\phi_t(\mu-r)+r-\frac{1}{2}\phi_t^2\sigma^2\right)t + \sigma\phi_t W_t\right\} \tag{3.8}$$

とできる．(3.7) を離散時間で表現すると，ごく短い時間 Δt でのポートフォリオ価格の変化は，

$$\Delta A_t = A_t\left[(\mu-r)\phi_t + r\right]\Delta t + A_t\phi_t\sigma z\sqrt{\Delta t} \tag{3.9}$$

とできる．ここで，z（および後で出てくる z_{ij}（$i=1, 2, \cdots$））は平均0，標準偏差1の標準正規乱数である．初期時点（$t=0$）で資産配分 ϕ_0 を選択した場合の1期間後（$t=1$）のポートフォリオ価値 A_t は，(3.8) より，

$$A_1 = A_0\exp\left\{\left(\phi_0(\mu-r)+r-\frac{1}{2}\phi_0^2\sigma^2\right)\Delta t + \sigma\phi_0 z\sqrt{\Delta t}\right\} \tag{3.10}$$

とできる．(3.10) の右辺は正規乱数 z が含まれているので，確率変数である．
　年金基金はべき型効用関数 $F(A)=A^\gamma/\gamma$ をもつと仮定し，最終時点（この場合 $t=1$）での効用を最大化したい[*]．1期間モデルでの目的関数は，

$$\max_{\phi_0} E_0\left[\frac{1}{\gamma}A_1^\gamma\right] \tag{3.11}$$

とできる．

　[*] このような効用関数を仮定する理由は，解析解の導出を容易にするためである．実務

的な効用関数を考えた場合は，解析解を求めるのは難しく，次節で紹介するように，コンピュータを用いて数値的に計算する必要があろう．

（3.11）の期待効用を最大化する最適資産配分 ϕ_0^s を求める．（3.11）に（3.10）を代入すると，

$$\max_{\phi_0} E_0\left[\frac{1}{\gamma}\left(A_0 \exp\left\{\left(\phi_0(\mu-r)+r-\frac{1}{2}\phi_0^2\sigma^2\right)\Delta t + \sigma\phi_0 z\sqrt{\Delta t}\right\}\right)^\gamma\right] \quad (3.12)$$

となる．（3.12）の指数関数を 2 つに分けると，

$$\max_{\phi_0} E_0\left[\frac{1}{\gamma}A_0^\gamma e^{\left[\left\{\phi_0(\mu-r)+r-(1/2)\phi_0^2\sigma^2\right\}\Delta t\right]\gamma} e^{\left[\left\{\sigma\phi_0\sqrt{\Delta t}z\right\}\right]\gamma}\right] \quad (3.13)$$

とできる．さらに正規乱数 z 以外は時点 $t=0$ で既知（$\mathfrak{F}_0$ 可測という）であるので，後ろの指数関数以外は期待値記号の外に出すことができて，

$$\max_{\phi_0} \frac{1}{\gamma}A_0^\gamma e^{\left[\left\{\phi_0(\mu-r)+r-(1/2)\phi_0^2\sigma^2\right\}\gamma\Delta t\right]} E_0\left[\exp\left\{\sigma\phi_0\gamma\sqrt{\Delta t}z\right\}\right] \quad (3.14)$$

とできる．ここで，平均 m，分散 s^2，正規分布に従う確率変数 X の積率母関数が

$$E\left[\exp\{uX\}\right] = \exp\left\{um + \frac{1}{2}u^2 s^2\right\} \quad (3.15)$$

であることを利用すると，（3.14）の期待値部分は

$$E_0\left[\exp\left\{\sigma\phi_0\gamma\sqrt{\Delta t}z\right\}\right] = \exp\left\{\frac{1}{2}\sigma^2\phi_0^2\gamma^2\Delta t\right\} \quad (3.16)$$

とできる．これを（3.14）に代入すると，

$$\max_{\phi_0} \frac{1}{\gamma}A_0^\gamma \exp\left\{\left(\phi_0(\mu-r)+r-\frac{1}{2}\phi_0^2\sigma^2+\frac{1}{2}\sigma^2\gamma\phi_0^2\right)\gamma\Delta t\right\} \quad (3.17)$$

とできる．（3.17）では期待値はなくなり，通常の凹関数の最大化問題であるから，最適解の 1 階条件は（3.17）を ϕ で微分して 0 をおけばよいので，

$$A_0^\gamma e^{\left\{\left(\phi_0(\mu-r)+r-\frac{1}{2}\phi_0^2\sigma^2+\frac{1}{2}\sigma^2\gamma\phi_0^2\right)\gamma\Delta t\right\}}$$
$$\times\{\mu-r-\phi_0\sigma^2(1-\gamma)\}\Delta t = 0 \quad (3.18)$$

となる．したがって，最適資産配分 ϕ_0^s は（3.18）を ϕ について解き，

$$\phi_0^s = \frac{1}{1-\gamma}\frac{\mu-r}{\sigma^2} \tag{3.19}$$

となることがわかる．最適な株式への投資比率は，相対リスク回避度 $1-\gamma$ の減少関数で，リスク回避度が高いと投資比率は減少する．株式のリスク・プレミアム（μ_s-r）が高いほど，あるいは株式のリスク σ_s が低いほど，株式への配分比率は増加することがわかる．

また，最適資産配分 ϕ^* は，状態変数であるポートフォリオ価値 A_t の大きさに依存せず，ポートフォリオ価値がどのように増減しても，資産配分には影響を与えない（リスク許容度 λ_t がポートフォリオ価値 A_t に依存して決まるという仮定をおけば，最適資産配分 ϕ_t は，状態変数であるポートフォリオ価値 A_t に依存する）．

さらに，株式の期待リターン μ_s とリスク σ_s を一定とすると，最適ポートフォリオは時間の経過があっても変化せず一定である．このような結果は，実務的な直感と異なるかもしれない．その理由はべき型効用関数 $F(A)=A^\gamma/\gamma$ を仮定したことによるもので，別の形の効用関数を仮定すれば，もちろん結果は異なる．

3.2.4　2期間離散モデルでの例

次に，多期間モデルのうち，最も単純な離散時間での2期間モデルを考える．いま，時点 $t=0,1,2$ があるとする．初期時点は $t=0$ で，最終時点は $t=2$ である．各時点間の時間は Δt であり，初期時点から最終時点までを $2\Delta t$ 時間とする．1期間モデルと同様にべき型効用関数 $F(A)=A^\gamma/\gamma$ を仮定する．年金基金は初期時点 $t=0$ での資産配分 ϕ_0 と中間時点 $t=1$ での資産配分 ϕ_1 を選択する．最終時点 $t=T$ でのポートフォリオ価値 A_2 は，(3.10) より，

$$\begin{aligned}A_2 = A_0 &\exp\left\{\left(\phi_0(\mu-r)+r-\frac{1}{2}\phi_0^2\sigma^2\right)t+\sigma\sqrt{t}\phi_0 z_1\right\}\\&\times\exp\left\{\left(\phi_1(\mu-r)+r-\frac{1}{2}\phi_0^2\sigma^2\right)t+\sigma\sqrt{t}\phi_1 z_2\right\}\end{aligned} \tag{3.20}$$

である．ここに，z_1 と z_2 は独立とした．2期間モデルでの目的関数は，年金基金の効用が最終時点 $t=2$ での年金資産 A_2 に依存するから，

$$\max_{\phi_0,\phi_1} E_0\left[\frac{1}{\gamma}A_2^\gamma\right] \tag{3.21}$$

となる．資産配分の選択は初期時点 $t=0$ の ϕ_0 と，中間時点 $t=1$ での ϕ_1 を選択することになる．ベルマンの最適性の原理を (3.21) に適用すると，

$$\max_{\phi_0} E_0\left[\max_{\phi_1} E_1\left[\frac{1}{\gamma}A_2^\gamma\right]\right] \tag{3.22}$$

となる．これは，初期時点 $t=0$ での最適投資 ϕ_0 の選択には，まず中間時点 $t=1$ で効用関数を最大化する最適資産配分 ϕ_1 を選択し，中間時点から最終時点 $t=2$ までは，この最適資産配分 ϕ_1 で運用するとして，初期時点から中間時点までの最適資産配分 ϕ_0 を求めればよいということである．(3.22) の A_2 に (3.20) を代入すると，

$$\max_{\phi_0} E_0\Bigg[\max_{\phi_1} E_1\bigg[\frac{1}{\gamma}A_0^\gamma \exp\Big\{\Big(\phi_0(\mu-r)+r-\frac{1}{2}\phi^2\sigma^2\Big)\gamma\Delta t+\phi_0\gamma\sigma\sqrt{t}z_1\Big\}$$
$$\times \exp\Big\{\Big(\phi_1(\mu-r)+r-\frac{1}{2}\phi_1^2\sigma^2\Big)\gamma\Delta t+\phi_1\gamma\sigma\sqrt{t}z_2\Big\}\bigg]\Bigg] \tag{3.23}$$

となる．ベルマンの最適化原理により最適資産配分を求めるには，まず中間時点 $t=1$ での最適資産配分 ϕ_1 を得ることが必要である．そのためには，(3.23) の期待値 E_0 の内側にある最適化問題

$$\max_{\phi_1} E_1\bigg[\frac{1}{\gamma}A_0^\gamma \exp\Big\{\Big(\phi_0(\mu-r)+r-\frac{1}{2}\phi^2\sigma^2\Big)\gamma\Delta t+\phi_0\gamma\sigma\sqrt{t}z_1\Big\}$$
$$\times \exp\Big\{\Big(\phi_1(\mu-r)+r-\frac{1}{2}\phi_1^2\sigma^2\Big)\gamma\Delta t+\phi_1\gamma\sigma\sqrt{t}z_2\Big\}\bigg] \tag{3.24}$$

を考えればよい．(3.24) で中間時点 $t=1$ において，定数であるものは期待値記号の外に出せるので，

$$\max_{\phi_1} \frac{1}{\gamma}A_0^\gamma \exp\Big\{\Big(\phi_0(\mu-r)+r-\frac{1}{2}\phi^2\sigma^2\Big)\gamma\Delta t+\phi_0\gamma\sigma\sqrt{t}z_1\Big\}$$
$$\times \exp\Big\{\Big(\phi_1(\mu-r)+r-\frac{1}{2}\phi_1^2\sigma^2\Big)\gamma\Delta t\Big\}E_1[\exp\{\sigma\sqrt{t}\phi_1\gamma z_2\}] \tag{3.25}$$

とできる．さらに ϕ_1 について最適資産配分を求めているので，ϕ_0 を含む項は定数とみなせるから，

3.2 アセット・オンリー・アプローチでの最適資産配分

$$\frac{1}{\gamma} A_0^\gamma \exp\left\{\left(\phi_0(\mu-r)+r-\frac{1}{2}\phi^2\sigma^2\right)\gamma\Delta t + \phi_0\gamma\sigma\sqrt{t}z_1\right\}$$
$$\times \max_{\phi_1}\exp\left\{\left(\phi_1(\mu-r)+r-\frac{1}{2}\phi_1^2\sigma^2\right)\gamma\Delta t\right\}E_1\left[\exp\{\sigma\sqrt{t}\phi_1\gamma z_2\}\right] \quad (3.26)$$

とできる．つまり，ϕ_1 に関する最適資産配分問題は，

$$\max_{\phi_1}\exp\left\{\left(\phi_1(\mu-r)+r-\frac{1}{2}\phi_1^2\sigma^2\right)\gamma\Delta t\right\}E_1\left[\exp\{\sigma\sqrt{t}\phi_1\gamma z_2\}\right] \quad (3.27)$$

を解けばよいことになる．しかし，これは1期間モデルでの (3.14) 最適資産配分と同じ形式であるから，中間時点 $t=1$ での最適資産配分 ϕ_1^m は

$$\phi_1^m = \frac{1}{1-\gamma}\frac{\mu-r}{\sigma^2} \quad (3.28)$$

と求められる．次に，初期時点 $t=0$ での最適資産配分 ϕ_1^m を求める．中間時点から最終時点までは，最適資産配分 ϕ_1^m で運用するとすれば，目的関数 (3.23) は

$$\max_{\phi_0} E_0\left[\frac{1}{\gamma}A_0^\gamma\exp\left\{\left(\phi_0(\mu-r)+r-\frac{1}{2}\phi_0^2\sigma^2\right)\gamma\Delta t + \sigma\sqrt{t}\phi_0\gamma z_1\right\}Y_1\right] \quad (3.29)$$

ただし，

$$Y_1 = E_1\left[\exp\left\{\left(\phi_1^m(\mu-r)+r-\frac{1}{2}\left(\phi_1^m\right)^2\sigma^2\right)\gamma\Delta t + \sigma\sqrt{t}\phi_1^m\gamma z_2\right\}\right] \quad (3.30)$$

$$\phi_1^m = \frac{1}{1-\gamma}\frac{\mu-r}{\sigma^2} \quad (3.31)$$

とできる．ここで，1期間モデルと2期間モデルでの目的関数の違いは，(3.29) の Y_1 である．(3.29) は，(3.17) と同様に，正規分布に従う確率変数の積率母関数を利用して，

$$\max_{\phi_0^m}\frac{1}{\gamma}A_0^\gamma\exp\left\{\left(\phi_0(\mu-r)+r-\frac{1}{2}\phi_0^2\sigma^2+\frac{1}{2}\phi_0^2\gamma\sigma^2\right)\gamma\Delta t\right\}Y_1^* \quad (3.32)$$

ここで，

$$Y_1^* = \exp\left\{\left(\phi_1^m(\mu-r)+r-\frac{1}{2}\left(\phi_1^m\right)^2\sigma^2+\frac{1}{2}\sigma^2\gamma\left(\phi_1^m\right)^2\right)\gamma\Delta t\right\} \quad (3.33)$$

とできるので，1期間モデルと同様に，初期時点 $t=0$ での最適資産配分は，

$$\phi_0^s = \frac{1}{1-\gamma}\frac{\mu-r}{\sigma^2} \qquad (3.34)$$

となる．つまり，リスク資産の期待収益率 μ，ボラティリティー σ，無リスク金利 r が一定である場合の最適資産配分は，1期間モデルでも2期間モデルでも同じで，

$$\phi_0^s = \phi_1^m \qquad (3.35)$$

であるといえる．

3.2.5 多期間連続モデルの利用

本項では，多期間連続モデルでの最適資産配分を考える．結果は，効用関数にべき型効用関数を仮定すると，これまで紹介した1期間モデルや2期間モデルと同じ結果になることが示される．これまでと同様に，無リスク債券 B の価格過程は (3.1) で，株式 S の価格過程は (3.2) に従うとする．株式への資産配分を ϕ として，年金資産 A_t の価格過程は，

$$dA_t = A_t\bigl[\phi_t(\mu-r)+r\bigr]dt + A_t\phi_t\sigma dW_t \qquad (3.36)$$

に従う．年金基金は，最終時点でのポートフォリオ価値に依存する期待効用を最大化する最適資産配分 ϕ^* を選択する．評価関数を

$$J(t, A_t) = \max_\phi E_t\bigl[F(A_T)\bigr] \qquad (3.37)$$

と定義する．この評価関数の意味は，年金基金が最適資産配分 ϕ^* を選択し，効用関数 F が最大化される場合での値である．評価関数 $J(t, A_t)$ が満たすべき HJB 方程式は，3.4 節より

$$\max_w\left[J_t + A\{\phi(\mu-r)+r\}J_A + \frac{1}{2}\sigma^2\phi^2 A^2 J_{AA}\right] \qquad (3.38)$$

とできる．境界条件は，最終時点 $t=T$ での効用関数 F のみで表すことができ，

$$J(T, A_T) = F(A_T) \qquad (3.39)$$

である．(3.39) は満期時点 $t=T$ で評価関数 $J(T, A_T)$ が満たす式であり，(3.38) は満期時点以前 $t<T$ で評価関数 $J(t, A_t)$ が満たす偏微分方程式である．期待効用を最大化する最適資産配分を求めることは，(3.38) を最大化する ϕ_t^* を選択すればよいことになる．最適解が存在すると仮定すれば，1階条件は，(3.38) を ϕ で微分して 0 とおけばよいので，

3.2 アセット・オンリー・アプローチでの最適資産配分

$$\phi\sigma^2 A^2 J_{AA} + A(\mu-r)J_A = 0 \tag{3.40}$$

となる．最適資産配分 ϕ_t^* は，ϕ について解き，

$$\phi_t^* = -\frac{1}{A}\frac{J_A}{J_{AA}}\frac{(\mu-r)}{\sigma^2} \tag{3.41}$$

と求めることができる．ここで，$\mu-r$ はリスク資産の期待リターンと無リスク金利の差で，リスク・プレミアムと呼ばれる．$-(J_{AA}A)/J_A$ は相対リスク回避度で，(3.41) の右辺の係数は相対リスク回避度の逆数となっている．(3.41) よりリスク資産への投資比率は，①リスク・プレミアムが大きいほど，②リスク資産のリスクが小さいほど，③投資家のリスク回避度が小さいほど，高くなることがわかる．

具体的な資産配分比率は，(3.41) では評価関数 $J(t, A_t)$ の形が不明であるため，明示できない．それで，効用関数をべき型 $F(A_T)=A_T^\gamma/\gamma$ であると仮定する．ここで，γ は相対リスク回避係数で，$0<1-\gamma<1$ とする．効用関数 F をこのように仮定すると，評価関数 $J(t, A_t)$ は

$$J(t, A_t) = \frac{A_t^\gamma}{\gamma}f(t) \tag{3.42}$$

と推測される．ここで，$f(t)$ は時間 t に関する微分可能な関数とする．このようにすると，評価関数 $J(t, A_t)$ の状態変数であるポートフォリオ価値 A に関する微分が，

$$J_A = A^{\gamma-1}f(t), \quad J_{AA} = (\gamma-1)A^{\gamma-2}f(t) \tag{3.43}$$

となり，最適資産配分 (3.41) にある相対リスク回避度の逆数は，

$$\frac{J_A}{A \cdot J_{AA}} = \frac{A^{\gamma-1}f(t)}{A \cdot (\gamma-1)A^{\gamma-2}f(t)} = -\frac{1}{1-\gamma} \tag{3.44}$$

となる．よって，最適資産配分 ϕ_t^* は，

$$\phi_t^* = \frac{1}{1-\gamma}\frac{\mu-r}{\sigma^2} \tag{3.45}$$

となる．最適資産配分は，1 期間モデルや 2 期間モデルと同一であることがわかる．

3.2.6 マートン・モデルでの数値例 （CD-ROM）

　第1巻に付属のCD-ROMのExcelシート「Example 04」を用い，マートン・モデルを利用した最適資産配分の数値例を示す．リスク資産と無リスク資産の2資産を考える．リスク資産のボラティリティーσを20%（一定，D3：F3セル），リスク・プレミアム$\mu-r_f$を2.5%（D列），3.5%（E列），4.5%（F列）とした場合の最適資産配分は図3.1のようになる．グラフに示されるように，年金基金のリスク回避度$1-\gamma$（C列）が減少するほど，リスク・プレミアムが大きくなるほど，リスク資産への投資比率が上昇する．リスク・プレミアムの違いによる最適資産配分への影響は，基金のリスク回避度が小さいほど影響が大きい．つまり，株式などのリスク性資産への投資を積極的に行う年金基金ほど，リスク回避度や株式リスク・プレミアムの前提に影響を受けることがわかる．

　マートン・モデルでは，効用関数をべき型と仮定した場合は，基金のリスク許容度，リスク・プレミアム，ボラティリティーに依存して，最適資産配分を得ることができる．最適資産配分は実務的な直感に合う場合もあるが，単純な

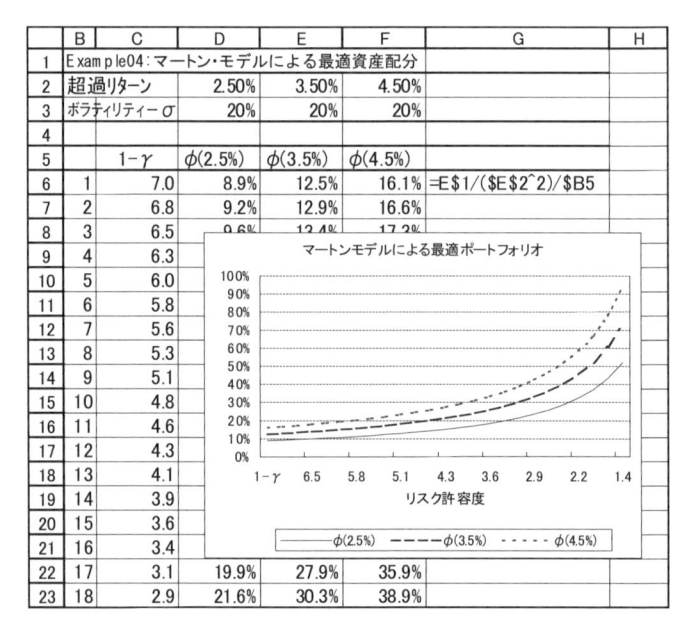

	B	C	D	E	F	G	H
1	Example04：マートン・モデルによる最適資産配分						
2	超過リターン		2.50%	3.50%	4.50%		
3	ボラティリティーσ		20%	20%	20%		
4							
5		$1-\gamma$	$\phi(2.5\%)$	$\phi(3.5\%)$	$\phi(4.5\%)$		
6	1	7.0	8.9%	12.5%	16.1%	=E$1/($E$2^2)/$B5	
7	2	6.8	9.2%	12.9%	16.6%		
8	3	6.5	9.6%	13.4%	17.3%		
9	4	6.3					
10	5	6.0					
11	6	5.8					
12	7	5.6					
13	8	5.3					
14	9	5.1					
15	10	4.8					
16	11	4.6					
17	12	4.3					
18	13	4.1					
19	14	3.9					
20	15	3.6					
21	16	3.4					
22	17	3.1	19.9%	27.9%	35.9%		
23	18	2.9	21.6%	30.3%	38.9%		

図 3.1 マートン・モデルによる最適資産配分（「Example 04」シート）

効用関数を仮定しているため,このモデルを実務的に利用することは難しい.
また,最適解を求めるためには,基金のリスク許容度を決める必要がある.こ
れは,スポンサー企業の経営とも直結する問題であるため,重要課題として基
金とスポンサー企業のトップとの慎重な検討を要する.しかし,基金のリスク
許容度を決める適切な理論はなく,経験と試行錯誤による方法が利用される.

3.3 サープラス・アプローチでの最適資産配分

前節では,アセット・オンリー・アプローチで最適資産配分を検討した.本
節では,無リスク資産 S_0,リスク資産 S_i に加え,年金負債 L がある場合での
資産配分 ϕ を考える.

3.3.1 1期間離散モデルでの例

最初に,前節と同様に離散型1期間モデルでの最適資産配分を検討する.そ
の後に多期間連続モデルを検討する.結果として,特定の効用関数では,1期
間モデルと多期間連続モデルでの最適資産配分は同一となることがわかる.無
リスク債券 S_0,リスク資産 S_1 の2つの資産と,年金負債 L がある場合を考え
る.ここで,リスク資産 S_1 と年金負債 L には相関 ρ があると仮定する.次項
以降に株式や債券など複数の資産と,年金負債がある場合での資産配分の例を
示す.前節までと同様に,無リスク金利を定数 r とすると,無リスク債券価格
S_0 が従う確率過程は,

$$dS_0 = rS_0 dt \tag{3.46}$$

リスク資産価格は,

$$dS_1 = \mu S_1 dt + \sigma S_1 dW \tag{3.47}$$

に従うとする.μ,σ は,それぞれリスク資産の期待リターンとボラティリティ
ィーで定数とする.W は標準ブラウン運動である.年金資産 A は,リスク資
産へ ϕ,無リスク債券へ $1-\phi$ 投資するポートフォリオで,

$$dA_t = A_t\left[(\mu-r)\phi_t + r\right]dt + A_t\phi_t\sigma dW_t \tag{3.48}$$

に従うとする.年金負債の時価 L は,

$$dL_t = \mu_L L_t dt + \sigma_L L_t dW_t^L \tag{3.49}$$

に従うとする.μ_L,σ_L はそれぞれ,年金負債の期待成長率とボラティリティ

ーで一定とする．W^L は標準ブラウン運動である．ここでは，年金負債の時価が幾何ブラウン運動に従うと仮定している．リスク資産 S_1 と年金負債 L には相関があり，$dW^1 dW^L = \rho dt$ とする．1期間モデルを考えるので，初期時点を $t=0$，最終時点を $t=1$ として，初期時点から最終時点までの時間の長さを Δt とする．(3.48) と (3.49) を離散表現にすると，

$$\Delta A_1 = A_0 \left[(\mu - r) \phi_0 + r \right] \Delta t + A_0 \phi_0 \sigma z_A \sqrt{\Delta t}$$
$$\Delta L_1 = \mu_L L_0 \Delta t + \sigma_L L_0 z_L \sqrt{\Delta t} \quad (3.50)$$

とできる．z_A, z_L は独立な標準正規分布からの無作為抽出である．確率微分方程式 (3.48) と (3.49) の解を，1期間モデルでの離散表現にすると，

$$A_1 = A_0 \exp\left\{ \left(\phi_0 (\mu - r) + r - \frac{1}{2} \phi_0^2 \sigma^2 \right) \Delta t + \sigma \phi_0 z_A \sqrt{\Delta t} \right\}$$
$$L_1 = L_0 \exp\left\{ \left(\mu_L - \frac{1}{2} \sigma_L^2 \right) \Delta t + \sigma_L z_L \sqrt{\Delta t} \right\} \quad (3.51)$$

となる．年金基金がリスク管理を行う対象として，積立比率（資産/負債）を考える．年金基金は単に年金資産の成長を目標にするのではなく，年金財政を健全な水準に保ち，将来の給付を確保するため，適正な積立比率を維持することを目標としている．そのため，積立比率を直接，リスク管理の対象とした方が自然であろう．初期時点の積立比率（資産/負債時価）F_0 は，

$$F_0 = \frac{A_0}{L_0} \quad (3.52)$$

と表せるので，1期間後の（積立比率でみた）サープラスは (3.51) より，

$$F_1 = \frac{A_1}{L_1} = \frac{A_0}{L_0} \exp\left\{ \left(\phi (\mu_A - r) + r - \frac{1}{2} \phi_0^2 \sigma_A^2 \right) \Delta t + \phi_0 \sigma_A z_A \sqrt{\Delta t} \right\}$$
$$\times \exp\left\{ -\left(\mu_L - \frac{1}{2} \sigma_L^2 \right) \Delta t - \sigma_L z_L \sqrt{\Delta t} \right\} \quad (3.53)$$

とできる．べき型効用関数 $U(F_T) = (A_T / L_T)^\gamma / \gamma$ を仮定する．これは，年金基金は最終時点での積立比率に依存する効用関数である．期待効用を最大化する最適資産配分 ϕ^* を決定する．

3.3 サープラス・アプローチでの最適資産配分

$$\max_{\phi_0} E_0\left[\frac{F_1^\gamma}{\gamma}\right] = \max_{\phi_0} E_0\left[\frac{(A_1/L_1)^\gamma}{\gamma}\right] \tag{3.54}$$

(3.54) に (3.53) を代入し，正規乱数 z_A と z_L 以外は $t=0$ 時点では既知であるから，期待値記号の外に出すと，

$$\max_{\phi_0} \frac{1}{\gamma} F_0^\gamma \exp\left\{\left((\mu_A - r) + r - \frac{1}{2}\phi_0^2\sigma_A^2 - \mu_L + \frac{1}{2}\sigma_L^2\right)\gamma \Delta t\right\}$$
$$\times E_0\left[\exp\left\{\phi_0 \gamma \sigma_A \sqrt{\Delta t} z_A - \sigma_L \gamma z_L \sqrt{\Delta t}\right\}\right] \tag{3.55}$$

とできる．(3.55) の期待値部分は，正規分布に従う確率変数の積率母関数を利用して，

$$E_0\left[\exp\left\{\phi\sigma_A\gamma\sqrt{\Delta t}z_A - \sigma_L\gamma z_L\sqrt{\Delta t}\right\}\right]$$
$$= \exp\left\{\frac{1}{2}\left(\sigma_A^2\phi^2 + \sigma_L^2 - 2\rho\sigma_A\sigma_L\phi\right)\gamma^2\Delta t\right\} \tag{3.56}$$

となるので，(3.55) は，

$$\max_{\phi_0} \frac{1}{\gamma} F_0^\gamma \exp\left\{\left(\phi_0(\mu_A - r) + r - \frac{1}{2}\phi_0^2\sigma_A^2 - \mu_L + \frac{1}{2}\sigma_L^2\right.\right.$$
$$\left.\left.+ \frac{1}{2}\gamma\left(\sigma_A^2\phi_0^2 + \sigma_L^2 - 2\rho\sigma_A\sigma_L\phi_0\right)\right)\gamma\Delta t\right\} \tag{3.57}$$

となる．(3.57) は，通常の凸関数の最適化問題であるので，最適資産配分 ϕ_0^s は，(3.57) を ϕ で微分して 0 とおき，ϕ について解けばよいので，

$$\phi_0^s = \frac{1}{1-\gamma}\left(\frac{\mu_A - r}{\sigma_A^2} - \frac{\rho\sigma_A\sigma_L\gamma}{\sigma_A^2}\right) \tag{3.58}$$

を得る．アセット・オンリー・アプローチでの最適資産配分が，

$$\frac{1}{1-\gamma}\frac{\mu_A - r}{\sigma_A^2} \tag{3.59}$$

であった場合と比較すると，$\rho > 0$，$\gamma > 1$ であれば，サープラス・アプローチでの最適資産配分は，

$$\frac{1}{1-\gamma}\frac{\rho\sigma_A\sigma_L\gamma}{\sigma_A^2} \qquad (3.60)$$

だけリスク資産への配分比率が増加することがわかる．つまり，資産と負債の相関が高いほどその資産への配分比率が増加する．(3.58) 右辺第2項は，年金資産と負債との相関があるために出てきた項である．

3.3.2 多期間連続モデルの利用

本項では，サープラス・フレームワークで多期間連続モデルを利用した資産配分を検討する．効用関数にべき型を仮定すると，最適資産配分は1期間モデルと同じ結果になることが示される．本項では，資産が複数ある場合を検討する．最初に，資産価格過程について説明し，資産が複数ある場合におけるアセット・オンリー・アプローチでの最適資産配分を示す．次に，負債が幾何ブラウン運動に従うと仮定した場合での資産配分を導出する．さらに，効用関数を具体的に仮定して最適資産配分を明示し，そして数値例を用い，アセット・オンリー・アプローチとサープラス・アプローチでの最適資産配分の違いを検討する．最後に，短期金利が確率的に変動すると仮定した場合での資産配分を解説する．

無リスク債券 S^0 の価格過程は，無リスク金利を r（一定）とすると，

$$dS_t^0 = rS_t^0 dt \qquad (3.61)$$

に従うとする．リスクのある資産価格 S^i が従う確率過程は，資産を表す添字を $i(1,\cdots,n)$ として，

$$dS_t^i = S_t^i\left[(r_0+\lambda_i)dt + \sum_{j=1}^n \sigma_{ij}dW_j\right], \qquad i=1,\cdots,n \qquad (3.62)$$

とする．$W^T = [W_1\ W_2\ \cdots\ W_n]$ は n 次元標準ブラウン運動で，ここではブラウン運動の数 n と，資産の数 n は一致しているとする．$\lambda^T = [\lambda_1\ \lambda_2\ \cdots\ \lambda_n]$ はリスク資産のリスク・プレミアム，σ_{ij} はブラウン運動 j に対する資産のボラティリティーとする．C はボラティリティーの $n\times n$ 次元行列で，

3.3 サープラス・アプローチでの最適資産配分

$$C = \begin{bmatrix} \sigma_{11} & \cdots & \sigma_{1n} \\ \vdots & \ddots & \vdots \\ \sigma_{n1} & \cdots & \sigma_{nn} \end{bmatrix} \tag{3.63}$$

とする．年金基金は年金資産 A_t を保有している．年金資産の価格過程は，

$$dA_t = A_t\left[(r + \phi^\mathrm{T}\lambda)dt + \phi^\mathrm{T}CdW\right] \tag{3.64}$$

で表されるとする．ここで，$\phi^\mathrm{T} = [\phi_1 \ \phi_2 \ \cdots \ \phi_n]$ は，リスク資産への資産配分比率を表す．

たとえば，リスク資産が 2 資産（$n=2$）の場合では，リスク・プレミアム・ベクトル，標準ブラウン運動ベクトル，ボラティリティー行列は，

$$\lambda = \begin{bmatrix} \lambda_1 \\ \lambda_2 \end{bmatrix}, \ dz = \begin{bmatrix} dz_1 \\ dz_2 \end{bmatrix}, \ C = \begin{bmatrix} \sigma_{11} & \sigma_{12} \\ \sigma_{21} & \sigma_{22} \end{bmatrix} \tag{3.65}$$

となり，資産価格過程は，

$$\begin{aligned} dS_t^1 &= S_t^1\left[(r_0 + \lambda_1)dt + \sigma_{11}dW_1 + \sigma_{12}dW_2\right] \\ dS_t^2 &= S_t^2\left[(r_0 + \lambda_2)dt + \sigma_{21}dW_1 + \sigma_{22}dW_2\right] \end{aligned} \tag{3.66}$$

と表すことができる．また年金資産 A_t の価格過程は，

$$\begin{aligned} dA_t = A_t\big[&(r + \phi_1\lambda_1 + \phi_2\lambda_2)dt + (\phi_1\sigma_{11} + \phi_2\sigma_{21})dW_1 \\ &+ (\phi_1\sigma_{12} + \phi_2\sigma_{22})dW_2\big] \end{aligned} \tag{3.67}$$

となる．

最初に，比較のためにアセット・オンリー・アプローチで，複数資産の場合の資産配分を導出する．年金資産のみに依存する最終時点 $t=T$ での効用関数 $U(A_T)$ を仮定して，期待効用を最大化する最適資産配分 ϕ_A^* を選択する．評価関数を

$$J(t, A_t) = \max_\phi E\left[U(A_T)\right] \tag{3.68}$$

とすると，この最適化問題の HJB 方程式は，

$$\max_\phi \left[J_t + A\lambda\phi^\mathrm{T}J_A + \frac{1}{2}A^2\phi^\mathrm{T}D\phi J_{AA}\right] = 0 \tag{3.69}$$

となる．ここで，$D = CC^\mathrm{T}$ とする．行列 D は資産間の共分散行列を表す．最適解が存在すると仮定して，最適解の 1 次の条件は，

$$\lambda AJ_Y + D\phi A^2 J_{YY} = 0 \tag{3.70}$$

であり，最適資産配分 ϕ_A^* は，

$$\phi_A^* = -D^{-1}\lambda \frac{J_Y}{AJ_{YY}} \tag{3.71}$$

となる．(3.71) は効用関数の微分形である J_Y や J_{YY} に依存した形であるので，効用関数を特定しないと，明示的な資産配分は得られない．3.2.5 項と同様に最終期日における年金基金の効用関数 U の形式を，べき型 $U = A_T^\gamma/\gamma$ と仮定する．それにより J の形式を $J(t, A_t) = A_t^\gamma f(t)/\gamma$ と推測でき，J_Y/J_{YY} を求めることによって，最適資産配分

$$\phi_A^* = \frac{1}{1-\gamma} D^{-1}\lambda \tag{3.72}$$

を得ることができる．効用関数 U がこのような単純な形式ではなく複雑な場合は，数値計算を利用して最適資産配分を求めることになる．

次に，年金負債がある場合の最適資産配分を考える．ここでは，年金負債が幾何ブラウン運動に従うモデルを考える．負債時価 L_t は，

$$dL_t = \mu_L L_t dt + \sigma_L L_t dW_1 \tag{3.73}$$

に従うとする．μ_L，σ_L はそれぞれ，負債の期待成長率（ドリフト）とボラティリティーで一定とする．W_1 は標準ブラウン運動で，(3.62) で表される資産価格過程のうち1つめのブラウン運動と同じであるとする．つまり，年金負債と資産は相関をもつと仮定する．年金資産 A の価格過程は，(3.67) のとおり，各資産クラス S_i への投資比率を n 次元ベクトル $\phi^T = [\phi_1 \ \phi_2 \ \cdots \ \phi_n]$ として，

$$dA_t = A_t\left[(r + \phi_t^T \lambda) dt + \phi_t^T C dW\right] \tag{3.74}$$

とする．年金基金は最終時点 $t = T$ での積立比率 $F_T = A_T/L_T$ に対する期待効用を最大化する最適資産配分 ϕ^* を選択する．

$$\{\phi\} \in \arg\max_\phi H(t, A_t, L_t) = E_t\left[U(F_T)\right] \tag{3.75}$$

境界条件は最終時点での積立比率

$$H(T, A_T, L_T) = U\left(\frac{A_T}{L_T}\right) \tag{3.76}$$

とする．前と同様に評価関数 $J(t, A_t, L_t)$ を

$$J(t, A_t, L_t) = \max_\phi E_t\left[U(F_T)\right] \tag{3.77}$$

とすると，評価関数 $J(t, A_t, L_t)$ が満たすべき HJB 方程式は，

$$\max_{\phi} J_t + \{\phi^{\mathrm{T}}\lambda + r\} A J_A + \frac{1}{2}\phi^{\mathrm{T}} D \phi A^2 J_{AA}$$
$$+ \mu_L L J_L + \frac{1}{2}\sigma_L^2 L^2 J_{LL} + \phi^{\mathrm{T}} C_1 \sigma_L A L J_{AL} = 0 \qquad (3.78)$$

となる．C_1 は C の第 1 列で，$C_1 = [\sigma_{11}\ \sigma_{21}\ \cdots\ \sigma_{n1}]$ とする．最適解 ϕ^* の存在を仮定すると，1 階条件は，

$$\lambda A J_A + D\phi A^2 J_{AA} + C_1 \sigma_L A L J_{AL} = 0 \qquad (3.79)$$

であり，サープラス・アプローチでの最適資産配分 ϕ_S^* は，

$$\phi_S^* = -\frac{1}{A}\frac{J_A}{J_{AA}} D^{-1}\left(\lambda + C_1 \sigma_L L \frac{J_{AL}}{J_A}\right) \qquad (3.80)$$

となることがわかる（本来であれば，この解が最適解になっているかどうかを確かめなければならない）．(3.80) の右辺第 1 項は，アセット・オンリー・アプローチでの最適資産配分と同じである．負債を考慮したことにより，右辺第 2 項が生じる．この項にある $D^{-1} C_1 \sigma_L$ は，負債と各資産価格に対するベータ値と考えることもできる．この値が高い資産ほど，配分比率が増加する．また J_{AL}/J_A は，$\partial \ln(J_A)/\partial_L$ とも表すことができる．これは「限界効用のログ」の負債時価に対する感応度で，年金基金の負債時価の変化に対する投資態度と考えることもできる．効用関数を $U(F_T) = F^\gamma/\gamma$ と仮定すると，評価関数は，

$$J(t, A_t, L_t) = \frac{1}{\gamma} A^\gamma L^{-\gamma}\bigl(f(t)\bigr)^\gamma \qquad (3.81)$$

と推測することができる．ここで，$f(t)$ は微分可能な時間 t の関数とする．評価関数の偏微分は，

$$\begin{aligned} J_A &= A^{\gamma-1} L^{-\gamma}\bigl(f(t)\bigr)^\gamma \\ J_{AA} &= (\gamma-1) A^{\gamma-2} L^{-\gamma}\bigl(f(t)\bigr)^\gamma \\ J_{AL} &= -\gamma A^{\gamma-1} L^{-\gamma-1}\bigl(f(t)\bigr)^\gamma \end{aligned} \qquad (3.82)$$

であるから，(3.80) の最適資産配分 ϕ_S^* にある評価関数の偏微分の比率は，

$$\begin{aligned} \frac{J_A}{J_{AA}} &= \frac{A^\gamma L^{-\gamma}\bigl(f(t)\bigr)^\gamma}{(\gamma-1) A^{\gamma-2} L^{-\gamma}\bigl(f(t)\bigr)^\gamma} = \frac{A}{\gamma-1} \\ \frac{J_{AL}}{J_A} &= \frac{-\gamma A^{\gamma-1} L^{-\gamma-1}\bigl(f(t)\bigr)^\gamma}{A^{\gamma-1} L^{-1}\bigl(f(t)\bigr)^\gamma} = -\gamma \frac{1}{L} \end{aligned} \qquad (3.83)$$

とできる．(3.83) を (3.80) に代入することにより，最適資産配分 ϕ_S^* は，

$$\phi_S^* = \frac{1}{1-\gamma} D^{-1}(\lambda - \gamma C_1 \sigma_L) \quad (3.84)$$

となる．アセット・オンリー・アプローチの最適資産配分 ϕ_A^* は，$D^{-1}\lambda/(1-\gamma)$ であるのに対して，資産と負債との相関を考慮したサープラス・アプローチでの最適資産配分 ϕ_S^* は，$D^{-1}\gamma C_1 \sigma L/(1-\gamma)$ の分だけ異なることがわかる．この項は，資産と負債のリスクと相関関係のみに依存し，負債の期待リターン（予定利率）には依存していない．さらに，最適資産配分 ϕ_S^* は当初の積立比率にも依存しないことがわかる（積立水準でリスク許容度 γ が変化すると仮定すれば，最適資産配分は積立水準にも依存するといえる）．そして，ϕ_S^* は，リスク資産が1つ存在する場合を考えると，1期間モデルで考えた最適資産配分と同じことになることがわかる．

3.3.3 サープラス・アプローチでの数値例　　　　　　　　　　CD-ROM

第1巻に付属のCD-ROMのExcelシート「Example 05」を用い，マートン・モデルで，アセット・オンリー・アプローチを利用した最適資産配分 ϕ_A^* と，サープラス・アプローチを利用した最適資産配分 ϕ_S^* の違いを数値例で示す（図3.2）．無リスク資産とリスク資産との2資産があるとする．リスク資産と無リスク資産とのリスク・プレミアムを3.5％，リスク資産のボラティリティー σ_A を20％，負債のボラティリティー σ_L を10％とする．また，図3.2のC列はリスク回避度 $1-\gamma$ を表し，D列はアセット・オンリー・アプローチでの最適資産配分 ϕ_A^* を表す．E～G列は，サープラス・アプローチでの最適資産配分 π_S^* で，資産と負債の相関がそれぞれ $\rho = -0.25, 0.5, 0.95$ の場合での結果である．グラフに示されるように，資産と負債の相関が高いほど，相関が高い資産への投資比率が上昇することがわかる．

この例では，リスク回避度が最も高い水準であっても，資産と負債の相関が0.95の場合，50％程度はリスク資産へ投資することがわかる（残りは無リスク資産へ投資）．またリスク回避度が小さくなるにつれ，両アプローチともリスク資産への投資比率が上昇し，違いは小さくなる．また，相関が異なっても，投資比率は似たようなものになることがわかる．逆にリスク回避度が高い場合では，年金資産のみに着目するサープラス・アプローチと，積立比率に着目す

3.3 サープラス・アプローチでの最適資産配分　　69

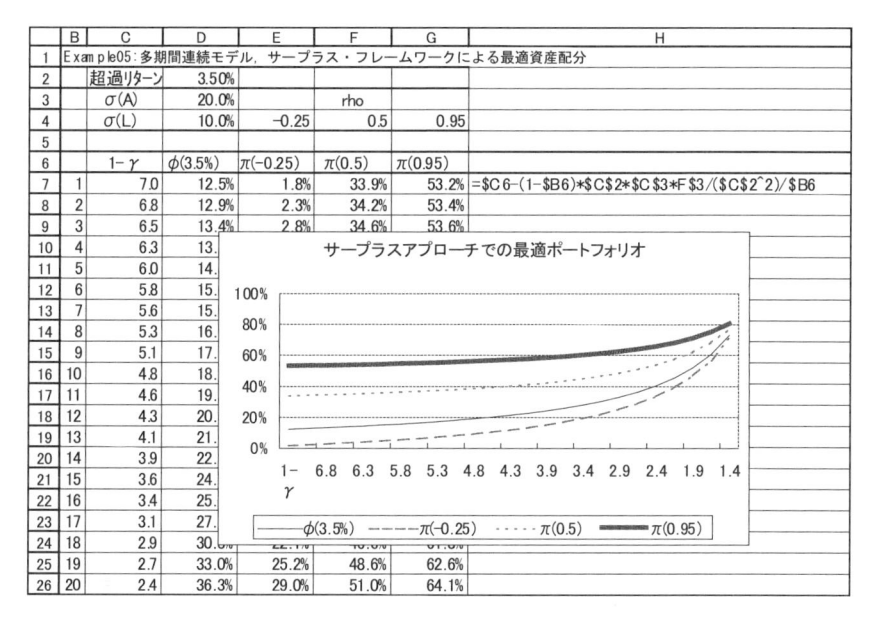

	B	C	D	E	F	G	H
1	Example05：多期間連続モデル，サープラス・フレームワークによる最適資産配分						
2		超過リターン	3.50%				
3		σ(A)	20.0%		rho		
4		σ(L)	10.0%	-0.25	0.5	0.95	
5							
6		1-γ	φ(3.5%)	π(-0.25)	π(0.5)	π(0.95)	
7	1	7.0	12.5%	1.8%	33.9%	53.2%	=$C6-(1-$B6)*$C$2*$C$3*F$3/($C$2^2)/$B6
8	2	6.8	12.9%	2.3%	34.2%	53.4%	
9	3	6.5	13.4%	2.8%	34.6%	53.6%	
10	4	6.3	13.				
11	5	6.0	14.				
12	6	5.8	15.				
13	7	5.6	15.				
14	8	5.3	16.				
15	9	5.1	17.				
16	10	4.8	18.				
17	11	4.6	19.				
18	12	4.3	20.				
19	13	4.1	21.				
20	14	3.9	22.				
21	15	3.6	24.				
22	16	3.4	25.				
23	17	3.1	27.				
24	18	2.9	30.				
25	19	2.7	33.0%	25.2%	48.6%	62.6%	
26	20	2.4	36.3%	29.0%	51.0%	64.1%	

図 3.2　多期間サープラス・フレームワークでの数値例（「Example 05」シート）

るサープラス・アプローチでは，投資比率が異なるものになることがわかる．さらに，この例では負債と資産との相関が0.95と非常に高い水準であっても，相関が高い資産への投資比率が100％とはなっていない．

3.3.4　「瞬間的」有効フロンティア

本項では，サープラス・フレームワークでの「瞬間的」有効フロンティアを示す（ここでは「サープラス・フレームワーク」としているが，サープラス（資産−負債）ではなく，積立比率（$F=A/L$）を分析の対象とする）．年金資産 A が従う確率過程を，

$$dA_t = \mu\phi^T A_t dt + \phi^T C A_t dW_t \quad (3.85)$$

とする．ここで，ϕ は各資産への配分比率を表す n 次元ベクトル，μ は年金資産のドリフトを表す n 次元ベクトル，C は $n\times n$ 次元ボラティリティー行列，W は n 次元標準ブラウン運動とする．同様に負債（時価）L_t が従う確率過程を

$$dL_t = \mu_L L dt + \sigma_L L dW_t^L \quad (3.86)$$

とする．ここで，μ_L は負債の期待成長率（ドリフト），σ_L は負債のボラティリティー，W^L は標準ブラウン運動とする．積立比率 $F=A/L$ のプロセスが知りたいが，そのために負債の逆数を $G=1/L$ とすると，G のプロセスは伊藤の補題より，

$$dG = \left(\frac{\partial G}{\partial t} + \mu_L L \frac{\partial G}{\partial L} + \frac{1}{2}\sigma_L^2 L^2 \frac{\partial^2 G}{\partial L^2} \right) dt + \sigma_L L \frac{\partial G}{\partial L} dW^L \qquad (3.87)$$

であり，$\partial G/\partial t=0$, $\partial G/\partial L=-1/L^2$, $\partial^2 G/\partial L^2=-2/L^3$ を (3.87) に代入すると，負債の逆数のプロセスは，

$$d\frac{1}{L} = -\frac{1}{L}\left\{ (\mu_L - \sigma_L^2) dt + \sigma_L dW_t^L \right\} \qquad (3.88)$$

となる．さらに積立比率のプロセス $d(A/L)$ は，(3.88) と (3.85) および伊藤の補題より，

$$d\frac{A}{L} = \frac{A}{L}\left\{ (\mu\phi^{\mathrm{T}} - \mu_L + \sigma_L^2 - \phi^{\mathrm{T}} C_1 \sigma_L) dt + \phi C dW_t - \sigma_L dW_t^L \right\} \qquad (3.89)$$

となる．ここで，C_1 は資産クラスの分散共分散行列 D を，$D=CC^{\mathrm{T}}$ と分解した場合の行列 C の第 1 列 $C_1=[\sigma_{11} \quad \sigma_{21} \quad \cdots \quad \sigma_{n1}]$ で表せるものとする（行列 C は分散共分散行列 D をコレスキー分解して得られる）．ある資産配分 ϕ での積立比率の「瞬間的」期待成長率 $m(\phi)$（将来の期待積立比率ではなく，積立比率の成長率期待値）は，

$$m(\phi) = \phi^{\mathrm{T}}\mu - \mu_L + \sigma_L^2 - \phi^{\mathrm{T}} C_1 \sigma_L \qquad (3.90)$$

また「瞬間的」ボラティリティー $v(\phi)$ は，

$$v(\phi) = \phi^{\mathrm{T}} D \phi + \sigma_L^2 - 2\phi^{\mathrm{T}} C_1 \sigma_L \qquad (3.91)$$

となる．ある一定の期待リターン μ^* における，リスクが最小となる最適資産配分 ϕ^* は，最適化問題

$$\begin{aligned} &\min_{\phi} \quad v(\phi) \\ &\text{s.t.} \quad m(\phi) = \mu^*, \quad \phi^{\mathrm{T}} e = 1 \end{aligned} \qquad (3.92)$$

をラグランジュ未定乗数法を利用して解くことで得られる．ラグランジュ乗数を θ, λ とすると，ラグランジュ関数 l は，

$$\begin{aligned} l(\phi, \theta, \lambda) =\ & \phi^{\mathrm{T}} D \phi + \sigma_L^2 - 2\phi^{\mathrm{T}} C_1 \sigma_L \\ & + 2\theta(\phi^{\mathrm{T}}\mu - \mu_L + \sigma_L^2 - \phi^{\mathrm{T}} C_1 \sigma_L) + 2\lambda(\phi^{\mathrm{T}} e - 1) \end{aligned} \qquad (3.93)$$

となる．最適性の条件は，

3.3 サープラス・アプローチでの最適資産配分

$$\frac{\partial l}{\partial \phi} = 2D\phi - 2C_1\sigma_L + 2\theta\mu - 2\theta C_1\sigma_L + 2\lambda e = 0$$

$$\frac{\partial l}{\partial \theta} = \phi^{\mathrm{T}}\mu - \mu_L + \sigma_L - \phi^{\mathrm{T}}C_1\sigma_L - \mu^* = 0 \tag{3.94}$$

$$\frac{\partial l}{\partial \lambda} = \phi^{\mathrm{T}}e - 1 = 0$$

であるから，最適資産配分 ϕ は，

$$\phi = D^{-1}C_1\sigma_L - \theta D^{-1}\mu + \theta\sigma_L D^{-1}C_1 - \lambda D^{-1}e \tag{3.95}$$

を得る．ϕ^{T} を (3.94) の 2 行目の式と 3 行目の式に代入すると，

$$\sigma_L C_1^{\mathrm{T}} D^{-1}\mu - \theta\mu^{\mathrm{T}} D^{-1}\mu + \theta\sigma_L C_1^{\mathrm{T}} D^{-1}\mu - \lambda e^{\mathrm{T}} D^{-1}\mu - \mu_L + \sigma_L^2$$
$$- \sigma_L^2 C_1^{\mathrm{T}} D^{-1}C_1 + \theta\sigma_L\mu^{\mathrm{T}} D^{-1}C_1 - \theta\sigma_L^2 C_1^{\mathrm{T}} D^{-1}C_1 + \lambda\sigma_L e^{\mathrm{T}} D^{-1}C_1 - \mu^* = 0$$
$$\sigma_L C_1^{\mathrm{T}} D^{-1}e - \theta\mu^{\mathrm{T}} D^{-1}e + \theta\sigma_L C_1^{\mathrm{T}} D^{-1}e - \lambda e^{\mathrm{T}} D^{-1}e - 1 = 0 \tag{3.96}$$

となる．ここで，

$$L_D = C_1^{\mathrm{T}} D^{-1}\mu, \quad M_D = \mu^{\mathrm{T}} D^{-1}\mu, \quad N_D = e^{\mathrm{T}} D^{-1}\mu$$
$$X_D = C_1^{\mathrm{T}} D^{-1}C_1, \quad Y_D = C_1^{\mathrm{T}} D^{-1}e, \quad Z_D = e^{\mathrm{T}} D^{-1}e \tag{3.97}$$

と定義すると，(3.96) は，

$$\sigma_L L_D - \theta M_D + \theta\sigma_L L_D - \lambda N_D - \mu_L + \sigma_L^2$$
$$- \sigma_L^2 X_D + \theta\sigma_L L_D - \theta\sigma_L^2 X_D + \lambda\sigma_L Y_D - \mu^* = 0 \tag{3.98}$$
$$\sigma_L Y_D - \theta N_D + \theta\sigma_L Y_D - \lambda Z_D - 1 = 0$$

とできる．これを整理すると，

$$(2\sigma_L L_D - M_D - \sigma_L^2 N_D)\theta + (\sigma_L Y_D - X_D)\lambda$$
$$+ \sigma_L L_D - \mu_L + \sigma_L^2 - \sigma_L^2 X_D - \mu^* = 0 \tag{3.99}$$
$$(\sigma_L Y_D - X_D)\theta - Z_D + \sigma_L Y_D - 1 = 0$$

となる．ここでさらに，

$$\alpha = 2\sigma_L L_D - M_D - \sigma_L^2 N_D, \quad \beta = \sigma_L Y_D - N_D$$
$$\chi = \sigma_L L_D - \mu_L + \sigma_L^2 - \sigma_L^2 Y_D, \quad \delta = Z_D, \quad \eta = \sigma_L Y_D - 1 \tag{3.100}$$

と定義すると，(3.98) は簡単な連立方程式

$$\alpha\theta + \beta\lambda + \chi - \mu^* = 0, \qquad \beta\theta - \delta\lambda + \eta = 0 \tag{3.101}$$

となり，これを解くことによりラグランジュ乗数は，

$$\theta = -\frac{\delta(\chi-\mu^*)+\beta\eta}{\alpha\delta+\beta^2}, \quad \lambda = -\frac{\beta(\chi-\mu^*)-\alpha\eta}{\alpha\delta+\beta^2} \qquad (3.102)$$

と求まる．(3.102) を (3.95) へ代入することにより，ある一定の期待リターン μ^* のもとでの最適資産配分 ϕ を求めることができる．さらに μ^* を動かすことにより，有効フロンティアが構築できる．

3.3.5 「サープラス」有効フロンティアでの数値例　　CD-ROM

前項で解説したサープラス・フレームワークでの有効フロンティアの数値例を，CD-ROM の Excel シート「Example 06」を利用しながら示す（図 3.3）．国内債券，国内株式，外国債券，外国株式の4資産と負債を考える．各資産クラスの期待リターン μ，分散共分散行列 D は Example 02 と同じ数値を用いる（D4：G7セル）．H4：H7セルは要素1のベクトル e である．(3.89) にある C_1 は行列 D をコレスキー分解した行列の国内債券の列に相当する（B10：B13セル）．負債の期待成長率を2.5%（C16セル），負債のボラティリティーを3.4%（C17セル）と仮定する．(3.97) は C18：C23 セルのように計算でき，(3.100) は C24：C28 セルのように計算できる．有効フロンティアを構築するために，ターゲットとなる積立比率の成長率 μ^* を B33：B69（本書では 48 行目まで表示）セルのようにおく．ラグランジュ乗数である θ, λ は，(3.102) より C33：D69 セルのようになる．ある一定の μ^* での最適資産配分は，(3.102) と (3.95) より E33：H69 セルのように計算できる．

一般的なサープラス・フレームワークの説明では，負債と国内債券が完全に相関している場合，積立比率成長率のターゲットを $\mu^*=0$ としたときサープラス・リスクは0で，国内債券への配分比率が100%となる資産配分が最適解となる（イミュニゼーション戦略ともいう）が，この数値例では，負債と国内債券との相関が1ではなく，また負債の期待成長率2.5%に対して，国内債券の期待リターンを0.35%と低く見積もっているため，$\mu^*=0$ としても国内債券への配分比率は70%程度となり，株式などの若干のリスクをとる資産配分が最適解となっている．また，ターゲット μ^* を上昇させるにつれ，リスク資産への資産配分が増え，同時にサープラス・リスクが上昇することがわかる．

3.3 サープラス・アプローチでの最適資産配分　　　　73

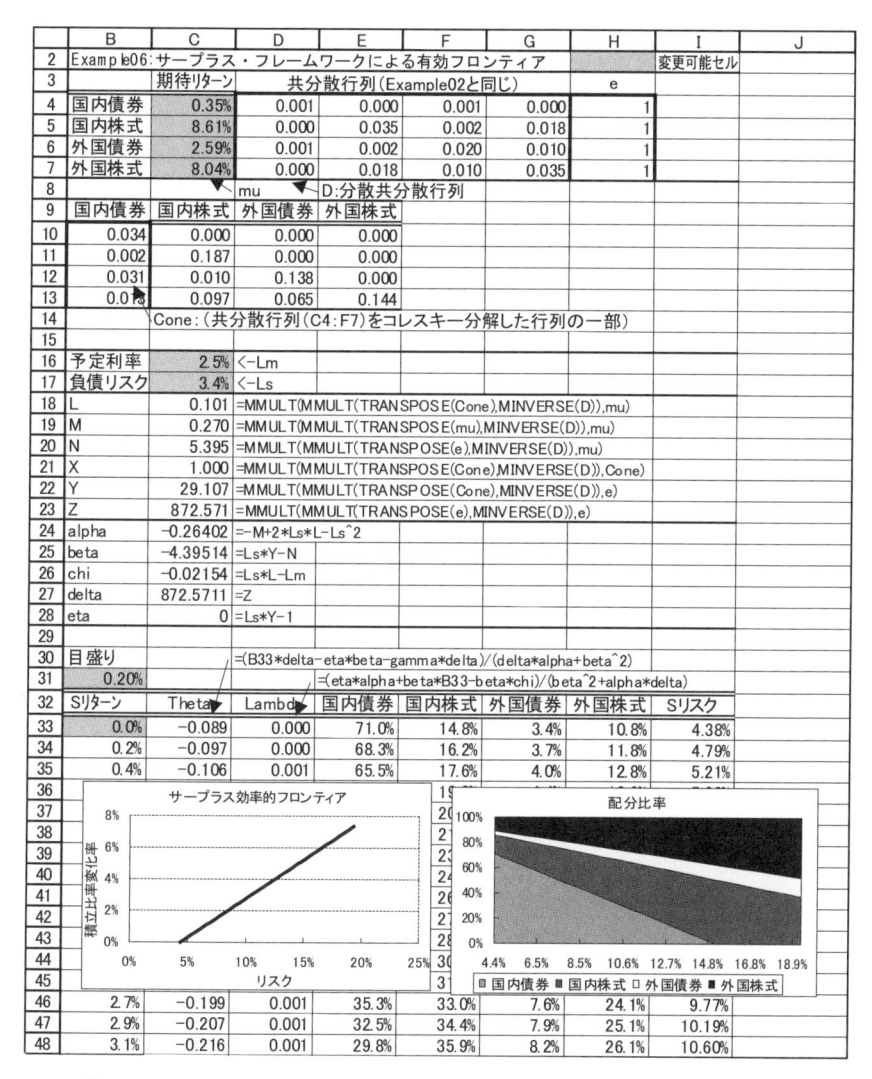

	B	C	D	E	F	G	H	I	J
2	Example06:サープラス・フレームワークによる有効フロンティア							変更可能セル	
3		期待リターン	共分散行列(Example02と同じ)				e		
4	国内債券	0.35%	0.001	0.000	0.001	0.000		1	
5	国内株式	8.61%	0.000	0.035	0.002	0.018		1	
6	外国債券	2.59%	0.001	0.002	0.020	0.010		1	
7	外国株式	8.04%	0.000	0.018	0.010	0.035		1	
8			mu	D:分散共分散行列					
9	国内債券	国内株式	外国債券	外国株式					
10	0.034	0.000	0.000	0.000					
11	0.002	0.187	0.000	0.000					
12	0.031	0.010	0.138	0.000					
13	0.0	0.097	0.065	0.144					
14		Cone:(共分散行列(C4:F7)をコレスキー分解した行列の一部)							
15									
16	予定利率	2.5%	<-Lm						
17	負債リスク	3.4%	<-Ls						
18	L		0.101	=MMULT(MMULT(TRANSPOSE(Cone),MINVERSE(D)),mu)					
19	M		0.270	=MMULT(MMULT(TRANSPOSE(mu),MINVERSE(D)),mu)					
20	N		5.395	=MMULT(MMULT(TRANSPOSE(e),MINVERSE(D)),mu)					
21	X		1.000	=MMULT(MMULT(TRANSPOSE(Cone),MINVERSE(D)),Cone)					
22	Y		29.107	=MMULT(MMULT(TRANSPOSE(Cone),MINVERSE(D)),e)					
23	Z		872.571	=MMULT(MMULT(TRANSPOSE(e),MINVERSE(D)),e)					
24	alpha		-0.26402	=-M+2*Ls*L-Ls^2					
25	beta		-4.39514	=Ls*Y-N					
26	chi		-0.02154	=Ls*L-Lm					
27	delta		872.5711	=Z					
28	eta		0	=Ls*Y-1					
29									
30	目盛り		=(B33*delta-eta*beta-gamma*delta)/(delta*alpha+beta^2)						
31	0.20%		=(eta*alpha+beta*B33-beta*chi)/(beta^2+alpha*delta)						
32	Sリターン	Theta	Lambda	国内債券	国内株式	外国債券	外国株式	Sリスク	
33	0.0%	-0.089	0.000	71.0%	14.8%	3.4%	10.8%	4.38%	
34	0.2%	-0.097	0.000	68.3%	16.2%	3.7%	11.8%	4.79%	
35	0.4%	-0.106	0.001	65.5%	17.6%	4.0%	12.8%	5.21%	
46	2.7%	-0.199	0.001	35.3%	33.0%	7.6%	24.1%	9.77%	
47	2.9%	-0.207	0.001	32.5%	34.4%	7.9%	25.1%	10.19%	
48	3.1%	-0.216	0.001	29.8%	35.9%	8.2%	26.1%	10.60%	

図3.3　サープラス・フレームワークでの有効フロンティア（「Example 06」シート）

3.3.6 短期金利が確率的に変動する場合

前項までは無リスク金利 r を一定としていたが，本項では金利が確率的に変動する場合の資産配分を検討する．年金負債は，これまで単に負債としていたが，本項では退職給付債務と考える．金利が確率的に変動すると仮定するので，金利の関数である退職給付債務も，金利の変動に応じて確率的に変動する．し

かし最適資産配分の形式は，前項までと同様の結果が得られることが示される．
金利（ショートレート）が従う確率過程を，

$$dr_t = \mu_t(r_t, t)dt + \sigma(r_t, t)dW_1 \tag{3.103}$$

とする．ここで，$\mu_t(r_t, t)$ と $\sigma(r_t, t)$ はそれぞれ，金利のドリフトとボラティリティーで，金利 r と時間 t の関数とする．たとえばハル・ホワイト・モデル（Hull and White Model）では（参考文献 Hull(2000)；邦訳，p.831 などを参照），

$$\mu_r = (\alpha_t - \beta_t r_t), \qquad \sigma_r = \sigma_t \tag{3.104}$$

あるいはコックス・インガソル・ロス・モデル（Cox–Ingersoll–Ross（CIR）Model）では，

$$\mu_r = (\alpha - \beta_t r_t), \qquad \sigma_r = \sigma\sqrt{r_t} \tag{3.105}$$

とすればよい（Hull(2000)；邦訳，p.837 などを参照）．前項までと同様に，資産を表す添字を i $(1, \cdots, n)$ として，資産価格 S_i は確率過程

$$dS_t^i = S_t^i\left[(r_0 + \lambda_i)dt + \sum_{j=1}^n \sigma_{ij}dW_j\right], \qquad i = 1, \cdots, n \tag{3.106}$$

に従うとする．ここで，$W^{\mathrm{T}} = [W_1\ W_2\ \cdots\ W_n]$ は n 次元標準ブラウン運動，$\lambda^{\mathrm{T}} = [\lambda_1\ \lambda_2\ \cdots\ \lambda_n]$ はリスク・プレミアム，σ_{ij} はブラウン運動 j に対する資産 i のボラティリティー行列とする．C をボラティリティーの $n \times n$ 次元行列とすると，

$$C = \begin{bmatrix} \sigma_{11} & \cdots & \sigma_{1n} \\ \vdots & \ddots & \vdots \\ \sigma_{n1} & \cdots & \sigma_{nn} \end{bmatrix} \tag{3.107}$$

と表される．$\phi^{\mathrm{T}} = [\phi_1\ \phi_2\ \cdots\ \phi_n]$ をリスク資産への資産配分比率とすると，年金資産 A_t は，

$$dA_t = A_t\left[(r + \phi^{\mathrm{T}}\lambda)dt + \phi^{\mathrm{T}}CdW\right] \tag{3.108}$$

に従うとする．

1) 負債プロセスの設定

ここでは，年金負債 L として，退職給付債務（PBO または ABO）（詳細は第1巻を参照）を取り扱う．退職給付はすべて一時金とし，退職一時金の計算は退職時の給与に勤続年数に基づく支給倍率（支給率 N_t）を乗じたものとする．このときの負債 L（退職給付債務）は，

$$L(Y_t) = \sum_{x=x_{\min}}^{x_r} \sum_{s=0}^{x_r-x} K_{x,t}(1+\mu_K)^s N_{t+s} \frac{t}{t+s}(1+y_s)^{-s} {}_s|q_x \qquad (3.109)$$

と表すことができる．ここに，x および t は従業員の現在時点での年齢および勤続年数，x_r は定年，$K_{x,t}$ は現在，年齢 x 歳および勤続 t 年の加入員の給与総額，μ_K は給与の期待増加率（PBO の場合は正の定数，ABO の場合は 0），N_t は勤続 t 年の支給率，y_s は s 年債の割引率，Y_t は金利の期間構造のベクトル $Y_t = [y_0 \cdots y_T]$ とする．また，${}_s|q_x$ は現在年齢 x 歳の人が将来の s 年から $s+1$ 年の間に脱退（退職）する確率とする．（定年の場合には残存者が全員脱退すると定義）．$t/(t+s)$ は退職時点までの勤続年数に対応する給付のうち，現在時点までに割り当てられた給付の割合を表している．また，$x_{\min}$ は年金制度への最低加入年齢であり，x_r までの総和をとることは，制度全体の退職給付債務を求めることに相当する．(3.109) において確率変数は y_s のみであり，ここでは給与の期待成長率，支給率，脱退率などその他のパラメータは，すべて確定的であると仮定する．いま，$(1+y_s)^{-s}$ は割引債価格であるから，

$$B_s = (1+y_s)^{-s} \qquad (3.110)$$

とし，その他の確定的なパラメータを

$$C_s = K_{x,t}(1+\mu_K)^s N_{t+s} \frac{t}{t+s} \qquad (3.111)$$

とする．このとき，x 歳加入員群団の退職給付債務は，

$$L_x(Y_t) = \sum_{s=0}^{x_r-x} C_s B_s {}_s|q_x \qquad (3.112)$$

と表現できる．さらに，

$$Q_s = \frac{F_s}{F}, \quad F_s = \sum_{x=x_{\min}}^{x_r-1} C_s \cdot {}_s|q_x, \quad F = \sum_{s=0}^{x_r-x_{\min}} F_s \qquad (3.113)$$

と定義すれば，

$$L(Y_t) = \sum_{x=x_{\min}}^{x_r-1} L_x(Y_t) = \sum_{x=x_{\min}}^{x_r-1} \sum_{s=0}^{x_r-x} (B_s \cdot C_s \cdot {}_s|q_x) = F \sum_{s=0}^{x_r-x_{\min}} B_s Q_s \qquad (3.114)$$

と表現できる．ここに，$C_s \cdot {}_s|q_x$ は将来の s 時点で発生するキャッシュフロー（最終期は $x_r - x_{\min}$ となる），F は将来のキャッシュフローの（割引率を考慮しない）合計，Q_s は s 時点で発生するキャッシュフローの全体に対する割合である．Q_s は，

$$\sum_{s=0}^{x_r-x_{\min}} Q_s = 1 \qquad (3.115)$$

となるので，脱退確率 q とは異なる一種の確率と考えることもできるし，割引債 B_s への投資比率とも考えられる．いま，金利過程 (3.103) はアフィン単因子モデル（巻末参考文献 Duffie(1996)；邦訳，p.157 を参照）を仮定したので，t 時点での満期 s の割引債価格 B_s は，ある関数 α と β により，

$$B_s = \exp\{\alpha(s-t) - \beta(s-t)r_t\} \qquad (3.116)$$

と表すことができる．つまり，アフィン単因子モデルを利用した場合，割引債価格は s 時点の金利 r_s に依存するといえる．よって年金負債である (3.114) は，

$$L(r_t) = F \sum_{s=t}^{T} \left(\exp\{\alpha(s-t) - \beta(s-t)r_t\}\right) Q_s \qquad (3.117)$$

とできる．負債は確率変動する金利 r に依存する関数であり，割引債の加重平均で表される．Q を割引債への投資比率と考え，退職給付債務の平均残存年数（デュレーション）d^* を利用して，(3.117) は，

$$L(r_t) \approx F \exp\{\alpha(d^*) - \beta(d^*)r_t\} = F B^* \qquad (3.118)$$

と近似できる．ここで，B^* は退職給付債務の平均残存期間（年数表示）に対応する割引債価格であり，F は (3.113) で定義したものである．金利過程はアフィン単因子モデルを仮定したので，債券価格の変化はイールドカーブの移動のみに影響を受ける．そのため，(3.117) のような割引債ポートフォリオの価格変化は，(3.118) のように，負債の平均デュレーションをもつ1つの割引債の価格変化を分析したとしても大きな違いはないはずである．また，(3.117) のままでは，年金負債は対数正規分布する割引債の加重平均として表されている．

　負債の分布をシミュレーションにより推測することは可能ではあるが，解析的な最適資産配分を得ることは容易でない．そのため簡便的には，割引債のポートフォリオより，デュレーションが同じである1つの割引債を考える方が，分析が容易となる．

　次に，負債（退職給付債務）の価格過程 dL_t は，伊藤の補題より，

$$dL_t = \frac{\partial L}{\partial t}dt + \frac{\partial L}{\partial r}dr + \frac{1}{2}\frac{\partial^2 L}{\partial r^2}(dr)^2 \tag{3.119}$$

とできる．ここでは，負債時価は時間に依存しないと仮定している．つまり，時間が経過しても，従業員構成や給与などは変化せず，負債のデュレーションは一定と仮定している．よって，負債の時間に対する微分は $\partial L/\partial t = 0$ となる．負債の金利に対する微分である $\partial L/\partial r$ と $\partial^2 L/\partial r^2$ は，それぞれ負債（退職給付債務）の金額デュレーション，金額コンベクシティーであるので，類似の割引債 B^* のデュレーション d^* とコンベクシティー c^* を利用することにより[1]，負債の価格過程は，

$$dL_t = L_t\left[-d^*dr + \frac{1}{2}c^*dr^2\right] \tag{3.120}$$

と表すことができる．さらに，金利過程を (3.103) のように仮定しているので，年金負債 L（退職給付債務）の価格過程は，

$$dL_t = L_t\left[\left(-d_*\mu_r + \frac{1}{2}c_*\sigma_r^2\right)dt - d_*\sigma_r dW_1\right] \tag{3.121}$$

と表すことができる[2]．

[1] 割引債価格が $B = \exp|\alpha - \beta r|$ と表されるとすると，割引債の金利に対する微分 B_r は $-\beta B$ となる．ここでの β が通常，債券のデュレーション（単位：年）と呼ばれるものである．同様にコンベクシティーは β^2 である．

[2] 退職給付債務のデュレーションやコンベクシティーは，割引率を変化させて退職給付債務を再計算することで推定できる．

(3.121) によると，年金負債のプロセスは，金利モデルのドリフトとボラティリティー，退職給付債務のデュレーションとコンベクシティーで近似されることになる．デュレーションとコンベクシティーのみで近似することは，退職給付債務計算の前提となっている従業員構成，給与，退職給付の支給率などは一定という仮定をおくことを意味している．金利モデルのドリフトとボラティリティーを，たとえばハル・ホワイト・モデルのように特定のモデルとすることで，年金負債のプロセスを得ることができる．

2) 積立比率プロセス

サープラス・アプローチでは，年金基金は積立比率（資産/負債：$F_t = A_t/L_t$）を分析の対象とし，一定の積立比率を達成する最適資産配分を選択する．それにはまず負債の逆数のプロセス $dF_t = d(A_t/L_t)$ を計算する．L の逆数を $V = 1/L$

と定義すると，伊藤の補題より，

$$dV = V_t dt + V_L dL + \frac{1}{2} V_{LL} dLdL \tag{3.122}$$

となる．ここで，$V_t = 0$，$V_L = -L^{-2}$，$V_{LL} = 2L^{-3}$ であるから，(3.122) は，

$$d\frac{1}{L} = -\frac{1}{L}\left[\left(d_*\mu_r + \frac{1}{2}c_*\sigma_r^2 - d^2\sigma_r^2\right)dt + d_*\sigma_r dW_1\right] \tag{3.123}$$

とできる．積立比率のプロセスは (3.108) と (3.123) を利用することにより，

$$\begin{aligned}
dF_t &= d\left(\frac{A_t}{L_t}\right) = d(A_t)\frac{1}{L_t} + A_t\left(d\frac{1}{L_t}\right) + (dA_t)\left(d\frac{1}{L_t}\right) \\
&= F_t\left(r + \phi^T\lambda - d_*\mu_r - \frac{1}{2}c_*\sigma_r^2 + d_*^2\sigma_r^2 - d_*\sigma_r\phi^T C_1\right)dt \\
&\quad + F_t\left(\phi^T CdW - d_*\sigma_r dW_1\right)
\end{aligned} \tag{3.124}$$

となる．ここで，C_1 は行列 C の第 1 列目のベクトルで，$C_1^T = [\sigma_{11} \cdots \sigma_{n1}]$ となるものである．これは各資産の確率過程で，金利に相関がある部分を表す．積立比率のプロセスは，

$$\begin{aligned}
\mu_F(\phi) &= r + \phi^T\lambda - d_*\mu_r - \frac{1}{2}c_*\sigma_r^2 + d_*^2\sigma_r^2 - d_*\sigma_r\phi^T C_1 \\
\sigma_{F1}(\phi) &= \phi^T C, \qquad \sigma_{F2} = -d_*\sigma_r
\end{aligned} \tag{3.125}$$

とすれば，幾何ブラウン運動

$$dF_t = F_t[\mu_F(\phi)dt + \sigma_{F1}(\phi)dW + \sigma_{F2}dW_1] \tag{3.126}$$

に従うことがわかる．

3) 金利が確率変動する場合の「瞬間的」有効フロンティア

最初に，積立比率の「瞬間的な」変化率 dF_t/F_t の平均と分散を利用した有効フロンティアを検討する．まず最小分散ポートフォリオを求め，ある一定の期待リターン μ^* を達成する最適資産配分を検討する．次に「瞬間的」1期間モデルでの有効フロンティアを示す．最小分散ポートフォリオは，リスクが最小となるポートフォリオ $\phi^{\min}$ である．ある資産配分を選択した場合，積立比率の変化率 dF_t/F_t の「瞬間的」ボラティリティーは，

$$v(\phi) = \phi^T D\phi + d_*^2\sigma_r^2 - 2d_*\sigma_r\phi^T C_1 \tag{3.127}$$

となる．ここで，$D = CC^T$，$C_1 = [\sigma_{11} \cdots \sigma_{n1}]$ とする．$v(\phi)$ は ϕ に関して 2 次で

あり，D が正値定符号であれば凸関数で最小値をもつので，最適性の 1 階条件は，

$$\frac{dv(\phi)}{d\phi} = 2D\phi - 2d_*\sigma_r C_1 = 0 \tag{3.128}$$

となる．よって最小分散ポートフォリオ $\phi^{\min}$ は，

$$\phi^{\min} = D^{-1}\left(d_*\sigma_r C_1\right) \tag{3.129}$$

となる．ここで，アセット・オンリー・アプローチでの最小分散ポートフォリオは $\phi_A^{\min} = D^{-1} e$ であったので，負債を考慮した結果，最小分散ポートフォリオが $d_*\sigma_r C_1$ 倍されていることがわかる．積立比率の「瞬間的」期待成長率 dF/F は，

$$\mu_F(\phi) = r + \phi^{\mathrm{T}}\lambda - d_*\mu_r - \frac{1}{2}c_*\sigma_r^2 + d_*^2\sigma_r^2 - d_*\sigma_r\phi^{\mathrm{T}}C_1 \tag{3.130}$$

であるから，ある一定の期待値 μ^* を達成する最適資産配分 ϕ_m^* は，ラグランジュ未定乗数法を利用して，制約条件 $\mu_F(\phi) = \mu^*$ のもとで，分散 $v(\phi)$ が最小となる資産配分を求めればよい．（1 次元の）ラグランジュ乗数 θ に対して，ラグランジュ関数 $L(\phi, \theta)$（L はこれまで負債を表してきたが，ここではラグランジュ関数を表す）は，

$$\begin{aligned} L(\phi, \theta) &= v(\phi, r) + 2\theta\left(\mu_F(\phi) - \mu^*\right) \\ &= \phi^{\mathrm{T}} D \phi + d_*^2\sigma_r^2 - 2d_*\sigma_r\phi^{\mathrm{T}}C_1 \\ &\quad + 2\theta\left(r + \phi^{\mathrm{T}}\lambda - d_*\mu_r - \frac{1}{2}c_*\sigma_r^2 + d_*^2\sigma_r^2 - d_*\sigma_r\phi^{\mathrm{T}}C_1\right) \end{aligned} \tag{3.131}$$

最適性の 1 階条件は，資産配分 ϕ に関して，

$$\frac{\partial L}{\partial \phi} = 2D\phi - 2d_*\sigma_r C_1 + 2\theta\left(\lambda - d_*\sigma_r C_1\right) = 0 \tag{3.132}$$

ラグランジュ乗数 θ に関して，

$$\begin{aligned} \frac{\partial L(\phi, \theta)}{\partial \theta} &= 2\left(\mu_F(\phi) - \mu^*\right) \\ &= r + \phi^{\mathrm{T}}\lambda - d_*\mu_r - \frac{1}{2}c_*\sigma_r^2 + d_*^2\sigma_r^2 - d_*\sigma_r\phi^{\mathrm{T}}C_1 - m^* = 0 \end{aligned} \tag{3.133}$$

となる．(3.132) より，最適資産配分

$$\phi_m^* = -\theta D^{-1}\lambda + (1+\theta) D^{-1}\left(d_*\sigma_r C_1\right) \tag{3.134}$$

を得る．また，(3.133) に (3.134) を代入し，θ について解くことにより，

$$\theta = \frac{\mu^* - \mu'}{(\lambda - d_* \sigma_r C_1)^\mathrm{T} D^{-1} (\lambda - d_* \sigma_r C_1)} \tag{3.135}$$

となる．ただし，

$$\mu' = r - d_* \mu_r - \frac{1}{2} c_* \sigma_r^2 + d_*^2 \sigma_r^2 + d_* \sigma_r C_1^\mathrm{T} D^{-1} (\lambda - d_* \sigma_r C_1) \tag{3.136}$$

とする．μ^* を動かすことにより，有効フロンティアを構築することができる．(3.134) より，積立比率の「瞬間的な」有効フロンティアはこれまでと同様に，アセット・オンリー・アプローチでの最適資産配分 $D^{-1} \lambda$（比率 $-\theta$）と，サープラス・アプローチでの最小分散ポートフォリオ $\phi^{\min} = D^{-1} d_* \sigma_r C_1$（比率 $1 + \theta$）との加重平均になっていることがわかる．

4) 多期間連続モデルでの最適資産配分

次に，多期間連続モデル（マートン・モデル）での最適資産配分を示す．年金基金の効用関数を $U(A_T, L_T)$ として，期待効用 $\max E_t [U(A_T, L_T)]$ を最大化する最適資産配分 ϕ^* を選択する．評価関数を

$$J(t, A_t, L_t) = \max_\phi E_t [U(A_T, L_T)] \tag{3.137}$$

とすると，評価関数 J が満たす HJB 方程式は，

$$\max_\phi (r + \phi^\mathrm{T} \lambda) A J_A + \left(-d_* \mu_r + \frac{1}{2} c_* \sigma_r^2 \right) L J_L \\ + \frac{1}{2} \phi^\mathrm{T} D \phi A^2 J_{AA} + d_* \sigma_r \phi^\mathrm{T} C_1 A L J_{AL} + \frac{1}{2} d_* \sigma_r^2 L^2 J_{LL} = 0 \tag{3.138}$$

となる．また，境界条件は最終時点での効用であるので，

$$J(T, A_T, L_T) = U(A_T/L_T) \tag{3.139}$$

となる．最適資産配分 ϕ^* は，

$$\phi^* = -\frac{1}{A} D^{-1} \frac{J_A}{J_{AA}} \left[\lambda + L C_1 d_* \sigma_r \frac{J_{AL}}{J_A} \right] \tag{3.140}$$

となる．(3.140) はこれまでと同様に，最適資産配分はアセット・オンリー・アプローチでの最適資産配分（右辺第 1 項）と，負債ヘッジ部分（右辺第 2 項）に分かれる．さらに，U をべき型効用関数 $F(A_T, L_T)^\gamma / \gamma$ と仮定すれば，評価関数は前回と同様に $J(t, A_t, L_t) = A^\gamma L^{-\gamma} (f(t))^\gamma / \gamma$ と推測することができる．$f(t)$ は

時間に関する微分可能なある関数とする．(3.140) にある評価関数の偏微分の比率は，

$$\frac{J_A}{J_{AA}} = \frac{A}{\gamma - 1}, \quad \frac{J_{AL}}{J_A} = -\gamma \frac{1}{L} \quad (3.141)$$

となるので，最適資産配分 ϕ^* は，

$$\phi^* = \frac{1}{\gamma - 1} D^{-1} (\lambda - \gamma d_* \sigma_r C_1) \quad (3.142)$$

となる．金利が確率的に変動し，年金負債が金利の変動により価値が変化するよう問題を設定して最適資産配分 (3.142) を求めたが，負債が幾何ブラウン運動に従うと仮定した場合の最適資産配分 (3.84) とは，負債ヘッジ項と負債のボラティリティーに相当する部分が異なることがわかる．

3.4 補遺：効用関数，リスク回避度，HJB 方程式の導出

3.4.1 効用関数の例

多期間連続時間モデルでは $\max E_t[U(A_T)]$ のように，期待効用を最大化する最適投資戦略を決定するが，効用関数 U を仮定する必要がある．効用関数 U には，代表的なものとして以下のようなものがある．

$$U(x) = a \ln(x) + b \quad (3.143)$$

$$U(x) = \sqrt{x} \quad (3.144)$$

$$U(x) = \frac{x^\alpha}{\alpha}, \quad 0 < \alpha < 1 \quad (3.145)$$

$$U(t, x) = \exp(-\rho t) \cdot U^*(x) \quad (3.146)$$

(3.143) はログ効用関数，(3.145) はべき型効用関数と呼ばれる．(3.146) の $U^*(x)$ は，(3.143)～(3.145) などの効用関数である．年金 ALM では，x はポートフォリオ価値を表し，$U(x)$ はポートフォリオ価値から得られる年金基金の効用を表す．x の値が大きくなると $U(x)$ も大きくなるが，x が大きくなるにつれて，$U(x)$ の上昇率は低減する（いわゆる限界効用の低減．$U'(x) > 0$, $U''(x) \leq 0$）．凹型効用関数をもつ投資家は，リスク回避的な投資家である．(3.143)～(3.145) の効用関数をグラフにすると図 3.4（CD-ROM の Excel シート「Example 07」）のようになる．

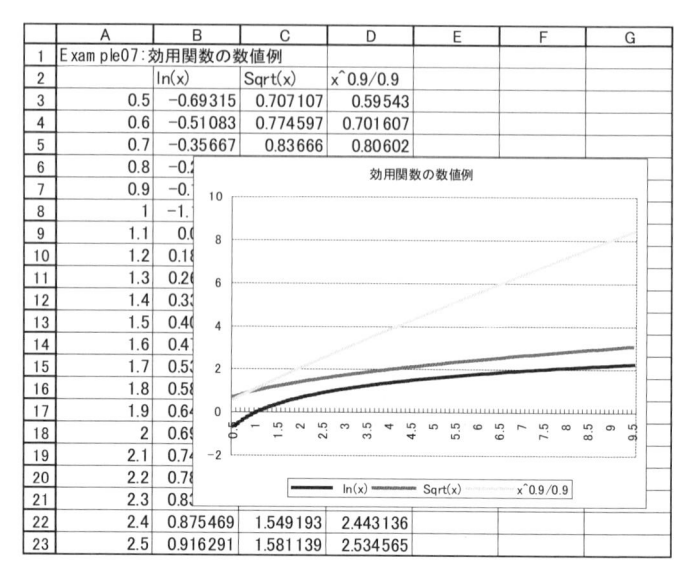

	A	B	C	D
1	Example07:効用関数の数値例			
2		ln(x)	Sqrt(x)	x^0.9/0.9
3	0.5	-0.69315	0.707107	0.59543
4	0.6	-0.51083	0.774597	0.701607
5	0.7	-0.35667	0.83666	0.80602
6	0.8			
7	0.9			
8	1			
9	1.1			
10	1.2			
11	1.3			
12	1.4			
13	1.5			
14	1.6			
15	1.7			
16	1.8			
17	1.9			
18	2			
19	2.1			
20	2.2			
21	2.3			
22	2.4	0.875469	1.549193	2.443136
23	2.5	0.916291	1.581139	2.534565

図 3.4 効用関数の例(「Example 07」シート)

3.4.2 リスク回避度

多期間連続モデルでの最適資産配分 ϕ は,絶対リスク回避度 ARA (Absolute Risk Aversion) や,相対リスク回避度 RRA (Relative Risk Aversion) の関数として表される.ARA や RRA は効用関数の 1 階と 2 階の微分で表され,投資理論ではリスク回避の尺度として利用される.ARA と RRA は以下の式で定義される.

$$\mathrm{ARA} = -\frac{U''(x)}{U'(x)} \tag{3.147}$$

$$\mathrm{RRA} = x\mathrm{ARA} = -\frac{xU''(x)}{U'(x)} \tag{3.148}$$

ここで,絶対リスク回避度 ARA は,資産額の変化に対する,投資家の効用の変化とその変化率の増分の比であり,投資家のリスクに対する態度を理解できる.相対リスク回避度 RRA は,ある一定の資産額 x を保有した場合のリスク回避度である.たとえば,効用関数を (3.145) のようなべき型効用関数

3.4 補遺：効用関数，リスク回避度，HJB 方程式の導出　　　　　　　　　　　83

$$U(x) = \frac{x^\alpha}{\alpha}, \qquad 0 < \alpha < 1 \tag{3.149}$$

とすると，

$$U'(x) = x^{\alpha-1}, \qquad U''(x) = (\alpha-1)x^{\alpha-2} \tag{3.150}$$

であるから，絶対リスク回避度 ARA と相対リスク回避度 RRA はそれぞれ，

$$\mathrm{ARA} = \frac{1-\alpha}{x}, \qquad \mathrm{RRA} = 1-\alpha \tag{3.151}$$

となる．べき型効用関数の絶対リスク回避度 ARA は，分母が x（資産額）であるため，資産額の増加につれ絶対リスク回避度 ARA は減少する．しかし，RRA は x に依存せず一定である．

3.4.3　HJB 方程式の導出

状態変数 x が確率微分方程式

$$dx_t = \mu(t, x, \phi)dt + \sigma(t, x, \phi)dW_t \tag{3.152}$$

に従うとする．マートン問題では x_t をポートフォリオ価値 A_t，期待収益率は $\mu(t, x, \phi) = x_t\{\phi(\mu_s - r) + r\}$，ボラティリティーは $\sigma(t, x, \phi) = x_t\phi\sigma_s$ とすればよい．投資家は期待効用

$$\{\phi\} \in \arg\max_\phi E_t[U(x_T)] \tag{3.153}$$

を最大化する株式への最適投資比率 ϕ^* を決定したい．評価関数（間接効用関数）$J(t, x_T)$ を，

$$J(t, x_T) = \max_\phi E_t[U(x_T)] \tag{3.154}$$

と定義する．ベルマンの最適化原理によれば，現在時点 t での最適資産配分は，現在より少し将来時点である時点 $t+\Delta t$ から最終時点 $t=T$ までは最適な投資を行ったとして，最も直近の Δt 間の最適資産配分を考えればよい．$t+\Delta t$ 時点での最適資産配分問題は $\max E_{t+\Delta t}[U(x_T)]$ なので，(3.154) は，

$$J(t, x) = \max_\phi E_t[\max E_{t+\Delta t}[U(x_T)]] \tag{3.155}$$

とできる．(3.155) は，$t+\Delta t$ 時点から最終時点 $t=T$ までの最適資産配分問題 $\max E_{t+\Delta t}[U(x_T)]$ を解き，最適資産配分 $\phi^*_{t+\Delta t}$ で運用したと仮定して，t 時点から $t+\Delta t$ 時点までの，Δt 間の問題 $\max E_t[\max E_{t+\Delta t}[U(x_T)]]$ を考えている．$t+\Delta t$ 時点での最適行動を考える問題は，定義である (3.154) より，

$$J(t+\Delta t,\ x+\Delta x) = \max E_{t+\Delta t}[U(x_T)] \quad (3.156)$$

であるので，(3.155) は，

$$J(t,\ x) = \max E_t[J(+\Delta t,\ x+\Delta x)] \quad (3.157)$$

となる．いま，$J(t, x_T)$ は連続で少なくとも t について 1 回，$Y_t = W_t/S_t$ について 2 回微分可能と仮定しているので，$E_t[J(t+\Delta t,\ x+\Delta x)]$ に伊藤の補題を適用すると，

$$\begin{aligned}&E[J(t+\Delta t,\ A+\Delta A)]\\&= E_t\left[J(t,\ x) + J_t(t,\ x)\Delta t + J_x(t,\ x)\Delta x + \frac{1}{2}J_{xx}(t,\ x)(\Delta x)^2 + o(\Delta t)\right]\end{aligned} \quad (3.158)$$

となる．ここで $o(\Delta t)$ は，たとえば $(\Delta t)^2$ のように，Δt よりも早く 0 に近づく項を表す．よって (3.157) は，

$$J(t,\ x) = \max E_t\left[J(t,\ x) + J_t(t,\ x)\Delta t + J_x(t,\ x)\Delta x + \frac{1}{2}J_{xx}(t,\ x)(\Delta x)^2 + o(\Delta t)\right]$$

$$(3.159)$$

となる．(3.159) の両辺から $J(t, x)$ を引き，$\Delta x = \mu(t, x, \theta)\Delta t + \sigma(t, x, \theta)\Delta z$ を代入すると，

$$\begin{aligned}0 = \max E_t\Bigg[&\left\{J_t(t,\ x) + \mu(t,\ x,\ \theta)J_x(t,\ x) + \frac{1}{2}\sigma(t,\ x,\ \theta)^2 J_{xx}(t,\ x)\right\}\Delta t\\&+ \{\sigma(t,\ x,\ \theta)J_x(t,\ x)\}\Delta z + o(\Delta t)\Bigg]\end{aligned}$$

$$(3.160)$$

ここで，$E_t[\Delta z] = 0$ であるから，$E_t[\{\sigma(t, x, \theta)J_x(t, x)\}\Delta z] = 0$ となり，(3.160) は，

$$0 = \max E_t\left[\left\{J_t(t,\ x) + \mu(t,\ x,\ \theta)J_x(t,\ x) + \frac{1}{2}\sigma(t,\ x,\ \theta)^2 J_{xx}(t,\ x)\right\}\Delta t + o(\Delta t)\right]$$

$$(3.161)$$

さらに，両辺を Δt で割り，$\Delta t \to 0$ とすると，$\lim_{\Delta t \to 0} o(\Delta t)/\Delta t = 0$ であるから，(3.161) は，

$$0 = \max E_t\left[J_t(t,\ x) + \mu(t,\ x,\ \theta)J_x(t,\ x) + \frac{1}{2}\sigma(t,\ x,\ \theta)^2 J_{xx}(t,\ x)\right]$$

$$(3.162)$$

時間 t においては，状態変数 x_t，操作変数 θ_t とも既知であるので，(3.162) より期待値が外れ，

$$0 = \max\left[J_t(t, x) + \mu(t, x, \theta)J_x(t, x) + \frac{1}{2}\sigma(t, x, \theta)^2 J_{xx}(t, x)\right] \quad (3.163)$$

となり，HJB 方程式が導出される．ここで，HJB 方程式には，ランダム部分がないのが特徴である．評価関数 $J(t, x)$ の最大化問題を考えるには，この HJB 方程式の最大化を行えばよい．

まず，最適化の 1 階の条件を用いて最適解 θ^* を求める．この段階では，θ^* は $J_t(t, x)$，$J_x(t, x)$，$J_{xx}(t, x)$ に依存した形で求められる．次に，求めた最適解 θ^* を HJB 方程式 (3.163) へ代入して max 記号を外し，境界条件 $J(T, x) = U(x_T)$ を利用して偏微分方程式と解くことになる．$J(t, x)$ の形にべき型効用関数などを仮定すると，比較的きれいな形の解を得ることができる．

3.4.4 より一般的な場合の HJB 方程式

より一般的な動的計画法における評価関数 $J(t, c, x, y)$ の例として，

$$J(t, c, x, y) = \max_{(c, x, y, \theta) \in \Lambda} E_t\left[\int_0^T U_1(c_t, t)dt + U_2(x_T, y_T)\right] \quad (3.164)$$

を考えるとする．ここでは 2 つの状態変数が存在する．x_t，y_t は伊藤過程で，

$$dx_t = \mu_x(t, x, \theta)dt + \sigma_x(t, x, \theta)dW_t^x \quad (3.165)$$
$$dy_t = \mu_y(t, y, \theta)dt + \sigma_y(t, y, \theta)dW_t^y \quad (3.166)$$

に従うとする．(3.164) の効用関数は U_1 と U_2 の 2 つがあり，U_1 は時点 $0 \leq t < T$ までの途中の時間での効用を表し，U_2 は最終時点である時点 $t = T$ での効用を表す．U_1，U_2 とも連続な増加凹関数とする．操作変数は $c_t > 0$ と θ_t で，c が増加すると途中の期の効用 U_1 も増加する．x_T，y_T が増加すると最終時点での効用 U_2 が増加する．ただし，x_T，y_T は途中での操作変数 θ_t に依存する．

経済学では，この問題は最適消費の問題とされ，c_t は途中の期での消費，x_T，y_T は最終期日での消費として，最適な消費 c^* と資産配分 θ^* を決定する問題として扱われる．ベルマンの最適化原理によれば，最適化問題 (3.164) は，

$$J(t, x, y) = \max_{(c, x, y, \theta) \in \Lambda} E_t \left[\int_t^{t+\Delta t} U_1(c_t, t) dt + J(t+\Delta t, x+\Delta x, y+\Delta y) \right]$$

(3.167)

と表せる．ベルマンの最適化原理によれば，評価関数 $J(t, x, y)$ の最大値は，t 時点から $t+\Delta t$ 時点までの期待効用

$$E_t \left[\int_t^{t+\Delta t} U_1(c_t, t) dt \right]$$

(3.168)

を最大化するような最適消費 C^* を決定し，$t+\Delta t$ 時点から T 時点まで，最適な行動 $J(t+\Delta t, x+\Delta x, y+\Delta y)$ を行うことによって達成することができる．$(x_t, y_t)^T$ の「瞬間的」共分散行列を

$$\begin{bmatrix} a_{xx} & a_{yx} \\ a_{xy} & a_{yy} \end{bmatrix}$$

(3.169)

とすると，(3.167) の $J(t+\Delta t, x+\Delta x, y+\Delta y)$ に伊藤の補題を適用し，評価関数 $J(t, x, y)$ が満たす HJB 方程式

$$0 = \max \left\{ J_t(t, x) + \mu_x J_x + \mu_y J_y + \frac{1}{2} a_{xx} J_{xx} + a_{xy} J_{xy} + \frac{1}{2} a_{yy} J_{yy} + U_1 \right\}$$

(3.170)

を得ることができる．

Chapter 4

多期間離散モデルを利用した ALM

4.1 本章の概要

　前章のマートン・モデルのような手法を利用すると，最適資産配分は解析解（公式）という形で得ることができる（解析解がいつでも得られるわけではない．特定のケースで最適資産配分を解析解として得ることが可能である）ので，その特徴を分析するには効果的である．しかし，これは目的関数や制約条件が数学的にシンプルな場合のみ利用可能である．現実の年金運用のように複雑になると，前章のような解析的手法の利用は難しく，コンピュータを利用した数値的手法に頼ることとなる．将来の資産価格などの不確実性を，コンピュータによって有限なシナリオという形で表現し，最適資産配分や掛金拠出の戦略を考えることになる．

　本章では，最初に2項ツリーモデルを利用したシナリオの生成方法と数理計画モデルを解説し，より現実的な複数の資産と負債を考慮した多期間 ALM モデルを紹介する．最後にモンテカルロ・シミュレーションを利用したシナリオ生成方法と，それに対応した ALM モデルを紹介する．

4.2 数値的手法を利用した多期間 ALM モデル

4.2.1 資産価格と負債モデルの構築

数値的手法を利用した多期間 ALM モデルは，①資産価格と負債の変動モデルの構築，②ALM モデルの構築のように2つに大別できる．資産価格と負債モデルの構築は，将来の年金資産や負債がどのように変動するかをモデル化することである．代表的で簡単な資産価格の変動モデルは，ブラック・ショールズ公式で仮定した方法と同様に，期待リターン μ やボラティリティー σ が一定として，証券価格 S が幾何ブラウン運動

$$dS = \mu S dt + \sigma S dW \tag{4.1}$$

に従うとすることである．W は標準ブラウン運動である．各資産間収益率の論理的な関係を重視してモデル化する方法もある．これは，イボットソンとシンクフィールド（Ibbotson/Sinquefield, 1976）に代表されるモデル（巻末参考文献参照．なお，本シリーズ第2巻の p.119–120 に解説がある）で，各資産の収益率をインフレ率，リスクフリーレート，リスク・プレミアムに分解し，ビルディング・ブロック法を利用して，各資産の収益率を推定する方法である．

本章では，証券価格は (4.1) の幾何ブラウン運動に従うと仮定したケースを紹介する．負債変動モデルは，将来の退職給付債務の動きをモデル化することになるが，従業員構成や退職率など，特定企業の負債の特徴を反映させた詳細なモデルを構築し，ALM 分析を行う．

詳細な負債モデルを利用する場合には，将来のキャッシュフローを割り引くために，金利の期間構造モデルが必要となる．モデルを詳細なものにするほど，細部にわたって様々な仮定が必要となる．一方，簡単な方法としては，負債（時価）が幾何ブラウン運動

$$dL_t = L_t \exp\left\{\left(\mu_L - \frac{1}{2}\sigma_L^2\right)dt + \sigma_L dW_t\right\} \tag{4.2}$$

に従うと仮定する方法もある．ここで，μ_L は負債の期待リターン，σ_L はボラティリティー，W は標準ブラウン運動である．本章では負債（時価）(4.2) も幾何ブラウン運動に従うものの，将来の一定時点までの負債のキャッシュフ

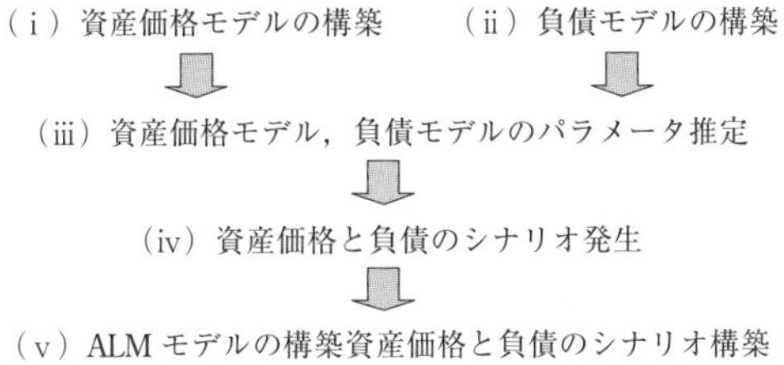

4.2 数値的手法を利用した多期間ALMモデル

（ⅰ）資産価格モデルの構築　　（ⅱ）負債モデルの構築

↓↓

（ⅲ）資産価格モデル，負債モデルのパラメータ推定

↓

（ⅳ）資産価格と負債のシナリオ発生

↓

（ⅴ）ALMモデルの構築資産価格と負債のシナリオ構築

図4.1　数理計画モデルの構築プロセス

ローを考慮できるようにするケースを紹介する．

　パラメータは，資産変動モデルや負債変動モデルで仮定した必要なパラメータを，過去のデータなどを利用して推定する．パラメータとは，期待リターンμやボラティリティーσ，従業員構成などの将来の負債に対する仮定などである．パラメータ推定はモデル全体の有効性を大きく左右する．1期間モデルと比較して多期間モデルでは推定すべきパラメータが多く，分析結果もそれに大きく依存することが知られている．本章ではパラメータ推定については議論しない（巻末参考文献の乾，室町（2000）などを参考にしてほしい）．

　シナリオの生成は，コンピュータ上にシナリオを生成して資産や負債モデルを実装することである（図4.1）．本章ではシナリオの生成方法として，（1）ツリーモデルによる方法，（2）モンテカルロ・シミュレーションによる方法を紹介する．

　（1）のツリーモデルでは，資産価格などの不確実性をツリーやラティス（格子）モデルを利用して表し，たとえば将来の積立比率がある値を下回る確率が，ある一定値以下となるように目的関数を設定し，各時点での資産配分を決定するというものである（図4.2参照）．ツリーモデルを利用するプラス面は，乱数の誤差に左右されないシナリオが構築可能なことである．マイナス面は，コンピュータの能力に制約があり，複数の資産や取引を行うノードを多くとるのが困難なことである．

　（2）のモンテカルロ・シミュレーションでは，資産価格などの不確実性を表すシナリオを，標本経路（サンプルパス）を利用して表現する（図4.3参照）．シミュレーションを利用するプラス面は，複数の資産を扱うのが容易なことである．年金ALMが扱う資産クラスは，国内株式，国内債券，外国株式，外国

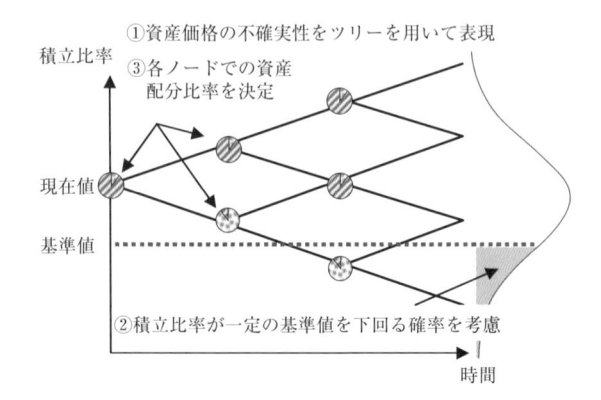

図 4.2　ツリーモデルによる多期間 ALM

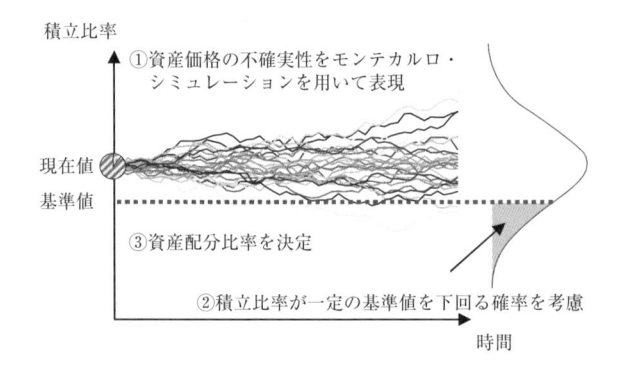

図 4.3　シミュレーションによる多期間 ALM

債券の4つと，年金負債の合計5つが考えられるが，シミュレーションを利用したモデルであれば問題なく扱える．マイナス面は，シナリオの生成に乱数を利用するため各資産の収益率に偏りが生じることであり，最適資産配分を求めるときなどである特定の資産のシナリオに偏りがあると，その資産への配分比率が目的関数と関係なく増減することがある．

　ALM モデルの構築では，年金資産額やサープラスに対して設定された年金運用での目標や制約を，コンピュータで利用できるように「目的関数」や「制約条件」として数式化を行う．目的関数とは，たとえば将来の積立比率の水準にある一定の数値的な目標を定めることであり，制約条件は年金資産と負債との整合的な関係を保つように設定する制約式のことである．図 4.1 にあるように，

(iv) で生成した資産価格と負債のシナリオを利用して，数式化された目標が将来どのようになるかの計算を行うことで，年金運用の意思決定に応用する．

4.2.2　ALM モデル

年金基金が将来，負債を支払うための源泉は，①年金資産からのリターン，②通常の掛金（厚生年金基金でいう標準掛金），③不足が生じた場合の掛金（同じく特例掛金と特別掛金）の3つが考えられる．

年金基金は，定期的に資産配分と掛金を見直して，将来の負債を支払う準備を行う．年金の負債は非常に長期に続くものであり，投資や掛金の計画も長期的な発想に基づいて対応している必要がある．しかし，たとえば株式市場が急落して積立不足が発生した場合に必要な追加的掛金を，スポンサー企業が無制限に拠出可能なわけでもないから，短期的なリスクも制限しながら，長期的な視野で資産配分や掛金のあり方を探ることが ALM の目的である．

その判断基準としては，基金の支払い余力（ソルベンシー）が適切に維持されているかどうかである．ソルベンシーのはかり方としては，年金資産を A，負債（時価）を F とすれば，①積立比率 $F_t = A_t/L_t$（ファンディング・レシオ），②サープラス $S_t = A_t - L_t$ が考えられる．積立比率が $F_t < 1$ のときや，サープラス $S_t < 0$ の場合に積立不足が生じている．資本市場や負債が変動するため，積立比率 F やサープラス S は変化する．

年金基金がどの程度のソルベンシーを確保するかについては，年金基金のリスク許容度に依存する．しかし，リスク許容度を数値化することは難しく，ある一定の方法に従って決めればよいというわけではない．たとえば，従業員の年齢構成が若く成長産業に属す企業は，高いリスクをとることができるといわれる．また，退職予定者が多く十分積立てが進んだ年金基金のリスク許容度は低いといわれる．しかしいずれも，論理的に反対の結論を導くことが可能である．

年金基金のリスク許容度の設定にあたっては，どこの基金にも当てはまる一般的な前提を考えるのではなく，個々の年金基金がスポンサー企業の特徴や体力，基金の投資に関する知識や経験などを参考に十分議論し，抽象的なものでなく掛金やサープラス金額などの具体的な数値目標を決めるべきであろう（詳細は第5章を参照）．

4.3 2項ツリーモデルを利用した数理計画法

4.3.1 シナリオ生成

　最初に簡単な例として，2項モデルを利用した数理計画モデルを紹介する．この例は年金 ALM にはなっていないが，このモデルを発展させることにより，より現実的な ALM モデルを検討することは容易であろう．ここでは無リスク資産とリスク資産の2資産が存在する場合を考え（負債を考慮しないのでアセット・オンリー・アプローチといわれる），2項ツリーモデルを利用してシナリオを生成し最適資産配分を検討する．

　制約条件として，将来のポートフォリオ価値が，平均的にはある一定値以上を達成することとする．目的関数として，「トータルコスト（目標ポートフォリオ価値を下回るシナリオにおいての平均損失額（下方1次モーメント：ある値を下回る部分に対して計算される平均）の現在価値と，リスク資産を売買した際に発生する売買コストの現在価値との合計）」を最小化とするものとする．ここで掛金は一定とする．2資産で2項モデルを利用するので，4.7節の補遺より裁定の機会が存在しないシナリオを構築できる．ここで紹介する2項ツリーモデルでのシナリオは，オプション価格を求める際に利用されるものと同じである．

　時間を t で表し，現在を t_0，最終取引日を t_T，途中時点を $t_1, \cdots, t_{T-1}$ とする．年金基金は，t_0 から t_{T-1} までの各時点で意思決定が可能と仮定する．t_0 から t_{T-1} までの時点の集合を $\tau = [t_0 \cdots t_{T-1}]$ で表す（図4.4）．t_0 を除く τ の部分集合を $\tau^* = [t_1 \cdots t_{T-1}]$ とする．時間は k 区間に分割されているとする．各取引日間の時間は $\Delta t = Y/k$ となる．ここでは2項ツリーモデルを利用するので，k 期間2項モデルとなる．

　シナリオを表す添字を s として，シナリオ数を m とする．各シナリオ $s_1, \cdots, s_m$ は2項ツリーで表現されるので，シナリオ数は $m = 2^k$ となる．シナリオの集合を $S = [s_1 \cdots s_m]$ と表す．あるシナリオ s が発生する確率を $p^s > 0$ とする．ツリーモデル上の各点を"状態"あるいは"ノード"と呼ぶことにする．図4.5には3期間2項モデルの例を示した．

　無リスク短期金利を r（一定）とし，無リスク債券 B の価格は，

4.3 2項ツリーモデルを利用した数理計画法

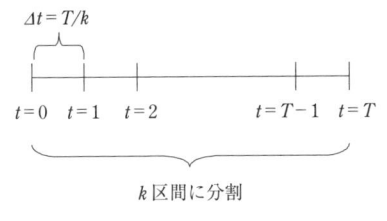

図 4.4 時点の概念図

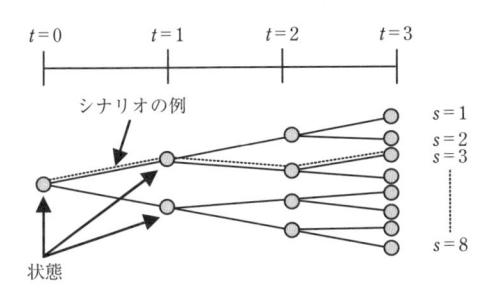

図 4.5 3期間2項モデルの例

$$dB_t = rB_t dt \tag{4.3}$$

に従うとする．株式などのリスク資産 P の価格は，

$$dP_t = \mu P_t dt + \sigma P_t dW_t \tag{4.4}$$

に従うとする．μ, σ（一定）は，リスク資産の期待リターンとボラティリティー，W は標準ブラウン運動とする．数理計画モデルで利用するために，(4.3) と (4.4) を離散化して，

$$\Delta B_{t+\Delta t} = rB_t \Delta t, \quad \Delta P_{t+\Delta t} = \mu P_t \Delta t + \sigma P_t z_t \sqrt{\Delta t} \tag{4.5}$$

とする．ここで，z_t は標準正規乱数からの無作為抽出である．$t+\Delta t$ 時点の債券価格 $B_{t+\Delta t}$ とリスク資産価格 $S_{t+\Delta t}$ は，(4.5) に伊藤の補題を適用して，

$$B_{t+\Delta t} = B_t \exp\{r\Delta t\}, \quad P_{t+\Delta t} = P_t \exp\left\{\left(\mu - \frac{1}{2}\sigma^2\right)\Delta t + \sigma z_t \sqrt{\Delta t}\right\} \tag{4.6}$$

とできる．ここで，リスク資産 P の連続複利リターン $\ln(P_{t+\Delta t}/P_t)$ は正規分布

$$\ln\left(\frac{P_{t+\Delta t}}{P_t}\right) \sim N\left(\left(\mu - \frac{1}{2}\sigma^2\right)\Delta t,\ \sigma^2 \Delta t\right) \tag{4.7}$$

に従うことがわかる．

初期時点 t_0 でのリスク資産価格を P_0 とすると，1期間後の価格は，リスク資産価格が上昇した場合は $P_1^u = uP_t$，あるいは下落した場合は $P_2^d = dP_t$ という2つの状態となる．ここで，u は証券価格が上昇した場合の乗数，d は下落した場合の乗数とし，p を上昇する確率とする．無リスク債券価格 B は，時点 t_0 での価格を B_0 とすれば，1期間後の状態が上昇しても下落しても，$B_0 \exp\{r\Delta t\}$ となる．2項モデルのパラメータ u, d, p は，リスク資産の期待値 $E[P_{t+\Delta t}/P_t]$ と，分散が $Var[P_{t+\Delta t}/P_t]$，確率微分方程式（4.4）から導かれる分布（4.7）に収束するように決定される．ここでは，

$$u = \exp\left\{\left(\mu - \frac{1}{2}\sigma^2\right)\Delta t + \sqrt{\Delta t}\sigma\right\}, \quad d = \exp\left\{\left(\mu - \frac{1}{2}\sigma^2\right)\Delta t - \sqrt{\Delta t}\sigma\right\}, \quad p = \frac{1}{2} \tag{4.8}$$

とする．パラメータの決定方法はこのほかにも数多くある．(4.8)のようにパラメータを設定すると，2項モデルでの収益率の期待値は，

$$E\left[\frac{P_1}{P_0}\right] = \frac{puP_0 + (1-p)dP_0}{P_0} = \left(\mu - \frac{1}{2}\sigma^2\right)\Delta t \tag{4.9}$$

また，分散は，確率変数 X の分散が $Var[X] = E[X^2] - (E[X])^2$ であることを利用して，

$$\begin{aligned}Var\left[\ln\frac{P_1}{P_0}\right] &= E\left[\left(\ln\frac{P_1}{P_0}\right)^2\right] - \left(E\left[\ln\frac{P_1}{P_0}\right]\right)^2 \\ &= p\left(\ln\frac{uP_0}{P_0}\right)^2 + (1-p)\left(\ln\frac{dP_0}{P_0}\right)^2 - \left\{p\left(\ln\frac{uP_0}{P_0}\right) + (1-p)\left(\ln\frac{dP_0}{P_0}\right)\right\}^2 = \sigma\Delta t\end{aligned} \tag{4.10}$$

となり，分布（4.7）と一致することが確認できる．

2項ツリーモデルでは，時間が経過するにつれツリーが分割し，シナリオ数が多くなる．コンピュータでの計算では，シナリオは $m \times (k+1)$ 次元行列 G を利用しすべてのシナリオを記述する．ここで，k は時間の分割数であり，m は状態の数で，2項モデルの場合は $m = 2^k$ であった．2項モデルの状態は上昇と下落の2つなので，リスク資産が上昇することを1，下落を0として表現する．ただし，第1列（$t=0$）ではすべて1とする．3期間2項モデルでの行列 G は，

$$G = \begin{bmatrix} 1 & 1 & 1 & 1 \\ 1 & 1 & 1 & 0 \\ 1 & 1 & 0 & 1 \\ 1 & 1 & 0 & 0 \\ 1 & 0 & 1 & 1 \\ 1 & 0 & 1 & 0 \\ 1 & 0 & 0 & 1 \\ 1 & 0 & 0 & 0 \end{bmatrix} \quad (4.11)$$

になる．Gの列は時点を表し，行はシナリオを表す．たとえば，Gの第3行[1 1 0 1]はリスク資産が，上昇，上昇，下落，上昇したことを意味する．

4.3.2 数理計画モデルの構築

リスク資産を株式と考える．時刻t，シナリオsでの債券価格を$B(t,s)$，株価を$P(t,s)$として，債券価格と株価を，それぞれ$m \times k$次元行列BとPで表す．

$$B = \begin{bmatrix} B(0,1) & \cdots & B(T,1) \\ \vdots & \ddots & \vdots \\ B(0,m) & \cdots & B(T,m) \end{bmatrix}, \quad P = \begin{bmatrix} P(0,1) & \cdots & P(T,1) \\ \vdots & \ddots & \vdots \\ P(0,m) & \cdots & P(T,m) \end{bmatrix} \quad (4.12)$$

それぞれの行列の列は時点を表し，行はシナリオを表す．債券価格シナリオ行列Bと株価シナリオ行列Pを構築するには，まず，行列BとPの第1列に，債券価格の初期値B_0と株価の初期値P_0を代入する．つまり，BとPの第1列はすべて同じ数値で，

$$\begin{aligned} B(0,i) &= B(0,j) = B_0, & i,j \in S \\ P(0,i) &= P(0,j) = P_0, & i,j \in S \end{aligned} \quad (4.13)$$

とする．ここに，Sはシナリオの集合を表す．次に，株価の2列目以降はシナリオ行列Gを用いて，Gの要素が1であれば，株価が上昇することなので，

$$P(t,s) = uP(t-1,s), \quad t \in \tau^*, \; s \in S \quad (4.14)$$

逆に，Gの要素が0であれば，株価が下落することであるので，

$$P(t,s) = dP(t-1,s), \quad t \in \tau^*, \; s \in S \quad (4.15)$$

とする．ここで，uとdは（4.8）で定義されるものであり，債券価格行列Bの2列目以降は，

$$B(t,\cdot)=B(t-1,\cdot)\exp\{r\Delta t\}, \quad t\in\tau^* \tag{4.16}$$

となる．債券価格はシナリオに依存せず，ある時点の債券価格はすべて同一である．また，時刻 t における掛金や給付などの年金基金のキャッシュフローを $C(t)$ とする．$C(t)$ がプラスのときは年金基金への資金流入を表し，マイナスのときは流出を表す．

時刻 t，シナリオ s での債券投資量（額面）を $Y(t,s)$，株式投資量（保有株数）を $X(t,s)$，株式購入量（購入株数）を $X^+(t,s)$，株式売却量（売却株数）を $X^-(t,s)$，ポートフォリオ時価を $A(t,s)$ として，それぞれ $m\times k$ 次元行列 Y, X, X^+, X^- と表す．最終取引時点 $t=T$ での積立不足を m 次元ベクトル $D(s)$ と表す．また，将来の目標ポートフォリオ価値を A^*，株式の売買手数料を δ（一定）とする．初期時点 t_0 でのポートフォリオ価値を A_0，株式への投資比率を w_0，無リスク債券への投資比率を $1-w_0$ とする．t_0 で資産配分を変更する以前の株式投資量 X_0 と債券投資量 B_0 は，

$$X_0=\frac{w_0 A_0}{P(0,\cdot)}, \qquad Y_0=\frac{(1-w_0)A_0}{B(0,\cdot)} \tag{4.17}$$

と計算できる．初期時点での株価と債券価格は，どのシナリオでも同一であるので $S(0,\cdot)$, $B(0,\cdot)$ と表している．次に，時点 t，シナリオ s でのポートフォリオ時価 $A(t,s)$ は，

$$A(t,s)=B(t,s)Y(t,s)+P(t,s)X(t,s), \quad t\in\tau, \ s\in S \tag{4.18}$$

と計算でき，時点 t，シナリオ s での株式への投資比率 $w(t,s)$ は，

$$w(t,s)=\frac{P(t,s)X(t,s)}{A(t,s)}, \quad t\in\tau, \ s\in S \tag{4.19}$$

債券への投資比率は $1-w(t,s)$ と計算できる．

数理計画モデルの制約条件を解説する．初期時点の株式投資量 $X(0,s)$ は，変更前の投資量 X_0 に，初期時点での株式の売買を考慮したものであるから，

$$X(0,s)=X_0+X^+(0,s)-X^-(0,s), \quad s\in S \tag{4.20}$$

ここに，記号 $^+$ は購入を，$^-$ は売却を表す．同様に，ある時点での株式投資量は，1 時点前の株式投資量にその時点での株式売買を考慮したもので，

$$X(t,s)=X(t-1,s)+X^+(t,s)-X^-(t,s), \quad t\in\tau^*, \ s\in S \tag{4.21}$$

最終時点では株式の売買は行わないので，

$$X(T,s)=X(T-1,s), \quad s\in S \tag{4.22}$$

となる．各時点でのポートフォリオのキャッシュフローが，取引前後で一致しているための制約条件として，

$$B(t, s)\{Y(t-1, s) - Y(t, s)\} + P(t, s)\{X(-1, s) - X(t, s)\}$$
$$+ C(t) - \delta P(t, s)\{X^+(t, s) + X^-(t, s)\} = 0, \quad t \in \tau^*, \quad s \in S \quad (4.23)$$

となる．(4.23) は，債券の売買代金 $B(t, s)\{t(t-1, s) - Y(t, s)\}$ と株式の売買代金 $P(t, s)\{X(t-1, s) - X(t, s)\}$，外部から年金基金へのキャッシュフロー $C(t)$，株式売買手数料として年金基金の外部に支払った金額 $\delta P(t, s)\{X^+(t, s) + X^-(t, s)\}$ の合計が 0 となるための制約条件である．最終時点での平均ポートフォリオ価値が目標値 A^* を上回る条件として，

$$\frac{1}{m}\sum_{s=1}^{m}\{A(T, s)\} \geq A^* \quad (4.24)$$

また，最終時点での積立不足を計算するための制約条件として，

$$A(T, s) + q(s) \geq A^*, \quad s \in S \quad (4.25)$$

を設ける．(4.25) は，仮にシナリオ s^* の最終時点でのポートフォリオ価値 $A(T, s^*)$ が目標値 A^* を下回っている場合，積立不足 $q(s)$ が正の値をとるようにするための制約条件である．後述の目的関数で積立不足の平均を最小化するので，$q(s)$ の絶対値が限りなく大きな値になることはなく，ちょうどそのシナリオのもとでの積立不足の値となる．

ALM モデルでは，将来の資産価格や負債時価についてのシナリオを構築し，最適資産配分を選択するが，現実とは異なり，コンピュータ上の将来の資産価格は，シナリオをみればわかってしまう．しかし，最適資産配分の決定には，そのときに得ることができる情報のみに基づいて決定しなければならない．投資家は，ある時点 t_k では，それ以前の $t_0, \cdots, t_k$ の情報はすべてわかっているが，将来の $t_{k+1}, \cdots, t_T$ についての情報は不確実な状況で投資意思決定を行うはずである．

ツリーモデルでは，時間の経過とともにシナリオは分岐しシナリオ数は増加するが，コンピュータ上では，すべてのシナリオで意思決定を行うと想定している．

ある時点 t_k で，その時点までと同じ経路をたどり，時点 t_k を経過した後，分岐するシナリオを考える．たとえば，シナリオ s_p と s_q があり，初期時点から時点 t_k までは，s_p と s_q の 2 つのシナリオは同じ経路をたどり，時点 t_k 以降

は，2つのシナリオは別の経路をとるものである．このようなシナリオ設定で最適資産配分を求めた場合，時点 t_k までの資産配分は2つのシナリオで同一になるとは限らない．その理由として，将来時点のシナリオを反映して，ポートフォリオが選択されるからである．しかし，時点 t_k まで2つのシナリオは保有する情報が同一であるため，同一の意思決定をしていなければならない．

このように，意思決定が将来のシナリオに影響を受けないようにするため，ALM モデルの制約条件として，ある時点 t_k まで同じシナリオ経路であったポートフォリオは同一の資産配分を行うという「非予測可能制約（non-anticipativity constraints）」を設ける．t_k 時点まで同一のシナリオ s_p, s_q に対して，

$$X(t, s_p) = X(t, s_q), \quad t \in [t_0 \cdots t_k], \quad s_p, s_q \in S \quad (4.26)$$

最後に，各変数が正の値となるための制約条件として，

$$X(t, s) \geqq 0, \ X^+(t, s) \geqq 0, \ X^-(t, s) \geqq 0, \ Y(t, s) \geqq 0, \quad t \in \tau, \ s \in S \quad (4.27)$$

とする．

次に，目的関数を設定する．目的関数は，最終時点でのポートフォリオ価値 $A(T, s)$ がある目標値 A^* を下回る場合には，その不足額 $q(s)$ の平均（下方1次モーメント）の現在価値と，株式売買手数料の現在価値を加重平均したトータルコストを最小化するものとする．目的関数は，年金基金の運用目標を合わせて設定すべきで，ここで紹介するのは1つの例である．目的関数は，

$$\varphi(X, q) = \theta \frac{1}{m} \sum_{s=1}^{m} \frac{q(s)}{B(T, \cdot)} + (1-\theta)\delta \frac{1}{mk} \sum_{t=1}^{k} \sum_{s=1}^{m} \frac{P(t, s)}{B(t, \cdot)} \{X^+(t, s) + X^-(t, s)\} \quad (4.28)$$

とする．ここで，(4.28) の第1項は平均不足額の現在価値であり，第2項は平均売買コストの現在価値である．θ は加重平均するためのウェイトで，任意の値である．最適資産配分は，制約条件 (4.20)〜(4.27) を満たし，目的関数 (4.28) を最小化する株式購入量 X^+，株式売却量 X^-，債券投資量 Y を決定し，株式への投資比率 w を求める問題を解くことで求めることができる．この問題は，目的関数と制約条件すべてが線形であるので，線形計画法で解くことができる．

4.3.3 数理計画モデルの具体例　　　　　　　　　　　　　CD-ROM

第1巻に付属の CD-ROM の Excel シート「Example 08」を用い，2項モデ

4.3 2項ツリーモデルを利用した数理計画法

ルを利用した多期間数理モデルの具体例を示す（図4.6）．無リスク資産とリスク資産の2資産がある場合で，分析の対象としている期間を3年と仮定する．単純化のために，3期間モデル（$k=3$）とする．シナリオ数は$m=2^3=8$である．1期間の長さは$\Delta t=1$となる．モデルの前提条件はB3：E6セルである．無リスク金利，株式の期待リターンμ，ボラティリティーσはそれぞれ，0.1%，5.0%，15.0%とする．

(4.8) より，株式が上昇した場合の倍率uと下落した場合の倍率dは，$u=1.21$（E3セル）で，$d=0.89$（E4セル）と計算できる．ポートフォリオの初期値はH3：J6セルであり，ポートフォリオ時価A_0，株式配分比率w，債券配分比率$1-w$をそれぞれ，100%，20%，80%とすると，株式の初期投資量と債

	A	B	C	D	E	F	G	H	I	J	K
1	Example08：2項モデルにおける多期間最適化										変更可能セル
2		モデル設定					ポートフォリオ初期値				
3		dt	1	u	1.21			価格	配分	投資量	
4		金利	0.1%	d	0.89		時価	100	100%		
5		μ	5.0%				X0	100	20%	0.2	=G3*H4/G4
6		σ	15.0%	δ	0.10%		B0	100	80%	0.8	=G3*H5/G5
7						=EXP((C5-0.5*C6^2)*dt+C6*SQRT(C3))					
8			キャッシュフロー				目標値		毎朝1のｷｬｯｼｭｲﾝﾌﾛｰを想定		
9		t=0	t=1	t=2	t=3		t=3				
10		1.0	1.0	1.0	1.0		106.0		T=3時点でのポートフォ		
11									リオの目標値を106と設定		
12			シナリオ行列(G)					株価行列(P)			
13		t=0	t=1	t=2	t=3		t=0	t=1	t=2	t=3	
14		1	1	1	1		100.0	120.8	145.9	176.2	
15		1	1	1	0		100.0	120.8	145.9	130.5	2項モデル
16		1	1	0	1		100.0	120.8	108.1	130.5	による株価
17		1	1	0	0		100.0	120.8	108.1	96.7	シナリオ
18		1	0	1	1		100.0	89.5	108.1	130.5	
19		1	0	1	0		100.0	89.5	108.1	96.7	
20		1	0	0	1		100.0	89.5	80.1	96.7	
21		1	0	0	0		100.0	89.5	80.1	71.6	=IF(E21=1,$E$3,$E$4)*I21
22											
23			株価行列をグラフ化				債券価格行列(B)				
24							t=0	t=1	t=2	t=3	
25							100.0	100.1	100.2	100.3	
26							100.0	100.1	100.2	100.3	
27							100.0	100.1	100.2	100.3	
28							100.0	100.1	100.2	100.3	
29							100.0	100.1	100.2	100.3	
30							100.0	100.1	100.2	100.3	
31							100.0	100.1	100.2	100.3	
32							100.0	100.1	100.2	100.3	=I32*EXP($C$3*$C$4)
33											

図 4.6 モデルの設定とシナリオ構築（「Example 08」シート）

券の初期投資量はそれぞれ，$X_0 = 0.2$（J5セル），$B_0 = 0.8$（J6セル）と計算できる．株式を売買する際の手数料は $\delta = 0.1\%$（E6セル）とする．さらに，この年金基金には毎年1のキャッシュフローが発生すると仮定する（B10：E10セル）．制約条件（4.24）に相当する最終時点での年金資産の目標値は，106（G10セル）とする．

次に，シナリオ行列，株価シナリオ，無リスク債券価格シナリオを構築する．3期間2項モデルであるので，シナリオ行列 G は B14：E21 セルのようにでき，

	L	M	N	O	P	Q	R	S	T	U	V	W	X	Y	Z
1															
2		キャッシュフロー制約													
3		株式投資量(X)					株式購入量(X+)				株式売却量(X-)				
4		t=0	t=1	t=2	t=3		t=0	t=1	t=2		t=0	t=1	t=2		
5		0.55	0.55	0.55	0.55		0.35	0.00	0.00		0.00	0.00	0.00		
6		0.55	0.55	0.55	0.55		0.35	0.00	0.00		0.00	0.00	0.00		
7		0.55	0.55	0.55	0.55		0.35	0.00	0.00		0.00	0.00	0.00		
8		0.55	0.55	0.55	0.55		0.35	0.00	0.00		0.00	0.00	0.00		
9		0.55	0.55	0.55	0.55		0.35	0.00	0.00		0.00	0.00	0.00		
10		0.55	0.55	0.55	0.55		0.35	0.00	0.00		0.00	0.00	0.00		
11		0.55	0.55	0.55	0.55		0.35	0.00	0.00		0.00	0.00	0.00		
12		0.55	0.55	0.55	0.55		0.35	0.00	0.00		0.00	0.00	0.00		
13															
14			=$I$4+U31-Y:	=P31+V31-Z31											
15															
16		債券投資量(Y)													
17		t=0	t=1	t=2	t=3										
18		0.4	0.4	0.4	0.4										
19		0.4	0.4	0.4	0.4										
20		0.4	0.4	0.4	0.4	◀	斜線部のみ変数にすることで，非予測可能制約とする								
21		0.4	0.4	0.4	0.4										
22		0.4	0.4	0.4	0.4										
23		0.4	0.4	0.4	0.4										
24		0.4	0.4	0.4	0.4										
25		0.4	0.4	0.4	0.4										
26															
27		キャッシュフロー制約					積立不足を計算するための制約条件								
28		制約条件					積立不足	時価	制約条件						
29		t=0	t=1	t=2			t=3	t=3	t=3		=AG13+Q26				
30		(0.00)	(0.00)	0.00			106.0	245.0	106.0						
31		(0.00)	(0.00)	0.00			106.0	219.9	106.0						
32		(0.00)	(0.00)	0.00			106.0	219.9	106.0						
33		(0.00)	(0.00)	0.00			106.0	201.3	106.0						
34		(0.00)	0.00	0.00			106.0	219.9	106.0						
35		(0.00)	0.00	0.00			106.0	201.3	106.0						
36		(0.00)	0.00	(0.00)			106.0	201.3	106.0						
37		(0.00)	0.00	(0.00)			106.0	187.5	106.0						
38															
39					=H24*(R45-Q45)+C47*(R58-Q58)+C$9+H24*cost*(AA45+W											
40			=F24*(P45-$I$4)+A47*(P58-$I$5)+A$9+F24*cost*(Y45+U45)												
41															

図 4.7　株式・債券の投資量と制約条件（「Example 08」シート）

各シナリオに対応する株価は，(4.14) と (4.16) より，G14：J21の株価行列Pのように計算できる．また無リスク金利が0.1%であるから，(4.16) より債券価格シナリオはG25：J32セルのようにできる．

次に，モデルに制約条件を設定する．株式投資量に関する制約は，(4.20) と (4.21) より前期の株式投資量に株式購入量と売却量を増減したものになるので，図4.7のM5：P12セルのように表される．株式投資量 (R5：T12セル) と債券投資量 (V5：X12セル) は，網の部分 (実際の画面ではグレー色) のみを変数とし，その他の部分はこの網の箇所を参照することにより (4.26) の非予測可能制約としている．

(4.23) のキャッシュフローに対する制約条件はM30：O37セルに，(4.25) の積立不足に関する制約はR30：T37セルのようになる．

制約条件 (4.24) は図4.8のAA10セルに設定される．目的関数である (4.28) は，AB4：AC7セルのように計算することで，ソルバーを用いて最適資産配分を求めることができる．最適化の結果はAA15：AI22セルのようになる．

このように，単純な2項ツリーモデルを利用して最適資産配分を求めることができたが，現実性には欠けるものである．次節以降では，複数の資産と負債

	AA	AB	AC	AD	AE	AF	AG	AH	AI
1									
2	目的関数			平均積立不足と売買手数料の合計を最小化					
3		比重	割合						
4	積立不足	33.3%	848.0	=SUM(U13:U20)					
5	購入コスト	33.3%	280.7	=SUMPRODUCT(F13:F20,U24:U31)+SUMPRODUCT(G13:G20,V24:V31)+SUMPRODUCT(H13:H20,W24:W31)					
6	売却コスト	33.3%	0.0	=SUMPRODUCT(F13:F20,Y24:Y31)+SUMPRODUCT(G13:G20,Z24:Z31)+SUMPRODUCT(H13:H20,AA24:AA31)					
7	目的関数		376.2	=SUMPRODUCT(Q2:Q4,S2:S4)					
8									
9	平均価値			目標値					
10	106.00	=AVERAGE(AF13		106.00	←ポートフォリオ価値が目標値以上となるように制約				
11									
12	最適化結果								
13	ポートフォリオ時価(A)					投資比率(w)			
14	t=0	t=1	t=2	t=3		t=0	t=1	t=2	t=3
15	99.0	109.5	122.3	139.0		55.7%	60.8%	65.7%	69.8%
16	99.0	109.5	122.3	113.9		55.7%	60.8%	65.7%	63.1%
17	99.0	109.5	101.5	113.9		55.7%	60.8%	58.6%	63.1%
18	99.0	109.5	101.5	95.3		55.7%	60.8%	58.6%	55.9%
19	99.0	92.2	101.5	113.9		55.7%	53.4%	58.6%	63.1%
20	99.0	92.2	101.5	95.3		55.7%	53.4%	58.6%	55.9%
21	99.0	92.2	86.1	95.3		55.7%	53.4%	51.2%	55.9%
22	99.0	92.2	86.1	81.5		55.7%	53.4%	51.2%	48.4%
23									
24									
25		=M34*A40+M21*F20				=M34*A40+M21*F20			

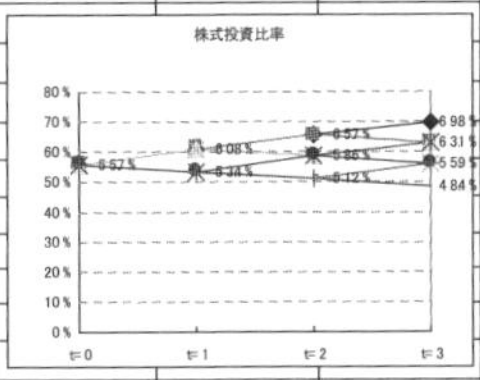

図4.8　目的関数と最適化結果 (「Example 08」シート)

を考慮した資産価格変動モデルの例と，より現実的な目的関数と制約条件を考慮した ALM モデルの設定方法について紹介する．

4.4　資産が複数ある場合の多期間 ALM モデル

前節では，無リスク資産とリスク資産の 2 つの資産を考え，2 項ツリーモデルを利用してシナリオを構築し，資産配分を求める方法を検討した．本節では，より一般的な場合を考慮して，複数の資産と負債を考慮した場合の多期間 ALM モデルを紹介する．

4.4.1　シナリオ生成

資産を i とする．年金負債もリスク資産として扱う．リスク資産数は I とする．無リスク資産を i_0，年金負債を i_1，リスク資産を $i_2, \cdots, i_I$ とする．負債とリスク資産の集合を $\iota = [i_1 \ \cdots \ i_I]$ とする．無リスク短期金利を r （一定）とすると，無リスク債券 $P(0, t)$ の価格は，

$$dP(0, t) = rP(0, t)dt \tag{4.29}$$

に従うとする．年金負債やリスク資産 $P(i, t)$ の価格は，

$$dP(i, t) = \mu_i P(i, t)dt + \sum_{j=1}^{I} c_{ij} P(i, t) dW_j, \quad i \in \iota \tag{4.30}$$

に従うとする．μ_i（一定）はリスク資産の期待リターン，W_j は標準ブラウン運動，c_{ij} は第 i 資産の第 j ブラウン運動に対するボラティリティーで，$I \times I$ 次元ボラティリティー行列 C は，

$$C = \begin{bmatrix} c_{11} & \cdots & c_{1I} \\ \vdots & \ddots & \vdots \\ c_{1I} & \cdots & c_{II} \end{bmatrix} \tag{4.31}$$

とする．リスク資産の $I \times I$ 次元分散共分散行列 Σ は $\Sigma = C^T C$ となる行列で，

$$\Sigma = \begin{bmatrix} \sigma_1^2 & \cdots & \cdots & \sigma_{I,1} \\ \sigma_{1,2} & \ddots & & \vdots \\ \vdots & \ddots & \ddots & \vdots \\ \sigma_{1,I} & \cdots & \sigma_{1,I-1} & \sigma_I^2 \end{bmatrix} \tag{4.32}$$

とする．(4.3) と (4.4) を数理計画モデルで利用するために離散化して，

4.4 資産が複数ある場合の多期間 ALM モデル

$$\Delta P(0, t+\Delta t) = rP(0, t)\Delta t$$

$$\Delta P(i, t+\Delta t) = \mu_i P(i, t)\Delta t + P(i, t)\sum_{j=1}^{I} c_{ij} z_j \sqrt{\Delta t}, \quad i \in \iota$$

(4.33)

とする．ここで，z_j は標準正規乱数からの無作為抽出である．また，$t+\Delta t$ 時点の無リスク債券価格 $P(0, t+\Delta t)$ とリスク資産価格 $P(i, t+\Delta t)$ は，

$$P(0, t+\Delta t) = P(0, t)\exp\{r\Delta t\}$$

$$P(i, t+\Delta t) = P(i, t)\exp\left\{\left(\mu_i - \frac{1}{2}\sigma_i^2\right)\Delta t + \sum_{j=1}^{I} c_{ij} z_j \sqrt{\Delta t}\right\}, \quad i \in \iota$$

(4.34)

となる．4.7 節の補遺より，裁定の機会がないシナリオをツリーで構築するためには，少なくとも資産数と同じ状態数が必要である．つまり，無リスク資産を含めて $I+1$ 資産が存在する場合に，$I+1$ 項ツリーモデルを考える，たとえば，4 資産であれば 4 項モデルでシナリオを構築する．

前節と同様に，時間を t で表し，現在時点を t_0，最終取引日を t_T，途中時点を $t_1, \cdots, t_{T-1}$ とする．時点の集合を $\tau = [t_0 \ \cdots \ t_T]$，また，初期時点を除く集合を $\tau^* = [t_1 \ \cdots \ t_T]$ とする．時間は k 区間に分割される．各取引日間の時間は $\Delta t = Y/k$ となる．資産が $I+1$ ある場合では，k 期間 $I+1$ 項ツリーモデルでシナリオを構築する．シナリオ数は $m = (I+1)^k$ であり，シナリオは $m \times (k+1)$ 次元行列 G で表す．

たとえば，無リスク債券，年金負債，株式，長期債の 4 資産を考えるときは 4 項ツリーモデルを構築し，2 期間モデルであればシナリオ数は $m = 4^2 = 16$，3 期間モデルであれば $m = 4^3 = 64$ となる．

前節の 2 項モデルの状態は，上昇 u と下落 d の 2 つだけであり，G の要素も 1 と 0 で表現できたが，$I+1$ 項ツリーモデルの場合，G の要素は $1, 2, \cdots, I$ で表すことになる．各資産で同じシナリオ行列を利用するので，上昇や下落などの意味をもたせることはできなくなる．ここで，G の第 1 列（時点 t_0）はすべて 1 とする．2 期間 4 項モデルでのシナリオ行列 G は，

$$G^{\mathrm{T}} = \begin{bmatrix} 1 & 1 & 1 & 1 & 1 & 1 & 1 & 1 & 1 & 1 & 1 & 1 & 1 & 1 & 1 & 1 \\ 1 & 1 & 1 & 1 & 2 & 2 & 2 & 2 & 3 & 3 & 3 & 3 & 4 & 4 & 4 & 4 \\ 1 & 2 & 3 & 4 & 1 & 2 & 3 & 4 & 1 & 2 & 3 & 4 & 1 & 2 & 3 & 4 \end{bmatrix}$$

(4.35)

となる．(4.35) は G を転置した行列であるから，列は状態を表し，行は時点を表す．G^{T} の 1 列が 1 つのシナリオを表す．たとえば，5 列目は $[1 \ 2 \ 1]$ とな

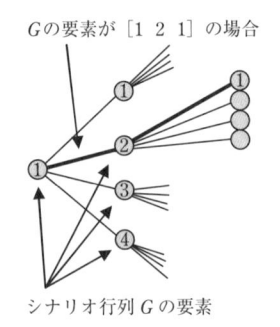

図 4.9 シナリオ行列 G とツリーモデルのノードとの関係

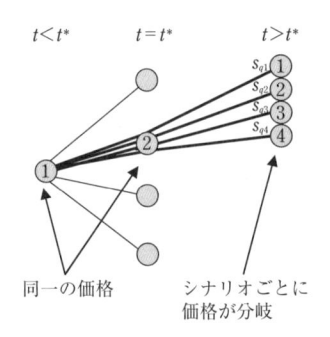

図 4.10 4項ツリーモデルでのシナリオ分岐

っているが，これは，t_1 時点で4項モデルの第2の状態，t_2 時点では第1の状態が実現することを表す（図 4.9）．

$I+1$ 項ツリーモデルでは，ある資産 i の t 時点の状態 n までの共通シナリオは，$t+1$ 時点では $I+1$ の状態に分岐する．たとえば4項ツリーモデルでは，t 時点のある状態にある i 資産の価格は，$t+1$ 時点では4つのシナリオに分岐する（図 4.10）．

時点 t^* で，ある状態 n 上のシナリオの集合を $S^* \subset S$ とし，そこでの各シナリオを s_q ($q=1,\cdots,I+1$) とする．シナリオ s_q 上で，時点 t^* 以前（シナリオが分岐する以前）の資産 i の価格は，どのシナリオにおいても同じであり，

$$P(i, t, s_i) = P(i, t, s_j), \quad i \in \iota, \quad 0 \leq t \leq t^*, \quad s_i, s_j \in S^* \quad (4.36)$$

である．t^*+1 時点でシナリオは $s_1,\cdots,s_{I+1} \in S^*$ へ分岐する．たとえば，シナリオ行列 G において[1 2 1] [1 2 2] [1 2 3] [1 2 4]は $t=t^*$ までは同一の資

産価格であるシナリオであるが，$t>t^*$でシナリオは分岐し，資産価格は異なることになる．シナリオが分岐する時点 (t^*) での資産価格を数式で示すと，資産 i の価格 $P(i, t^*+1, s_q)$ は，ある乗数 $m(i, s_q)$ を用いて，

$$P(i, t^*+1, s_q) = m(s_q, i)P(i, t^*, s_q), \quad i \in \iota, \quad s_q \in S^*, \quad q = 1, \cdots, I+1 \tag{4.37}$$

と計算できる．ここで，$m(s_q, i)$ は $(I+1) \times I$ 次元乗数行列 M の要素で，

$$M = \begin{bmatrix} m(1, 1) & \cdots & m(i, I) \\ \vdots & \ddots & \vdots \\ m(I+1, 1) & \cdots & m(I+1, I) \end{bmatrix} \tag{4.38}$$

とする．M の行は状態（シナリオ）を表し，列は資産を表す．各シナリオへ分岐する確率は p_q として，

$$p_q \geq 0, \quad q = 1, \cdots, I+1, \quad \sum_{q=1}^{I+1} p_q = 1 \tag{4.39}$$

を満たすとする．$m(s_q, i)$ と p_q はツリーモデルのパラメータであり，前節の 2 項モデルと同様にツリーモデルから計算される各資産の期待値や分散共分散行列が，確率微分方程式（4.30）から得られる分布と一致するように決定する．

2 項モデルでは，現在株価 S が，uS と dS の 2 つの状態に分岐し，uS の発生する確率を p とした．これら u, d, p の 3 つのパラメータは，2 項モデルから計算される株式の期待値とボラティリティーが，確率微分方程式から得られる分布と一致するように設定した．ここで，制約式が 2 つであるからパラメータを一意に決められない．そのため，$d=1/u$ などの制約式を追加した．

$I+1$ 項ツリーモデルでも考え方は同じである．決めるべきパラメータは乗数 m と確率 p である．パラメータ数を検討すると，m は分岐シナリオ数 $(I+1) \times$ 資産数 $(I) = I(I+1)$ であり，p は分析するシナリオ数 (I) である．よって合計で $I(I+1) \times I$ のパラメータを決める必要がある．

制約式は，ツリーモデルから計算されるリスク資産の期待値と分散共分散行列が，確率微分方程式から得られる分布と一致させるための条件で，期待値に関して I 個，分散に関して I 個の制約式があり，共分散に関しては I 個の資産から 2 資産ずつ選び，それぞれ共分散を一致させることになるので，$_IC_2$ 個存在する．合計で $I+I+I!/(2!(I-2)!) = I^2/2 + 3I/2$ の制約条件となる．決めるべ

きパラメータ数が制約式より多いので，2項モデルと同様に，適当な制約をさらに課してパラメータを決めればよい．

ここで，パラメータ $m(s_q, i)$ と p_q は以下のように設定する．シナリオが分岐する確率は，

$$p_q = \frac{1}{I+1}, \quad q = 1, \cdots, N+1 \tag{4.40}$$

とし，乗数は，

$$m(s_q, i) = \exp\left\{\left(\mu_i - \frac{1}{2}\sigma_i^2\right)\Delta t + \sum_{i=1}^{I} c_{ij} x_{ji} \sqrt{\Delta t}\right\}$$
$$i \in \iota, \ s_q \in S^*, \ q = 1, \cdots, I \tag{4.41}$$

とする．ここで，c_{ij} は第 i 資産の第 j ブラウン運動に対するボラティリティーであり，x_{ji} は $(I+1) \times I$ 次元行列

$$X = \begin{bmatrix} x_{1,1} & \cdots & x_{1,I} \\ \vdots & \ddots & \vdots \\ x_{I+1,1} & \cdots & x_{I+1,I} \end{bmatrix} \tag{4.42}$$

の要素で，

$$\frac{1}{I+1}\sum_{j=1}^{I+1} x_{ji} = 0, \quad \frac{1}{I+1}\sum_{j=1}^{I+1}(x_{ji})^2 = 1, \quad \frac{1}{I+1}\sum_{\substack{j=1 \\ i \neq j}}^{I+1} x_{ji}x_{ji} = 0, \quad i \in \iota \tag{4.43}$$

を満たす任意の値とする．X の行は状態を表し，列は資産を表す．(4.43) では各列の平均が0，分散が1，共分散が0となるように X を決めるという意味である．パラメータの決め方は，ここに紹介した方法以外にもいろいろある．

4.4.2 多期間離散型 ALM モデルの構築

本項では，多期間離散 ALM モデルの設定方法について解説する．ALM モデルは証券価格や負債（時価）に関する将来のシナリオを想定し，積立比率（資産/負債）や，サープラス（資産-負債）が将来どのようになることが望ましいかを計量化して目的関数とする．さらに，掛金収入や年金給付，資産配分や現金保有に関する制約条件を加える．ここでも ALM モデルの設定方法は様々考えられる．問題を現実に合わせ複雑にすることは簡単であるが，必要なパラメータや決定すべき変数が増えると，直感的な理解を妨げることにもなる．

また,設定したパラメータに対する感応度も複雑になり分析が難しくなる.最初に ALM モデルの制約条件について解説し,次に目的関数について説明する.

資産 i,時間 t,シナリオ s での資産価格を $P(i, t, s)$ とする.$P(i, t, s)$ は $m \times (k+1)$ 次元行列 $P(i)$ で表す.$i=0$ を無リスク債券,$i=1$ を年金負債,$i=2, \cdots, I$ をリスク資産とする.

$$P(i) = \begin{bmatrix} P(i, 0, 1) & \cdots & P(i, T, 1) \\ \vdots & \ddots & \vdots \\ P(i, 0, m) & \cdots & P(i, T, m) \end{bmatrix}, \quad i \in [i_0 \cdots i_I] \quad (4.44)$$

行列 $P(i)$ の列は時点を表し,行はシナリオを表す.無リスク債券価格の行列 $P(0)$ の第 1 列には債券価格の初期値を代入し,第 2 列目以降は,

$$P(0, t, \cdot) = P(0, t-1, \cdot) \exp[r\Delta t], \quad t \in \tau^* \quad (4.45)$$

とする.無リスク債券価格はシナリオに依存しない.年金負債 i_1 とリスク資産 $[i_2 \cdots i_I]$ の価格行列 $P(i)$,$i \in \iota$ では,第 1 列目に負債や各資産の初期値 $P_{0,i}$ を代入する.第 2 列目以降はシナリオ行列 G の要素 $G(k, t)$ を利用して,

$$P(i, t, s) = m(G(k, t), i) P(i, t-1, s), \quad i \in \iota, \ t \in \tau^*, \ s \in S \quad (4.46)$$

とする.次に,時刻 t,シナリオ s での無リスク債券投資量(額面)を $Y(t, s)$,第 i 資産へ投資量(保有株数)を $X(i, t, s)$,購入量(購入株数)を $X^+(i, t, s)$,売却量(売却株数)を $X^-(i, t, s)$,ポートフォリオ時価を $A(t, s)$ として,それぞれ $m \times k$ 次元行列 Y,$X(i)$,$X(i)^+$,$X(i)^-$,A,$i \in [i_2 \cdots i_I]$ と表す.最終取引時点 t_T での積立不足を m 次元ベクトル $D(s)$,将来の目標サープラス値を F^*,第 i 資産の売買手数料を δ_i (一定)とする.さらに,初期時点でのポートフォリオ価値を A_0,第 i 資産への投資比率を $w_{i,0}$,無リスク債券への投資比率を $1 - \sum_{i=2}^{I} w_i$ とする.初期時点で資産配分変更以前の第 i 資産への投資量 $X_{i,0}$ と無リスク債券投資量 Y_0 は,

$$X_{i,0} = \frac{w_{i,0} A_0}{P(i, 0, \cdot)}, \quad Y_0 = \frac{\left(1 - \sum_{i=2}^{I} w_{i,0}\right) A_0}{P(i, 0, \cdot)} \quad (4.47)$$

と計算できる.時点 t,シナリオ s でのポートフォリオ時価 $A(t, s)$ は,

$$A(t, s) = P(0, t, s) Y(t, s) + \sum_{i=2}^{I} P(i, t, s) X(i, t, s), \quad t \in \tau, \ s \in S \quad (4.48)$$

第i資産への投資比率$w(i, t, s)$は,

$$w(i, t, s) = \frac{P(i, t, s)X(i, t, s)}{A(t, s)}, \quad i \in \iota, \quad t \in \tau, \quad s \in S \quad (4.49)$$

債券への投資比率は$1-\sum_{i=2}^{I}w(i, t, s)$と計算できる．2項モデルのときと同様に，初期時点の第i資産の投資量$X(i, 0, s)$は,

$$X(i, 0, s) = X_{i,0} + X^+(i, 0, s) - X^-(i, 0, s), \quad i \in \iota, \quad s \in S \quad (4.50)$$

であり，$t=1, \cdots, T$時点での投資量は,

$$X(i, t, s) = X(i, t-1, s) + X^+(i, t, s) - X^-(i, t, s), \quad i \in \iota, \quad t \in \tau^*, \quad s \in S \quad (4.51)$$

となる．最終時点では,

$$X(i, T, s) = X(i, T-1, s), \quad i \in \iota, \quad s \in S \quad (4.52)$$

となる．時刻tにおける掛金や給付などの年金基金のキャッシュフローを$C(t)$とすると，ポートフォリオのキャッシュフローに関する制約条件として,

$$P(0, t, s)\{Y(t-1, s) - Y(t, s)\} + \sum_{i=2}^{I} P(i, t, s)\{X(i, t-1, s) - X(i, t, s)\}$$

$$+ C(t) - \sum_{i=2}^{I} \delta_i P(i, t, s)\{X^+(i, t, s) + X^-(i, t, s)\} = 0, \quad t \in \tau^*, \quad s \in S$$

$$(4.53)$$

となる．次に，最終時点での平均サープラスが目標値F^*を上回る条件として,

$$\frac{1}{m}\sum_{s=1}^{m}\{A(T, s) - P(1, T, s)\} \geq F^* \quad (4.54)$$

とする．ここで，$P(1, t, s)$は時点t，シナリオsでの負債時価である．また，最終時点での積立不足を計算するための制約条件として,

$$A(T, s) - P(1, T, s) + q(s) \geq F^*, \quad s \in S \quad (4.55)$$

とする．最後に，各変数が正の値となるための制約条件として,

$$X(i, t, s), \ X^+(i, t, s), \ X^-(i, t, s), \ Y(t, s) \geq 0$$
$$i \in \iota, \quad t=0, \cdots, T-1, \quad s \in S \quad (4.56)$$

とする．目的関数は，最終時点で平均不足額の現在価値と，売買手数料の現在価値を加重平均したトータルコストを最小化し,

$$\varphi(q, X) = \theta\left[\frac{1}{m}\sum_{j=1}^{m}\frac{q(j)}{P(0, T, \cdot)}\right]$$

$$+ (1-\theta)\left[\frac{1}{ITm}\sum_{i=2}^{I}\sum_{t=0}^{T-1}\sum_{s=1}^{m}\frac{P(i, t, s)}{P(0, t, \cdot)}\delta_i\{X^+(i, t, s) + X^-(i, t, s)\}\right] \quad (4.57)$$

とする．このように，目的関数と制約条件が線形であれば，ALM 問題には大域的な解が存在し，最適資産配分を線形計画法で求めることができる．ツリーモデルを用いた多期間 ALM モデルでの最適資産配分は各状態で決定される．つまり，各時点 $t_1, \cdots, t_{T-1}$，各シナリオ $s_1, \cdots, s_m$ で最適資産配分を検討することになる．しかし，実際に利用するものは初期時点 t_0 だけである．時間が経過すれば，資産価格やポートフォリオ価値が変動し，負債に関しても新しい情報が利用できるので，多期間最適化をもう一度実行し，その時点での最適資産配分を検討する．

この問題は，目的関数と制約条件のすべてが線形であるから線形計画法問題となり，最適資産配分を求めることは容易になったが，逆に線形問題であるためには，すべてを線形にしなければならい．実務的には，たとえば，サープラスの標準偏差を最小化するような目的関数を設定したい場合もある．

分散や標準偏差が利用される場合，線形計画法ではなく 2 次計画法で問題を解くことになる．2 次計画法を利用する場合は，①大域的な最適解が存在するか，②コンピュータで解くためのアルゴリズムが存在するか，③変数や制約条件の制限をクリアできるか，という問題がある．①の大域的な解を得るためには，目的関数が，最小値を求める問題であれば凹（下に凸），最大値を求める場合であれば凸であることを確認する必要がある．実務的には，凹や凸になっているかどうかを確認することは意外と難しい．②と③では，コンピュータのアルゴリズムは市販のソフトが利用できるが，たとえ大域的な解を得ることが保証されソフトウェアが利用可能であっても，コンピュータで扱える変数や制約条件の数に限度がある場合が多く，実務的に多期間 ALM モデルで 2 次計画法を利用することには困難をともなう．

4.4.3　多期間離散型 ALM モデルでの数値例　　　　　　　　　CD-ROM

CD-ROM の Excel シート「Example 09」を用い，多期間離散型 ALM の数値例を示す（図 4.11）．年金負債（時価），無リスク債券，リスク資産として株式と長期債の 4 資産を考え，3 期間 4 項ツリーモデルを利用して最適資産配分を検討する．ALM モデルのインプットとして，負債時価の初期値を 100（C5 セル），年金資産の初期値を 100（C6）とし，サープラス（資産−負債）を 0 とする．初期時点での資産配分（D7：D9 セル）は長期債へ 60%，株式へ

	B	C	D	E	F	G	H	I	J
2	Example 09：4項ツリーモデルにおける多期間最適化の数値例						変更可能セル		
3	A:インプット					B-1:リスク, 期待リターン, 相関係数			
4		価格	配分	投資量					
5	負債	100					リターン	リスク	
6	初期金額	100	100.0%			負債	2.5%	4.0%	
7	長期債	100	60.0%	0.60		長期債	1.5%	3.5%	
8	株式	100	30.0%	0.30		株式	6.0%	18.0%	
9	短期債	100	10.0%	0.10					
10				=$C$6*D9/C9		相関係数	負債	長期債	株式
11	dt	1				負債	1.00	0.90	0.10
12	rate	1%				長期債	0.90	1.00	0.30
13	サープラス目標値	5.0	2.7			株式	0.10	0.30	1.00
14	長期債手数料	0.10%							
15	株式手数料	0.20%							
16									
17		t=0	t=1	t=2	▲	掛金，給付などの年金基金への ネットキャッシュフロー			
18	キャッシュフロー	1	1	1					

図 4.11　多期間離散型 ALM モデルのインプット（「Example 09」シート）

30%，短期債へ 10% とする．

　各資産の初期時点での投資量は，(4.47) より E7：E9 セルのように計算される．さらに，モデルの 1 期間を 1 年（C11 セル），無リスク管理を 1%（C12 セル），最終時点でのサープラス目標値は 5（C13 セル，負債に対して 105%），売買手数料は長期債が売買金額の 0.1%（C14 セル），株式が 0.2%（C15 セル）とする．各資産のリスク，期待リターン，相関係数は H5：J13 セルのように仮定する．

　(4.37) で表されるシナリオ分岐に利用する乗数は，図 4.12 の数値を用いる（上述したとおり一意の数値ではない）．この数値例は 3 期間モデルで，シナリオ分岐が 3 回あるが，それぞれ別の乗数を用いる．C23：E26 セルは時点 0 から時点 1 でシナリオが分岐する際の乗数であり，列が資産，行がシナリオを表している．たとえば，株式のシナリオ 1 番目は 0.83（E23 セル）であるが，これは時点 1，シナリオ 1 の株価は，時点 0 での株価を 0.83 倍することを意味する．同様に H23：J26 セルは時点 1 から時点 2 での乗数，M23：O26 セルは時点 2 から時点 3 での乗数とする．

　上記の乗数を用いて資産価格（負債）のシナリオをつくる（図 4.13）．R：U 行は (4.35) のシナリオ行列である．各行が 1 つのシナリオを表す．シナリオ行列の各数値に対応する各時点の乗数を，1 時点前の資産価格（負債）に掛けることによりシナリオ構築を行う．たとえば，シナリオ行列の R24：U24 セ

4.4 資産が複数ある場合の多期間 ALM モデル

	B	C	D	E	F	G	H	I	J	K	L	M	N	O
21						B-2:時点,状態,資産別乗数								
22	乗数(t=1)	負債	長期債	株式		乗数(t=2)	負債	長期債	株式		乗数(t=3)	負債	長期債	株式
23	シナリオ1	1.03	0.99	0.83		シナリオ1	1.00	0.99	1.20		シナリオ1	1.04	1.02	1.24
24	シナリオ2	1.08	1.06	1.29		シナリオ2	1.02	1.04	1.22		シナリオ2	1.03	1.04	1.21
25	シナリオ3	1.03	1.04	0.91		シナリオ3	1.09	1.06	0.97		シナリオ3	1.07	1.04	0.83
26	シナリオ4	0.96	0.97	1.15		シナリオ4	0.98	0.97	0.78		シナリオ4	0.96	0.96	0.89
27														
28	t=0時点から1時点に分岐する際に使用					t=1時点から2時点に分岐する際に使用					t=2時点から3時点に分岐する際に使用			
29														
30														
31						ある時点で資産価格を分岐させるための乗数								
32														

図 4.12 シナリオ分岐時の乗数 (「Example 09」シート)

	R	S	T	U	V	W	X	Y	Z	AA	AB	AC	AD	AE	AF	AG	AH	AI	AJ
3	1.ツリーモデル					2.ツリーモデルでの資産価格シナリオ													
4	ツリーモデル					負債				長期債						株式			
5		t=0	t=1	t=2	t=3	t=0	t=1	t=2	t=3	t=0	t=1	t=2	t=3			t=0	t=1	t=2	t=3
6		1	1	1	1	100.0	102.8	103.1	107.3	100.0	99.2	97.8	99.4			100.0	82.6	99.1	123.2
7		1	1	1	2	100.0	102.8	103.1	105.9	100.0	99.2	97.8	102.0			100.0	82.6	99.1	120.1
8		1	1	1	3	100.0	102.8	103.1	110.4	100.0	99.2	97.8	101.9			100.0	82.6	99.1	82.2
9		1	1	1															
10		シナリオ行列																	
11		1	1	2															
12		1	1	2															
13		1	1	2															
14		1	1	3															
15		1	1	3															
16		1	1	3															
17		1	1	3															
18		1	1	4															
19		1	1	4															
20		1	1	4															
21		1	1	4	4	100.0	102.8	101.1	97.1	100.0	99.2	96.6	92.5			100.0	82.6	64.7	57.8
22		1	2	1		100.0	107.7	108.0	112.4	100.0	106.1	104.6	106.3			100.0	129.4	155.2	193.0
23		1	2	2		100.0	107.7	108.0	110.9	100.0	106.1	104.6	109.1			100.0	129.4	155.2	188.1
24		1	2	3		100.0	107.7	108.0	115.7	100.0	106.1	104.6	109.0			100.0	129.4	155.2	128.7

図 4.13 資産価格シナリオ (「Example 09」シート)

ルは 1, 2, 1, 3 となっているが,これが 1 つのシナリオを表す.最初の番号である 1 は,どのシナリオでも共通である(ワークシートで計算するのに便利であるため,このようにしている).2 番目の番号である 2 が時点 1 での分岐先を表し,たとえば株式の場合は時点 0 の株価を 1.29 倍(図 4.12:E24 セル)することにより 129.4(AH24 セル)となる(株価の初期値は 100(AG24 セル)とする).同様に,時点 2 では 1.22 倍(J24 セル)し 155.2(AI24 セル)となり,時点 3 では 1.21 倍(O24 セル)し 128.7(AJ24 セル)のようになる.

リスク資産の投資量に関する制約条件である (4.50), (4.51), (4.52) は AQ:BT 列,積立不足に対する制約条件である (4.55) は BV:BX 列,キャッシュフローに対する制約条件である (4.53) は BZ:CB 列のようになる(付属の CD-ROM を参照.ここでは図の挿入はない.(4.56) を含めて制約

条件はソルバーの中で適切に設定する）．目的関数（図4.14）は，(4.57) より各資産の売買手数料と積立不足の最小化であるが，各時点，各資産の売買手数料は M6：P9 セルで計算される．目的関数は M12：N14 セルであり，各資産のウェイトは 50% とする．将来のサープラスに対する制約条件を M17：P17 に設定する．

計算はソルバーを利用して目的関数の最大化を行う．結果は図4.15のようになる．CF：CI 列は最適資産配分での資産時価分布，CK：CN 列はサープラ

	L	M	N	O	P	Q
1						
2	「ツール」ー＞「ソルバー」ー＞「実行」で最適化実行					
3					売買手数料計算	
4		長期債		株式		
5	売買手数料計算	購入	売却	購入	売却	各期における売買手数料の計算
6	t=0	0	748	1,449	0	=SUMPRODUCT(BR6:BR69,AG6:AG69)
7	t=1	0	0	63	0	=SUMPRODUCT(BS6:BS69,AH6:AH69)/AM6*100
8	t=2	0	0	16	0	=SUMPRODUCT(BT6:BT69,AI6:AI69)/AN6*100
9	手数料小計		1		3	=SUM(O6:P8)*$C$15
10				目的関数		
11		比率	金額			
12	積立不足	0.5	7.8	=AVERAGE(BW6:BW69)/AP6*100 目的関数は平均積立不足額と，		
13	手数料合計	0.5	3.8	=P9+N9	売買コストの合計額を最小化	
14	目的関数（最小化）	▶	5.8	=SUMPRODUCT(N12:N13,M12:M13)		
15						
16				平均サープラスに対する制約条件		
17	平均サープラス	5.0	>=	目標	5.00	
18			▼	=AVERAGE(CN6:CN69)		

図 4.14 目的関数の設定（「Example 09」シート）

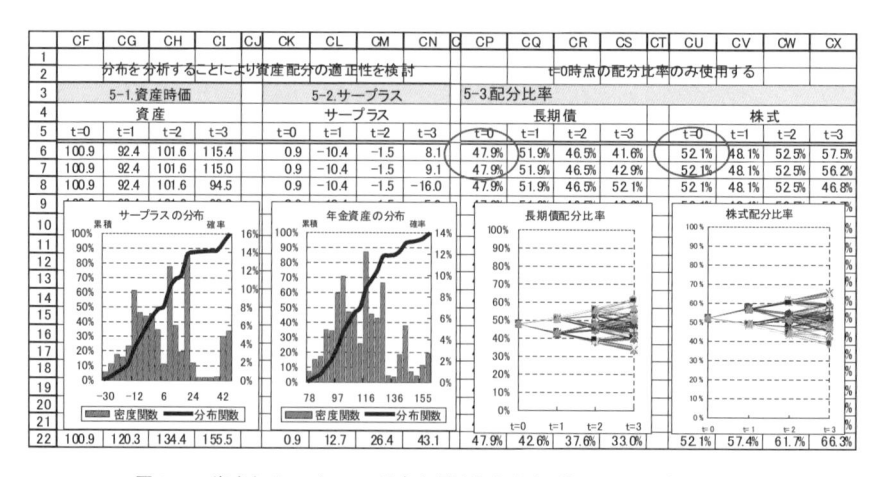

	CF	CG	CH	CI	CJ	CK	CL	CM	CN	CP	CQ	CR	CS	CT	CU	CV	CW	CX
1																		
2	分布を分析することにより資産配分の適正性を検討									t=0時点の配分比率のみ使用する								
3	5-1.資産時価					5-2.サープラス				5-3.配分比率								
4	資産					サープラス				長期債					株式			
5	t=0	t=1	t=2	t=3		t=0	t=1	t=2	t=3	t=0	t=1	t=2	t=3		t=0	t=1	t=2	t=3
6	100.9	92.4	101.6	115.4		0.9	-10.4	-1.5	8.1	47.9%	51.9%	46.5%	41.6%		52.1%	48.1%	52.5%	57.5%
7	100.9	92.4	101.6	115.0		0.9	-10.4	-1.5	9.1	47.9%	51.9%	46.5%	42.9%		52.1%	48.1%	52.5%	56.2%
8	100.9	92.4	101.6	94.5		0.9	-10.4	-1.5	-16.0	47.9%	51.9%	46.5%	52.1%		52.1%	48.1%	52.5%	46.8%
22	100.9	120.3	134.4	155.5		0.9	12.7	26.4	43.1	47.9%	42.6%	37.6%	33.0%		52.1%	57.4%	61.7%	66.3%

図 4.15 資産とサープラスの分布と最適資産配分（「Example 09」シート）

スの分布となる．各資産の配分比率は CP：CX 列のようになる．

　数学的には，設定した一定の目的関数や制約条件のもとでは，最適資産配分より優れた結果はない．しかし，最適解は目的関数や制約条件，モデルにインプットするパラメータに依存している．これらが適切かどうかを判断せずに，モデルからの結果を信じるわけにはいかない．結果が適切かどうかを判断する手法の1つとして，パーセンタイル値でのサープラスや年金資産額を検討することで，基金の本来の目標と合致しているかどうかの目処をつけることができる（図4.16）．DQ 列は確率（グラフ横軸），DR 列はサープラス（グラフ右縦軸），DS 列は年金資産の最適資産配分（グラフ左縦軸）でのパーセンタイル値を表す．分析の比較対象として，現状の資産配分を維持した場合の，それぞれのパーセンタイル値が DT：DU 列に示される．特に下方リスクについてリターンとリスクとのトレードオフを検討することで，資産配分が適切なものかどうかを判断する．

	DQ	DR	DS	DT	DU
	\multicolumn{3}{l}{7.パーセンタイル}	現状維持	
	確率	サープラス	資産	サープラス	資産
5%	-24.5	84.0	-16.1	92.0
10%	-15.9	89.0	-10.4	95.6
15%	-14.2	92.9	-8.8	97.8
20%	-12.7	95.1	-8.1	99.8
25%	-10.1	97.5	-6.1	102.1
30%	-8.0	98.3	-3.9	102.9
35%	-5.2	102.3	-2.4	105.0
40%	-3.1	104.7	-0.7	105.9
45%	0.4	107.3	1.3	108.5
50%	4.8	112.2	3.3	109.0
55%	8.6	114.1	5.3	112.0
60%	9.1	114.9	6.0	114.6
65%	10.0	118.7	7.4	115.4
70%	16.3	122.5	8.8	116.3
75%	17.6	124.3	9.6	118.4
80%	18.5	126.6	11.5	119.7
85%	20.1	133.8	13.7	121.5
90%	39.7	140.0	20.1	125.4
95%	43.0	152.7	22.4	131.6

現状維持：現状の資産配分を維持した場合，資産：年金資産額
分布を分析することにより資産配分の適正性を検討
特に，リスクが生じた場合のサープラス金額や年金資産額を検討

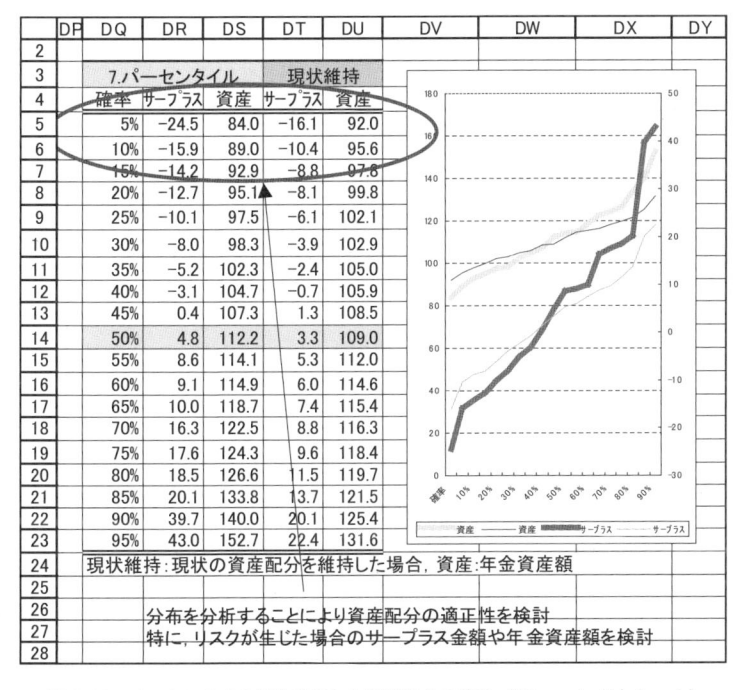

図 4.16 パーセンタイル値を利用した資産配分の検討（「Example 09」シート）

4.5 実務的な制約条件と高速化への対応

4.5.1 実務的な制約条件

前節の制約条件 (4.54) は，最終期日 t_T における平均サープラスが目標値 F^* を超えるためのものであり，途中の期 $t_1, \cdots, t_{T-1}$ においては制約が満たされていない可能性もある．基金の運用目標によっては，モデルを検討するすべての期日 $t_0, \cdots, t_T$ において，サープラスがある一定の額を上回る制約を設けたいこともある．あるいは，一定額を厳密に上回るのではなく，ある一定の確率で，ある一定額を上回るようにしたい場合もある．本節ではこのような実務的な制約条件の例を紹介する．ここではサープラス ($A-L$) ではなく，積立比率（$F = A/L$）を検討の対象とする．

まず，すべての期日における積立比率の制約条件を検討する．時点 t，シナリオ s における年金資産を $A(t, s)$，年金負債を $L(t, s)$，満たすべき積立比率を v とすれば，積立比率に関する制約条件は，

$$\frac{1}{m}\sum_{s=1}^{m} A(t, s) \geq v \frac{1}{m}\sum_{s=1}^{m} L(t, s), \quad t \in [t_0 \cdots t_T], \quad s \in S \quad (4.58)$$

となる．(4.58) は，すべての時点 $t_0, \cdots, t_T$ において，シナリオから計算される平均積立比率が，ある一定水準 v より大きくなるための制約条件である．$v=1$ であれば，平均的には資産が負債を上回ることになる．平均積立比率でなく，すべてのシナリオで積立比率の条件が満たすべき制約とすると，制約条件としてはさらに厳しくなり，

$$A(t, s) \geq vL(t, s), \quad t \in [t_0 \cdots t_T], \quad s \in S \quad (4.59)$$

とできる．しかしこのような厳密な制約条件よりも，実務的には積立比率がある水準をある一定の確率で上回るという制約の方が望ましく感じられる．時点 t，シナリオ s で積立比率がある水準 k 以上となる確率が α であることは，

$$\Pr\left(\frac{A(t, s)}{L(t, s)} \geq k\right) \geq \alpha_t, \quad t \in [t_0 \cdots t_T], \quad s \in S \quad (4.60)$$

と書かれる．逆に積立不足となる確率は，

$$1 - \Pr\left(\frac{A(t, s)}{L(t, s)} \geq k\right) \quad (4.61)$$

である．これは，サープラス・アット・リスク（SaR）の考え方である[*]．多期間 ALM モデルでは，このような SaR が制約条件となるような資産配分を検討することができる．しかし (4.60) には不等号が含まれているため，直接的には線形モデルに組み込むことはできず，線形 ALM モデルで扱える工夫が必要である（巻末参考文献 Drijver, Haneveld and Vlerk (2000) を参考にしている）．

[*] 本来は「積立比率・アット・リスク」である．SaR は，最悪な状況が発生した場合のサープラス額で，①ある一定の期間，②ある一定の確率で被る可能性がある損失額，あるいは，損失を被った後のサープラスと定義される．

ある時点 t で，s_t を時点 t までに実現したシナリオを考える．$p_{t+1}(s \mid s_t)$ は，t 時点においてそれ以前のシナリオ s_t が発生したという条件のもとで，$t+1$ 時点のシナリオ s が発生する条件付き確率とすると，(4.60) は，

$$\sum_{s=1}^{m} p_{t+1}(s \mid s_t) I_{|A(t,s) \leq vL(t,s)|}(s) \leq 1-\alpha, \quad t \in [t_1 \cdots t_k] \quad (4.62)$$

とできる．$I_{|A(t,s) \leq vL(t,s)|}$ は，$A(t,s) \leq vL(t,s)$ のとき 1 となり，それ以外は 0 となる指示（インディケータ）関数である．(4.62) は，積立比率がある一定の水準 v 以下となる確率が $1-\alpha$ 以下となる制約条件になる．

ここで，バイナリー変数 $\delta(t,s)$ を定義する．バイナリー変数とは，1 か 0 をとる変数である．(4.62) は十分大きな整数 M に対して，

$$M\delta(t+1, s) \geq vL(t+1, s) - A(t+1, s)$$
$$\sum_{s=1}^{S} p_{t+1}(s \mid s_t^k) \delta(t+1, s) \leq 1-\alpha \quad (4.63)$$
$$t \in [t_1 \cdots t_k], \quad s \in S$$

と表すことができる．バイナリー変数を利用して (4.63) のように記述することで，SaR を制約条件として整数計画モデルで扱うことが可能となる．ただし，整数計画モデルを利用すると，線形計画モデルと比較して計算速度が格段に低下する．モデルでは各時点で確率的な制約を設けることができるが，ここでは，ある 1 時点のみ（たとえば最終時点）での制約とする．

4.5.2 実務的制約条件の具体例　　　CD-ROM

4.3 節で利用した 2 項ツリーモデルでの最適資産配分を利用して，(4.63) で表される確率的な制約条件を付け加えた数値例を CD-ROM の Excel シー

ト「Example 10」を用いて紹介する．ただ，2項モデルの例では無リスク資産とリスク資産との2資産で，負債を考慮していないアセット・オンリー・アプローチであったので，付け加える制約は SaR（サープラス・アット・リスク）ではなく，資産価格を基準とした VaR（バリュー・アット・リスク）とし，「最終時点 t_3 での資産価格が，ある一定の閾値以下になることが，ある確率以下となる」という制約条件を設けることにする．シナリオの構築方法，目的関数，VaR 以外の制約条件は，4.3 節で紹介したものと同じとする．

(4.63) に相当する制約条件は，図 4.17 の AH27：AM40 セルに相当する．ここでは，最終時点で資産価格が 105 を下回る確率が 12.5% 以下となるようにしている．AH 列は閾値であり 105 が入力されている．AI 列はバイナリー変数 δ に相当する．ソルバーの中ではこの変数がバイナリーとなるよう制約して

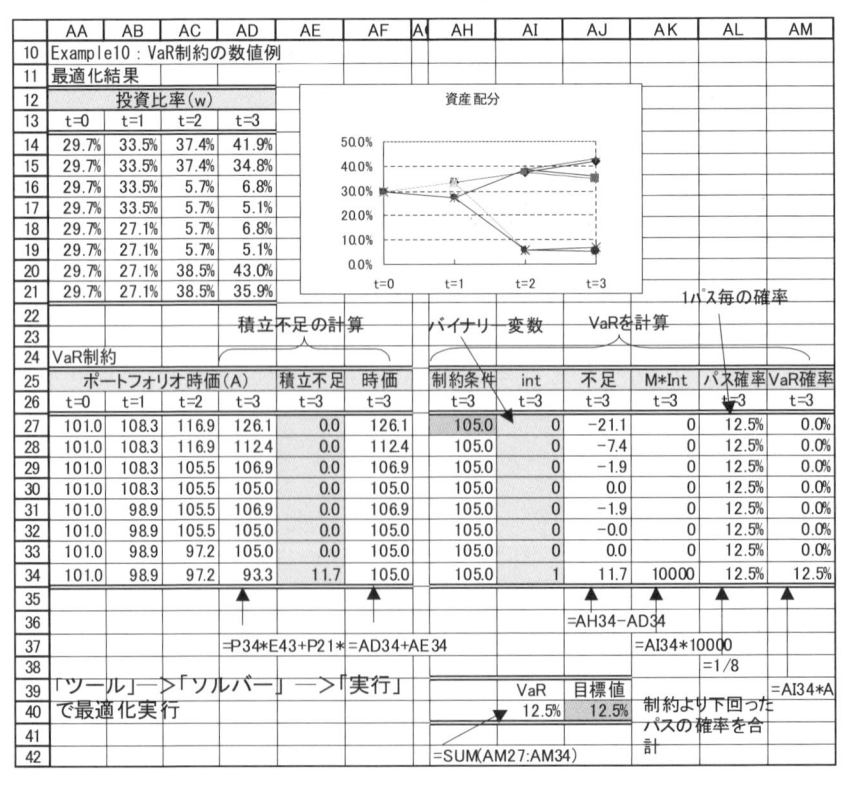

	AA	AB	AC	AD	AE	AF	AH	AI	AJ	AK	AL	AM
10	Example10：VaR制約の数値例											
11	最適化結果											
12	投資比率(w)											
13	t=0	t=1	t=2	t=3								
14	29.7%	33.5%	37.4%	41.9%								
15	29.7%	33.5%	37.4%	34.8%								
16	29.7%	33.5%	5.7%	6.8%								
17	29.7%	33.5%	5.7%	5.1%								
18	29.7%	27.1%	5.7%	6.8%								
19	29.7%	27.1%	5.7%	5.1%								
20	29.7%	27.1%	38.5%	43.0%								
21	29.7%	27.1%	38.5%	35.9%									1パス毎の確率
22				積立不足の計算		バイナリー変数		VaRを計算			
23											
24	VaR制約											
25		ポートフォリオ時価(A)			積立不足	時価	制約条件	int	不足	M*Int	パス確率	VaR確率
26	t=0	t=1	t=2	t=3	t=3	t=3	t=3	t=3	t=3	t=3	t=3	t=3
27	101.0	108.3	116.9	126.1	0.0	126.1	105.0	0	-21.1	0	12.5%	0.0%
28	101.0	108.3	116.9	112.4	0.0	112.4	105.0	0	-7.4	0	12.5%	0.0%
29	101.0	108.3	105.5	106.9	0.0	106.9	105.0	0	-1.9	0	12.5%	0.0%
30	101.0	108.3	105.5	105.0	0.0	105.0	105.0	0	0.0	0	12.5%	0.0%
31	101.0	98.9	105.5	106.9	0.0	106.9	105.0	0	-1.9	0	12.5%	0.0%
32	101.0	98.9	105.5	105.0	0.0	105.0	105.0	0	-0.0	0	12.5%	0.0%
33	101.0	98.9	97.2	105.0	0.0	105.0	105.0	0	0.0	0	12.5%	0.0%
34	101.0	98.9	97.2	93.3	11.7	105.0	105.0	1	11.7	10000	12.5%	12.5%
35											
36									=AH34-AD34			
37			=P34*E43+P21*	=AD34+AE34				=AI34*10000			
38									=1/8			
39	「ツール」→「ソルバー」→「実行」					VaR	目標値			=AI34*A
40	で最適化実行					12.5%	12.5%	制約より下回ったパスの確率を合計			
41											
42						=SUM(AM27:AM34)					

図 4.17 VaR を考慮した場合の制約条件（「Example 10」シート）

いる．AJ 列は閾値に対する不足額（不足の場合にプラス）であり，AK 列は不足となった場合に 10000（十分大きな値）となる．ソルバーの制約条件の中で，AJ 列より AK 列の方が大きくなるように制約している（(4.63) の第 1 式に相当）．AL 列は各パスが発生する確率で，ここでは 12.5% である．AM 列は不足がない場合には 0 となる．VaR は AI40 セルであり，AM 列を合計している．ソルバーの制約の中で AI40 セルは AJ40 セル以下となる制約条件を設けている（(4.63) の第 2 式に相当）．

このようにして，確率的な制約条件を用いた最適資産配分問題を，バイナリー変数を用いた整数計画法で解くことができる．この例では，VaR 制約がある場合の方がリスク資産への配分比率が低下している．

4.5.3　シナリオ結合によるノード数の削減

ツリーモデルを利用してシナリオを構築し，近似の精度を上げようとしてシナリオの期間の分割数 k を多くすると，ノードの数は $m=2^k$ となり急速に増加する．最近ではコンピュータやソフトウェアの処理能力が向上したが，15〜20 期間のシナリオを処理することは難しく，ツリーモデルの欠点でもある．これを回避する方法として，ノード結合が考えられる．ノード結合とは，意思決定の重要性が相対的に低い将来のノードなどで，ノード数を削減したり期間をまとめたりして，コンピュータによる計算負荷を低めようとする手法である．

ノード結合には，①状態結合と②時間結合の 2 種類がある．状態結合とは，たとえば 2 項モデルで，上昇と下落の 2 つの状態に分岐しているノードを結合し 1 つにすることであり，時間結合は，2 期間を 1 期間で表すことである．その両方を利用することで，資産価格が無裁定となる条件を維持したまま，2 項モデルであれば，2 期間 4 シナリオを 1 期間 2 シナリオへ結合することができる．具体的には，2 期間 2 項モデルを $t=1$ で状態結合を行い，$t=2$ で状態が 4 あるところを 2 つに結合する．さらに $t=0$ で時間結合を行うことで，もとの 2 期間で 4 シナリオに分岐していたモデルを，1 期間で 2 シナリオに分岐するモデルとする．

ある時点 t での無リスク資産価格を $B(t)$，リスク資産価格を $P(t)$ とする．時点 t 以降でシナリオは分岐し，シナリオ s での価格を $P(t,s)$ とする．2 項ツリ

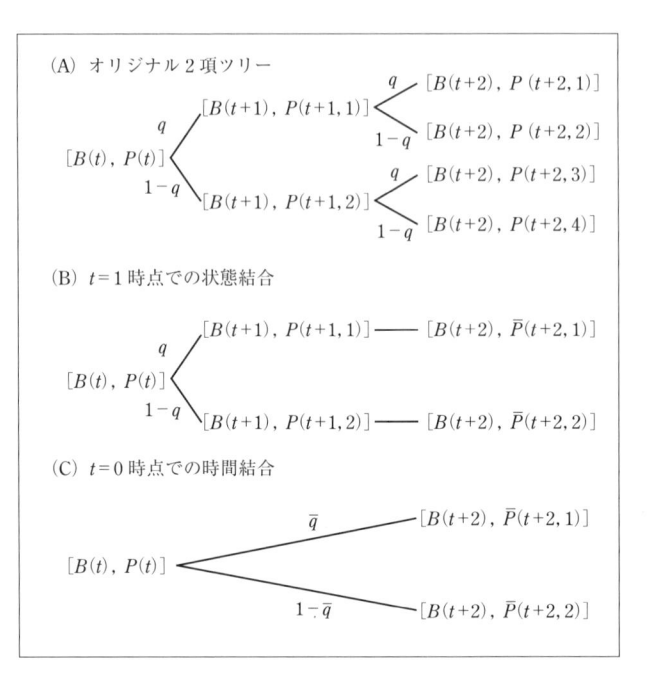

```
(A) オリジナル2項ツリー
                                    q   [B(t+2), P(t+2,1)]
                  q   [B(t+1), P(t+1,1)]
    [B(t), P(t)]                     1-q [B(t+2), P(t+2,2)]
                 1-q                 q   [B(t+2), P(t+2,3)]
                      [B(t+1), P(t+1,2)]
                                    1-q [B(t+2), P(t+2,4)]

(B) t=1時点での状態結合
                  q   [B(t+1), P(t+1,1)]——[B(t+2), P̄(t+2,1)]
    [B(t), P(t)]
                 1-q  [B(t+1), P(t+1,2)]——[B(t+2), P̄(t+2,2)]

(C) t=0時点での時間結合
                  q̄       [B(t+2), P̄(t+2,1)]
    [B(t), P(t)]
                 1-q̄      [B(t+2), P̄(t+2,2)]
```

図4.18 2項ツリーモデルでのノード結合

ーモデルで上昇する場合の乗数を u, 下落する場合の乗数を d とする. $t+1$ 時点での無リスク債券価格は $B(t+1)=B(t)\exp\{r\Delta t\}$ であり, リスク資産価格は,

$$P(t+1, 1)=P(t)u, \qquad P(t+1, 2)=P(t)d \tag{4.64}$$

とする. $t+2$ での価格も同様に計算する (図4.18(A)). ツリー結合は資産価格に裁定の機会が生まれないように行う (裁定の機会, 無裁定条件については4.7節参照). 本章の2項ツリーモデルでは, 上昇と下落との各状態へ分岐する確率を $p=1/2$ としているが, この確率は市場確率 (主観確率) であり, リスク中立確率ではない. リスク中立確率 q は, 4.7節より,

$$\begin{bmatrix} q(t) \\ 1-q(t) \end{bmatrix} = \begin{bmatrix} \dfrac{\exp\{rt\Delta\}}{u-d}\left(1-\dfrac{B(t)}{P(t)}\right) \\ \dfrac{1}{u-d}\left(u-\dfrac{P(t)}{B(t)}\right) \end{bmatrix} \tag{4.65}$$

とできる. ここでは, 無リスク金利やリスク資産のボラティリティーが一定と仮定しているので, リスク中立確率も時点ごとには変化せず一定である (以下, リスク中立確率での t は省略する).

$t=1$ 時点での状態結合した場合のリスク資産価格は，

$$\bar{P}(t+2,\ 1) = qP(t+2,\ 1) + (1-q)P(t+2,\ 2)$$
$$\bar{P}(t+2,\ 2) = qP(t+2,\ 3) + (1-q)P(t+2,\ 4) \quad (4.66)$$

とできる（図 4.18(B)）．ここでは，無リスク資産価格とリスク中立確率は変化しない．次に，$t=0$ 時点の時間結合ではリスク中立確率が変化し，

$$\bar{q} = \frac{qB(2)}{B(1)} \quad (4.67)$$

としてシナリオを結合する（図 4.18(C)）．シナリオを変更することで，多期間 ALM モデルの制約条件も異なる．時間結合により取引日が減少しているので，ノード結合する前のモデルと後では，結果が一致するわけではないことに注意が必要である．

4.6 シミュレーションを利用した ALM モデル

4.6.1 シナリオ生成と ALM モデルの構築

ツリーモデルでのシナリオ構築は，資産数や時点の分割期間数が多くなると，シナリオの分岐数が多くなり計算負荷が増大する．この問題を解決する方法の1つとして，モンテカルロ・シミュレーションを利用して資産価格シナリオを構築する手法を紹介する（枇々木（1999, 2000）を参考にしている）．

これまでと同様に，資産を i で表す．リスク資産の集合を $\iota = [i_1 \cdots i_I]$ とする．ここでは，負債 i_1 をリスク資産と同様に扱う．時点は t で表す．無リスク資産価格は，

$$dP(0,\ t) = rP(0,\ t)dt \quad (4.68)$$

リスク資産価格は，

$$dP(i,\ t) = \mu_i P(i,\ t)dt + \sigma_i P(i,\ t)dW_i, \quad i \in \iota \quad (4.69)$$

に従うとする．ここで，μ_i はリスク資産 i の期待リターン，σ_i はボラティリティー，W は標準ブラウン運動とする．時間を k 区間に分割し，時点の集合を $\tau = [t_0 \cdots t_T]$ とする．1期間は $\Delta t = T/k$ となる．また，初期時点 t_0 を除いた τ の部分集合を τ^* とし，m 回のシミュレーションを行うこととする．各シナリオは s で表し，シナリオの集合を $S = [s_1 \cdots s_m]$ とする．資産 i，時間 t，シナリオ s での資産価格を $P(i,\ t,\ s)$ とする．(4.68) より時点 t での無リスク資産価格

は，

$$P(0,\ t)=P(0,\ t-1)\exp\{r\Delta t\} \qquad (4.70)$$

となる．無リスク資産価格はシナリオに依存しない．時点 t，シナリオ s での第 i リスク資産価格は，

$$P(i,\ t,\ s)=P(i,\ t-1,\ s)\exp\left\{\left(\mu_i-\frac{1}{2}\sigma_i^2\right)\Delta t+\sqrt{\Delta t}\sigma_i z_{it}\right\}$$
$$t\in\tau^*,\ \ s\in S \qquad (4.71)$$

とできる．z_{it} は平均 0，共分散行列が Σ の多次元正規乱数からの無作為抽出である．各資産価格の初期値は既知とする．リスク資産価格は各資産間の相関を考慮する（湯前，鈴木（2000），p.56 などを参照）．そのため，相関のある多次元正規乱数を得る必要がある．リスク資産の $n\times n$ 次元共分散行列を Σ とすると，スペクトル分解により

$$\Sigma=C^{\mathrm{T}}C \qquad (4.72)$$

となる行列 C を得ることができる．平均 0，標準偏差 1 の標準正規乱数のベクトルを $X^{\mathrm{T}}=[x_1\ \cdots\ x_n]$ とすると，平均 0，共分散行列 Σ となる多次元正規乱数ベクトル $Z^{\mathrm{T}}=[z_1\ \cdots\ z_n]$ は，

$$Z=CX \qquad (4.73)$$

として得ることができる．

　保有株数について考える．1 つのシナリオ上の経路 s を考える，モンテカルロ・シミュレーションでシナリオを生成するため，そのシナリオは初期時点で他のシナリオから分岐した後，その後は分岐しない．このため，そのシナリオに最適な資産配分を選択しようとすると，将来時点がわかっているので，収益が最大となる資産配分を選択する．たとえば，株式が上昇するシナリオであれば，そのシナリオにおける資産配分では，株式を 100% 組み入れるような資産配分を選択する（図 4.19）．これは，将来が不確実である状況で資産配分を決定するという非可予測条件を満たしていない．そのため，シミュレーションによるモデルでは，ある時点 t において，シナリオに関係なく 1 つの資産配分を決定する．

　第 i 資産への投資量（保有株数）を $X(i,t)$，購入量（購入株数）を $X^+(i,t)$，売却量（売却株数）を $X^-(i,t)$ とする．無リスク資産への投資量は各シナリオで異なる保有量をもつこととする．時刻 t，シナリオ s での無リスク資産への

4.6 シミュレーションを利用した ALM モデル

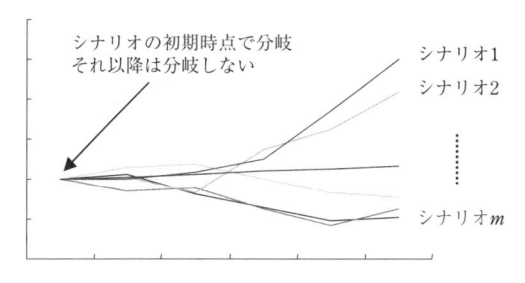

図 4.19 モンテカルロ・シミュレーションによるシナリオ生成

投資量（額面）を $Y(t,s)$ とする．また，最終取引時点 t_T での積立不足を $D(s)$，将来の目標サープラス値を F^*，第 i 資産の売買手数料を δ_i（一定）とする．時点 t，シナリオ s でのポートフォリオ時価 $A(t,s)$ は，

$$A(t,s) = P(0,t,s)Y(t,s) + \sum_{i=2}^{I} P(i,t,s)X(i,t), \quad t \in \tau,\ s \in S \quad (4.74)$$

第 i 資産への投資比率 $w(i,t,s)$ は，

$$w(i,t,s) = \frac{P(i,t,s)X(i,t)}{A(t,s)}, \quad i \in \iota,\ t \in \tau,\ s \in S \quad (4.75)$$

債券への投資比率は $1 - \sum_{i=2}^{I} w(i,t,s)$ と計算できる．各資産の初期時点での投資量の決定はツリーモデルと同様に行う．第 i 資産のリバランス後の投資量 $X(i,0)$ に対する制約条件は，リバランス前の投資量を $X_{i,0}$ とすると，

$$X(i,0) = X_{i,0} + X^+(i,0) - X^-(i,0), \quad i \in \iota \quad (4.76)$$

となる．また，$t=1,\cdots,T$ 時点での投資量に関する制約は，

$$X(i,t) = X(i,t-1) + X^+(i,t) - X^-(i,t), \quad i \in \iota,\ t \in \tau^* \quad (4.77)$$

となる．最終時点では取引を行わないので，投資量は1時点前と同じで，

$$X(i,T) = X(i,T-1), \quad i \in \iota \quad (4.78)$$

となる．ポートフォリオのキャッシュフローに関する制約条件は，

$$P(0,t,s)\{Y(t-1,s) - Y(t,s)\} + \sum_{i=2}^{I} P(i,t,s)\{X(i,t-1) - X(i,t)\}$$
$$+ C(t) - \sum_{i=2}^{I} \delta_i P(i,t,s)\{X^+(i,t) + X^-(i,t)\} = 0, \quad t \in \tau^*,\ s \in S$$
$$(4.79)$$

となる．ここで，$C(t)$ は年金資産へのキャッシュフローとする．最終時点での

平均サープラスが目標値 F^* を上回る条件は,

$$\frac{1}{m}\sum_{s=1}^{m}\{A(T, s) - P(1, T, s)\} \geq F^* \tag{4.80}$$

となる.ここで,$P(1, t, s)$ は時点 t,シナリオ s での負債時価であった.最終時点での積立不足を計算するための制約条件は,

$$A(T, s) - P(1, T, s) + q(s) \geq F^*, \quad s \in S \tag{4.81}$$

となる.最後に各変数が正の値となるための制約条件として,

$$X(i, t),\ X^+(i, t),\ X^-(i, t),\ Y(t, s) \geq 0, \quad i \in \iota, \quad t = 0, \cdots, T-1, \quad s \in S \tag{4.82}$$

とする.ALM モデルの目的関数は,ツリーモデルのときと同様に,トータルコストの最小化で,

$$\varphi(q, X) = \theta\left[\frac{1}{m}\sum_{j=1}^{m}\frac{q(j)}{P(0, T, \cdot)}\right] \\ + (1-\theta)\left[\frac{1}{ITm}\sum_{i=2}^{I}\sum_{t=0}^{T-1}\sum_{s=1}^{m}\frac{P(i, t, s)}{P(0, t, \cdot)}\delta_i\{X^+(i, t) + X^-(i, t)\}\right] \tag{4.83}$$

とする.第1項は積立不足の最小化,第2項は売買コストの最小化に対応する.θ はウェイトで任意の数値である.ここでの目的関数と制約条件は線形であり,最適資産配分は線形計画法で求めることができる.

シミュレーションによる資産価格シナリオの生成は,資産数や時点の分割数が多い場合にツリーモデルよりも有利であるが,マイナス面も存在する.その1つは,シミュレーションで資産価格シナリオを生成するには乱数を用いるが,乱数の精度に最適解が依存する.このような誤差により,結果が大きく異なる場合があることに注意が必要である.

資産価格シナリオの生成にツリーモデルを利用する場合でも,シミュレーションを利用する場合でも,多期間最適化は一般的な平均・分散（MV）アプローチより現実的な条件を考慮したモデルといえる.しかし,そこから得られる解が,MV アプローチより優れているとは言い切れない.

多期間モデルは,より現実性を増そうとするために多数の前提をおいている.また,推定すべきパラメータも多く,これら前提やパラメータの推定が違えば,結果である最適資産配分も異なることになる.

一般に,条件を複雑にするほど,問題の本質がわかりづらくなるし,数値的

モデルでは，最終的にはコンピュータを利用して問題を解くことになるが，そのことは逆に，問題が解けるように目的関数や制約条件を設定することになる．このように，モデルの複雑性と求めた解の精度にはトレードオフの関係がある．最終的な意思決定に役立てることが可能であるかどうかが，モデルの優劣を決める．

4.6.2 シミュレーションによる最適資産配分の例

CD-ROM の Excel シート「Example 11」を用い，シミュレーションを用いた多期間 ALM モデルの数値例を示す（図 4.20）．期間は 3 期間モデルを考える．年金負債（時価）と無リスク資産があり，リスク資産として長期債と株式があるとする．無リスク金利は 1% とし，負債とリスク資産は幾何ブラウン運動に従うとする．期待リターンとリスク，相関係数は図 4.20 の C5：E12 セルにあるように仮定する．C15：E17 セルは m 多次元正規乱数を生成させるため，相関係数行列をコレスキー分解した行列である．当初の負債時価 L_0，資産時価 A_0，投資比率 w_0，売買コスト $\delta(i)$，年金基金へのキャッシュフロー $C(t)$ などの前提条件を図 4.20 の C21：E33 セルのように設定する．ここでは，負債時価と年金資産の初期値をそれぞれ 1 とし（C21：C22 セル），資産配分は長期債 20%，株式 50%，短期債 30% とする（D23：D25 セル）．0.05 を最終時点の目標サープラスとする（C30 セル）．

(4.73) を使い 3 次元正規乱数を生成し，(4.71) を利用して各資産の資産価格パスを生成する（図 4.21）．ここで，行はシナリオを表し，列は各資産での時点を表している．

ALM モデルの目的関数（図 4.22）は (4.83) で，売買コストと積立不足の合計を最小化するように I4：J6 セルのように設定する．ここでのウェイトは $\theta = 0.5$ としている．

次に，(4.76)〜(4.82) の制約条件を設定する．図 4.23 の N5：Q7 セルは長期債投資量に関する制約条件，S5：U7 セルは株式投資量に関する制約条件で，投資量 $X(i, t)$ は 5 行目，購入量 $X^+(i, t)$ は 6 行目，売却量 $X^-(i, t)$ は 7 行目となる．N11：P12 は長期債売買コスト，S11：U12 セルは株式売買コストで，11 行目は購入コスト，12 行目は売却コストである．N：V 列の 17 行目以降は，各リスク資産の投資金額 $X(i, t)P(i, t, s)$ である．X：AA 列は無リスク資産の投

	B	C	D	E	F
1	Example11:シミュレーションによる数値例				
2		変更可能セル			
3	前提条件				
4		期待リタ	リスク		
5	負債	3.5%	5.0%		
6	長期債	1.5%	3.5%		
7	株式	6.0%	18.0%		
8					
9	相関係数	負債	長期債	株式	
10	負債	1.0	0.8	0.1	
11	長期債	0.8	1.0	0.3	
12	株式	0.1	0.3	1.0	
13					
14	コレスキー分解	負債	長期債	株式	
15	負債	1.0	0.0	0.0	
16	長期債	0.8	0.6	0.0	
17	株式	0.1	0.4	0.9	
18					
19	インプット				
20		価格	比率	投資量	
21	負債時価	1			
22	資産	1	100%		
23	長期債	1	20%	0.2	
24	株式	1	50%	0.5	
25	短期債	1	30%	0.3	
26					
27	無リスク金利	1%			
28	長期債売買コスト	0.10%			
29	株式売買コスト	0.20%			
30	目標サープラス	0.05			
31					
32		t=0	t=1	t=2	
33	キャッシュフロー	0	0	0	
34	掛金,給付などの年金基金への				
35	ネットキャッシュフロー				
36					

図 4.20 前提条件(「Example 11」シート)

	M	N	O	P	Q	R	S	T	U	V	W	X	Y	Z	AA
72							資産価格								
73			負債時価					長期債価格				株価			
74		s	t=0	t=1	t=2	t=3	t=0	t=1	t=2	t=3	t=0	t=1	t=2	t=3	
75		1	1.0	1.0	1.1	1.3	1.0	1.0	1.0	1.1	1.0	1.4	1.9	2.8	
76		2	1.0	1.1	1.2	1.5	1.0	1.1	1.1	1.2	1.0	1.3	1.8	2.4	
77		3	1.0	1.0	1.0	1.2	1.0	1.0	1.1	1.1	1.0	1.0	1.3	1.5	
78		4	1.0	1.1	1.2	1.4	1.0	1.0	1.1	1.1	1.0	0.7	0.3	0.1	
79		5	1.0	1.0	1.0	1.1	1.0	1.0	1.1	1.1	1.0	1.4	2.3	3.6	
80		6	1.0	1.0	1.1	1.2	1.0	1.0	1.1	1.1	1.0	1.0	0.9	0.9	
81		7	1.0	1.0	1.1	1.1	1.0	1.0	1.0	1.0	1.0	0.8	0.6	0.4	
82		8	1.0	1.0	1.2	1.2	1.0	1.0	1.0	1.0	1.0	0.8	0.4	0.2	
83		9	1.0	1.1	1.2	1.5	1.0	1.0	1.1	1.3	1.0	1.2	2.0	3.6	
84		10	1.0	1.0	1.1	1.2	1.0	1.0	1.0	1.1	1.0	1.4	2.4	5.7	
85		11	1.0	1.0	0.9	0.9	1.0	1.0	0.9	0.9	1.0	1.0	0.9	0.8	
86		12	1.0	1.0	1.0	0.9	1.0	1.0	1.0	1.0	1.0	1.0	1.5	2.6	

図 4.21 資産価格パスの生成(「Example 11」シート)

4.6 シミュレーションを利用した ALM モデル

	H	I	J	K
1				目的関数は平均積立不足額と,
2	目的関数			売買コストの合計額を最小化
3		比率	金額	
4	目的関数		5.57	=SUMPRODUCT(I5:I6,J5:J6)
5	売買コスト	0.50	0.00	=SUM(N11:P12,S11:U12)
6	積立不足	0.50	11.14	=AVERAGE(AM17:AM66)*100/AK17
7				
8	平均サープラス	0.05	=AVERAGE(BD17:BD66)	
9	目標サープラス	0.05		
10	制約条件の一つとして, サープラスが目標値を上回る			
11	「ツール」—>「ソルバー」—>「実行」で最適化実行			
12				

図 4.22 目的関数(「Example 11」シート)

	M	N	O	P	Q	R	S	T	U	V	W	X	Y	Z	AA	AC	AD	AE	AF	AH	AI	AJ	AK
1	7. リスク資産投資量, 売買コスト, 無リスク資産																						
2			リスク資産投資量																				
3			長期投資量				株式投資量				=R5+S6-S7												
4		t=0	t=1	t=2	t=3		t=0	t=1	t=2	t=3													
5		0.66	0.66	0.66	0.66		0.34	0.34	0.34	0.34													
6		0.60	0.00	0.00			0.00	0.00	0.00														
7		0.14	0.00	0.00			0.16	0.00	0.00														
8																							
9			売買コスト								=Q6*AVERAGE(V75:V124)*株式コスト												
10			長期債売買コスト				株式売買コスト																
11		0.0	0.0	0.0			0.0	0.0	0.0			=AA17*AF17								=AF17*EXP(1%*			
12		0.0	0.0	0.0			0.0	0.0	0.0														
13											=S$5*X76												
14			リスク資産											無リスク資産									
15			長期投資額				株式投資額				無リスク資産投資額				無リスク資産投資量					無リスク資産価格			
16	パス	t=0	t=1	t=2	t=3	t=0	t=1	t=2	t=3	t=0	t=1	t=2	t=3	t=0	t=1	t=2	t=3	t=0	t=1	t=2	t=3		
17	1	0.7	0.7	0.7	0.7	0.3	0.5	0.7	1.0	0.0	0.0	0.0	0.0	0.0	0.0	0.0	0.0	1.00	1.01	1.02	1.03		
18	2	0.7	0.7	0.7	0.8	0.3	0.4	0.6	0.8	0.0	0.0	0.0	0.0	0.0	0.0	0.0	0.0	1.00	1.01	1.02	1.03		
19	3	0.7	0.7	0.7	0.8	0.3	0.3	0.4	0.5	0.0	0.0	0.0	0.0	0.0	0.0	0.0	0.0	1.00	1.01	1.02	1.03		
20	4	0.7	0.7	0.7	0.8	0.3	0.2	0.1	0.0	0.0	0.0	0.0	0.0	0.0	0.0	0.0	0.0	1.00	1.01	1.02	1.03		
21	5	0.7	0.7	0.7	0.7	0.3	0.5	0.8	1.2	0.0	0.0	0.0	0.0	0.0	0.0	0.0	0.0	1.00	1.01	1.02	1.03		
22	6	0.7	0.7	0.7	0.7	0.3	0.3	0.3	0.3	0.0	0.0	0.0	0.0	0.0	0.0	0.0	0.0	1.00	1.01	1.02	1.03		
23	7	0.7	0.7	0.7	0.7	0.3	0.3	0.2	0.1	0.0	0.0	0.0	0.0	0.0	0.0	0.0	0.0	1.00	1.01	1.02	1.03		

図 4.23 ALM モデルの制約条件 (「Example 11」シート)

資金額 $P(0, t, s)Y(t, s)$, AC:AF 列は同じく投資量 $Y(t, s)$, AH:AK 列は無リスク資産価格 $P(0, t, s)$ である.

さらに,制約条件には最終時点での積立比率に関する制約である (4.81) と,ポートフォリオのキャッシュフローに関する制約である (4.79) があるが,前者は図 4.24 の AM:AO 列,後者は AQ:AS 列とソルバーの制約条件の箇所で設定する.ソルバーで最適化を行うことにより,最適資産配分が得られる.年金資産の時価とサープラス額は AV:BD 列で得られる.BF:BS 列は各シナリオでの投資比率であり,シナリオで平均したものが上段右側に表示されてい

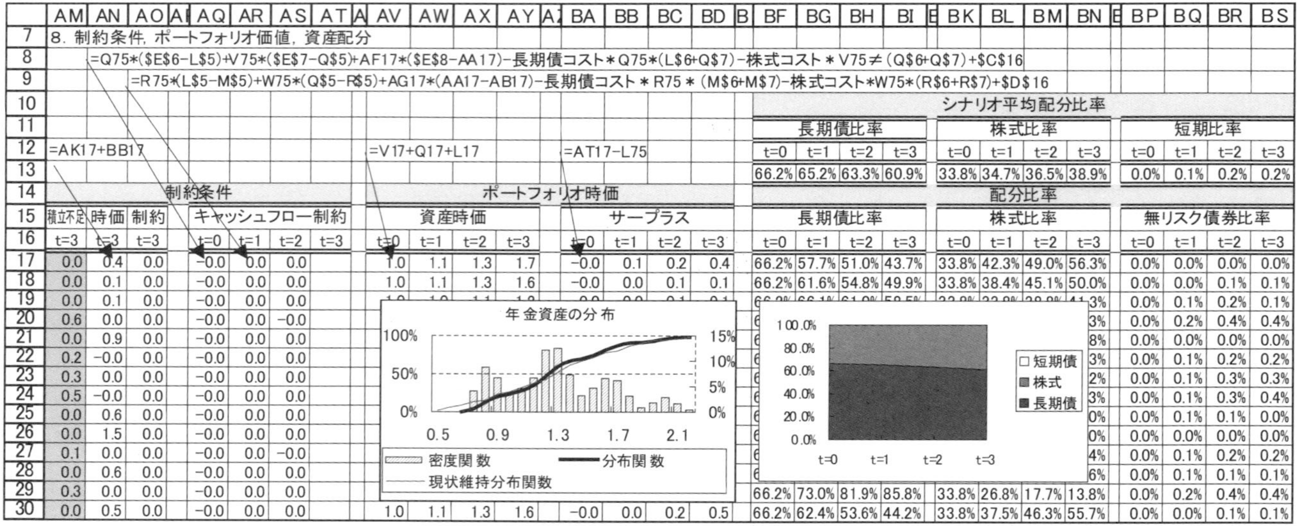

図 4.24 制約条件と最適資産配分（[Example 11] シート）

る．この例では，株式への投資比率を当初50%から86%へ上昇させるようになった．

4.7 補遺：無裁定理論とツリーモデルの構築

4.7.1 裁定の機会

ツリーモデルを利用してシナリオを構築する場合，ある一定の条件のもとで，シナリオが無裁定となることを紹介する．いま，将来起こりうる状態の数を m（たとえば $m=3$ とすれば，将来，株価は3通りの値をとる），証券の数を n とする．初期時点の各証券価格を表す n 次元ベクトルを A，各状態の違いよる証券価格を表す $n \times m$ 次元次元行列を D とする．D の行は状態を表し，列は証券を表す．証券を $S_1, S_2, \cdots, S_n$，状態を $w_1, w_2, \cdots, w_m$ とすると，

$$A = \begin{bmatrix} S_1 \\ \vdots \\ S_n \end{bmatrix}, \quad D = \begin{bmatrix} S_1(w_1) & \cdots & S_1(w_m) \\ \vdots & \ddots & \vdots \\ S_n(w_1) & \cdots & S_n(w_m) \end{bmatrix} \tag{4.84}$$

となる．取引戦略（株数）を表す n 行ベクトルを $\theta^T = [\theta_1 \cdots \theta_n]$ とする．ここで，初期時点でのポートフォリオ価値は $\theta^T A$，1期間後のポートフォリオの状態は $D^T \theta$ となる．2項モデルの場合は，状態はリスク資産が上昇，下落の2つ（$m=2$）が存在し，証券は無リスク資産とリスク資産（$n=2$）があるから，A と D は，

$$A = \begin{bmatrix} S_0 \\ B_0 \end{bmatrix}, \quad D = \begin{bmatrix} uS_0 & dS_0 \\ B_0 \exp\{r\Delta t\} & B_0 \exp\{r\Delta t\} \end{bmatrix} \tag{4.85}$$

となる．さらに，リスク資産への投資比率を θ_S，無リスク資産への投資比率を θ_B とすれば，

$$\theta = \begin{bmatrix} \theta_S \\ \theta_B \end{bmatrix} \tag{4.86}$$

と表せる．現在のポートフォリオは，

$$\theta^T A = \begin{bmatrix} \theta_S & \theta_B \end{bmatrix} \begin{bmatrix} S_0 \\ B_0 \end{bmatrix} = \theta_S S_0 + \theta_B B_0 \tag{4.87}$$

であり，1期間後の状態は，

$$D^{\mathrm{T}}\theta = \begin{bmatrix} uS_0 & B_0 e^{r\Delta t} \\ dS_0 & B_0 e^{r\Delta t} \end{bmatrix} \begin{bmatrix} \theta_S \\ \theta_B \end{bmatrix} = \begin{bmatrix} uS_0 \theta_S + B_0 e^{r\Delta t} \theta_B \\ dS_0 \theta_S + B_0 e^{r\Delta t} \theta_B \end{bmatrix} \quad (4.88)$$

となる．(4.88) の1行目は株式が上昇した場合のポートフォリオ価値で，2行目は下落した場合を表す．ここで，「裁定機会」とは以下のようなポートフォリオが存在することをいう．

$$\theta^{\mathrm{T}} A \leq 0, \quad D^{\mathrm{T}} \theta > 0 \quad (4.89)$$

(4.89) を直感的にいえば，裁定の機会とは，現在時点でコストを支払うことなく，1期間後に正の価値があるポートフォリオが存在することである．このようなポートフォリオが存在しないことを，無裁定という．

4.7.2 資産価格決定の基本定理

n 次元「状態価格ベクトル」ψ とは，すべての要素が厳密に正である行ベクトルで，

$$A = \psi D^{\mathrm{T}} \quad (4.90)$$

を満たすベクトルと定義される．つまり，状態価格ベクトルは，証券の将来の価格と現在の価格をつなぐ役割をもつ．次に，無裁定モデルで「完備」とは，あるキャッシュフローを表す m 次元ベクトル X に対して，取引戦略 θ が存在して，

$$D^{\mathrm{T}} \theta = X \quad (4.91)$$

を満たすとき「完備」という．つまり，キャッシュフロー・ベクトル X が既存の証券を用いて複製可能な場合を「完備」という．2項モデルの場合の状態価格ベクトル $\psi^{\mathrm{T}} = [\psi_S \ \psi_B]$ は，(4.90) より，

$$\begin{bmatrix} S_0 \\ B_0 \end{bmatrix} = \begin{bmatrix} \psi_S \\ \psi_B \end{bmatrix} = \begin{bmatrix} uS_0 & B_0 e^{r\Delta t} \\ dS_0 & B_0 e^{r\Delta t} \end{bmatrix} \quad (4.92)$$

を満たすベクトルで，$(D^{\mathrm{T}})^{-1}$ を計算することで，

$$\begin{bmatrix} \psi_S \\ \psi_B \end{bmatrix} = \left(\begin{bmatrix} uS_0 & B_0 e^{r\Delta t} \\ dS_0 & B_0 e^{r\Delta t} \end{bmatrix} \right)^{-1} \begin{bmatrix} S_0 \\ B_0 \end{bmatrix} \quad (4.93)$$

と求めることが可能である．完備市場においては，キャッシュフロー・ベクトル $X^{\mathrm{T}} = [X_1 \ X_2]$ は，リスク資産 S と無リスク資産 B の2つを用いて，

$$\begin{bmatrix} uS_0 & B_0 e^{r\Delta t} \\ dS_0 & B_0 e^{r\Delta t} \end{bmatrix} \begin{bmatrix} \theta_S \\ \theta_B \end{bmatrix} = \begin{bmatrix} X_1 \\ X_2 \end{bmatrix} \tag{4.94}$$

とすることができる．一般に，証券の数 n と状態の数 m が一致（$n=m$）しているツリーモデルで，証券価格と状態を表す行列 D の列ベクトルすべてが1次独立（D がフルランク）である場合，つまり，D を構成するある証券が他の証券で複製できない場合，ツリーモデルは完備であるといえる．

「資産価格の基本定理（Fundamental Theorem of Asset Pricing）」として知られる有名な定理は，"裁定取引が存在しない（無裁定である）必要十分条件は，状態価格ベクトルが存在することである" というものである．2項モデルは，直感的に説明すれば (4.94) のように完備であり，状態価格ベクトルを (4.93) のように計算できるので無裁定なモデルである．つまり，証券市場のシナリオを2項モデルを利用して構築した場合は，裁定取引が存在しないシナリオを構築することが可能であることを意味している．

4.7.3　資産数が3資産以上ある場合のツリーモデルの構築

無リスク資産とリスク資産との2資産が存在する場合は，状態の数が2つである．2項モデルを利用することで裁定の機会のないシナリオを構築することができるが，資産数が増えて n 資産である場合には，少なくとも状態の数は n だけ必要（n 項モデルを利用）となる．

[補題] 無裁定のシナリオをツリーで構築するためには，少なくとも証券の数 n と同じかそれ以上の状態の数 m が必要である．

この補題は，状態の数が証券の数より少ないと仮定した場合に，矛盾が生じることを利用して証明される．資産の数を n，状態の数を m とし，いま，状態の数が資産の数より少ない $m < n$ とする．たとえば，資産は3つあるのに対して，2項モデルでシナリオを表現する場合を考える．行列 $D \in R^{n \times m}$ は，1期間後の各状態 $\omega_1, \omega_2, \cdots, \omega_m$ と資産価格 $S_1, S_2, \cdots, S_n$ を表す行列で，行を証券価格，列を状態とする．ここで，各状態の資産価格は線形独立であるとする．つまり，ある資産の価格を複数の資産で複製できないとする．

$$D = \begin{bmatrix} S_1(\omega_1) & \cdots & S_1(\omega_m) \\ \vdots & (\text{行列 } Q) & \vdots \\ S_m(\omega_1) & \cdots & S_1(\omega_m) \\ \hline S_{m+1}(\omega_1) & \cdots & S_{m+1}(\omega_m) \\ \vdots & & \vdots \\ S_b(\omega_1) & \cdots & S_b(\omega_m) \\ \vdots & & \vdots \\ S_n(\omega_1) & \cdots & S_n(\omega_m) \end{bmatrix} \quad (4.95)$$

ここで，$Q \in R^{m \times m}$ を D の最初から m 行までの行列とする．行列 Q は正方行列で，各行が線形独立であるで，逆行列 Q^{-1} が存在する．いま，行列 D の b 行目の証券価格に着目する．ここで，$m < b \leqq n$ とする．さらにベクトル $c \in R^m$ を $c^T = bQ^{-1}$ と定義すると，$c^T Q = bQ^{-1}Q = b$ といえる．しかしこれは，b 行目の証券価格は最初の m 行で構成される行列 Q の線形結合で表現でき，すべての証券価格が線形独立であるという仮定に矛盾する．よって，状態の数は少なくとも証券数が必要である．

Chapter 5．

リスク・バジェッティング

5.1 本章の概要

　本章では，リスク・バジェッティング（リスク予算配分と管理）の解説を行う．ここでは，リスク・バジェッティングを単なる最適リスク配分モデルとしてではなく，年金基金のリスク管理や運用プロセス全体の改善に貢献する考え方として紹介する．

　現代投資理論における最適資産配分とリスク・バジェッティングの違いは，理論的には，リターンを出発点とするかリスクを出発点とするかの差で，特に目新しいものではない．しかし，リスクから年金運用を考えることで，運用プロセス全体に与える影響は大きい．たとえば，マネージャー・セレクションを考える際，アクティブ・マネージャーの絶対リターンを比較することによる意思決定から，リスク・バジェッティングにより，リスクをリターン獲得のために欠くことのできない「資本」としてとらえ，効率的にリスク配分を行うことにより，年金運用の付加価値を高めることが可能となる．しかしここでも，仮定する数値に対する問題点は残る．「最適」資産配分やリスク配分でも，期待リターンやアクティブ・アルファといった数値を推定する必要がある．

　前に紹介したとおり，これらの前提条件となる数値を推定することは難しく，また誤差も大きく，結果に及ぼす影響が大きい．年金運用の実務では，このよ

うな最適化の利用を懐疑的に考える人も多いことは確かである．しかし，具体的な期待リターンや期待アルファを意識することなく，リスクに対するリターンの効率性を追求することも困難といえよう．モデルを利用する場合に，その限界や欠点を把握して使うことが大切である．本章では，最初にリスク・バジェッティングの概要を解説し，海外での実例と日本での利用例を紹介する．次に，アクティブ・マネージャーへのリスク配分モデルを紹介する．

5.2 リスク・バジェッティングの概要

5.2.1 リスク・バジェッティングとは

最近リスク管理の世界では，「リスク・バジェッティング」に関心が寄せられている．リスク・バジェッティングの一般的な定義は特になく，リスク量の最適配分モデルについて論じられたり，気の利いた発想の転換のように説明されたりする場合もある．Kritzman and Chow（2001）では，資産運用業界で「リスク・バジェッティング」といった場合，①リスク量の配分，②リスク感応度の分析の2つを意味していると述べている（巻末参考文献参照）．①のリスク量の配分では，一定のリスクのもと，最適なリスク配分によりポートフォリオ全体の期待リターンの最大化が行われる．また②のリスク感応度の分析では，現状のポートフォリオに追加的にある資産（マネージャー）を組み入れる場合，ポートフォリオ全体のリスクがどのように変化するか，あるいは，ポートフォリオ全体のリスクがどの部分に起因するのかを分析するものであるとしている．

リスク量の配分は，資産の収益率が正規分布に従うと仮定した場合，結局のところ，最適資産配分と最適リスク配分は同じ結果となる．つまり，最適資産配分から求められたリスク配分は，最適リスク配分から求めた資産配分と一致する．その直感的な理由としては，あるポートフォリオが最適資産配分であるとは，一定の期待リターンのもとで，そのポートフォリオのリスクが最小となっている場合である．同時に，そのポートフォリオは最適リスク配分ともなっている．

ポートフォリオのリスク配分を変更して，現在よりも効率的なリスク配分を得ることはできない．現在のポートフォリオのリスクは，一定の期待リターン

ではすでに最小となっているからである．仮にリスク配分を変更すると，資産配分も変更することになり，ポートフォリオのリスクや期待リターンも同時に変わることになる．そこで，資産の収益率が正規分布に従うと仮定するMVアプローチを利用する場合，最適リスク配分を達成するには，先に最適資産配分を求めて，リスク配分を逆算するという方法が用いられる．

リスク感応度の分析は，ポートフォリオのリスクが限界的にどのように変化するか，あるいはそのリスクがどこに起因するのかを分析するものである．ポートフォリオ運用では，ある資産の個別リスクよりも，その資産を現在のポートフォリオに追加的に組み入れる場合に，ポートフォリオのリスクがどのようになるか（リスクの限界的な違い）を分析することが重要である．たとえば，ある資産において非常に高いリスクがあっても，その資産をポートフォリオに組み入れることでリスクが分散される場合は，その資産へ投資する価値は大きい．このような「限界リスク寄与」や「リスク寄与度」の分析は，リスク・バジェッティングという言葉が生まれる前より行われてきたものであり，ポートフォリオのリスクを分析するソフトウェアにも，このような機能が古くから装備されている．

リスク・バジェッティングの別の利用法として，Smithson and Bodnar (2001) は，市場リスクなどのリスク変動に応じてポートフォリオのリスク配分を変更することで，パフォーマンスの向上を図ることができると指摘している（参考文献参照）．これに対してMVアプローチを利用したポートフォリオ管理では，インプットとなるリスクや相関係数は一定と考えて資産配分を決定する．

ポートフォリオのリバランスは，ポートフォリオ価値が，基準となるベンチマークの価値などから乖離した場合に行う．これに対してリスク・バジェッティングは，まずリスク配分を行い，リバランスはポートフォリオ価値変動だけでなく，証券市場のリスクや相関が変動する場合にも行う．リスクが上昇すると予測されるときは，リスク資産への投資比率を下げ，また逆の場合は投資比率を上げるようなリバランス法もありうる．この場合，将来のリスクを予測する能力が必要とされるが，リターンを予測するよりは容易であるという前提に基づいている．

最適配分では，MVアプローチもリスク・バジェッティングも結果は同じで

あったが，ポートフォリオのリバランスを考慮すると，両者は異なる運用結果をもたらすことになる．

5.2.2 年金基金での利用方法

「リスク・バジェッティング」の利用方法としては，①アクティブ・リスク配分の考え方を利用したマネージャー・ストラクチャー，②資産クラスでのリスク配分を考慮した政策アセット・ミックスの構築，③資産クラスでのリスク配分とアクティブ・リスク配分とを考慮した，政策アセット・ミックスとマネージャー・ストラクチャーとの同時決定があげられる．①のアクティブ・マネージャー・ストラクチャーの例では，ビーバー，コズン，ズバン（2000）にあるように（参考文献参照），実際にこの考え方を利用して，マネージャー・ストラクチャーを検討しているカナダのオンタリオ州教職員年金基金が有名である（5.3.2項参照）．

②の資産クラスでのリスク配分では，年金基金の「政策アセット・ミックス」の決定に利用できる．リスク・バジェッティングは特に，オルタナティブ投資やオーバーレイ戦略を用いる運用がある場合に有効であるといわれる．伝統的な資産配分やリスク管理の考え方では，リスク（標準偏差や相関係数）を一定と考える．株式などリスクの大きい資産に高い比率で投資すると，ポートフォリオのリスクは大きくなる（つまり，リスクと投資金額が線形の関係となっている）．これに対して，マーケット・ニュートラル戦略のように，ロングとショートのポジションを組み合わせる場合や，オーバーレイ戦略の場合などのようにダイナミックな運用戦略を用いる場合は，投資金額が大きいからといって，ポートフォリオの市場リスクが大きくなるとは限らない．投資金額とリスク・エクスポージャーの関係は比例関係ではない．このような場合では，ポートフォリオ全体のリスクを管理するには，資産配分を考えるよりもリスク配分を考える方が有効であろう．

資産クラスのリスク配分とアクティブ・リスク配分の同時決定では，リスク・バジェッティングを年金基金の政策アセット・ミックスとマネージャー・ストラクチャーの同時決定に利用できる可能性があると，厚生年金連合会，リスク管理研究会（2002）では指摘している．しかし，推定したパラメータの信頼性が異なる[*]などの理由もあるため，実務的には困難なことが多い．

*) たとえば，株式の期待リターンが5％，アクティブ・マネージャーの期待アルファが0.5％とした場合，両方の数値を同じ程度信頼してよいであろうか．このような問題に対処するため，資産クラスの選択とマネージャー・ストラクチャーでは異なるリスク回避度を用いることがある．

　リスク・バジェッティングは，リスク管理や運用プロセスの1つのツールであるとよく指摘される．堀江とRobert（2000）は，リスク・バジェッティングの利用は，①収益を加味した動的なリスク量の配分と管理を行うこと，②個別資産や個別投資戦略のリスクでなく，運用資産全体としてのリスクの視点をもつこと，③トータルリターンの向上を目標とすること，の3つをあげ，事後的・結果的になりがちなリスク管理ではなく，リスク量とそれに対する付加価値に焦点を当てることが，リターン向上のための管理ツールであるといっている．

　本書でもこの立場を採用し，「リスク・バジェッティング」をあえて翻訳するならば，「リスク予算実績管理」として，リスク管理や運用プロセスを具体化する手法として位置づける．単に「リスク予算管理」としない理由として，日本では年金基金のリスク管理に対する取組みは最近のものであり，単に「リスク予算」と呼んでしまうと，リスク管理と別に，リスク配分手法に焦点が当てられそうだからである．理論的には，ポートフォリオの期待リターンを明示的に最大化する最適リスク配分を考えることも可能である．これを利用したアクティブ・リスク配分モデルは本章後半に解説する．

　ただ，リスク管理ツールとしてリスク・バジェッティングを考える場合，「モデルを用いた最適なリスク配分の決定」にこだわる必要もないといえる．年金運用のリスク管理では，リスクを最適「配分」しただけでなく，「実績」

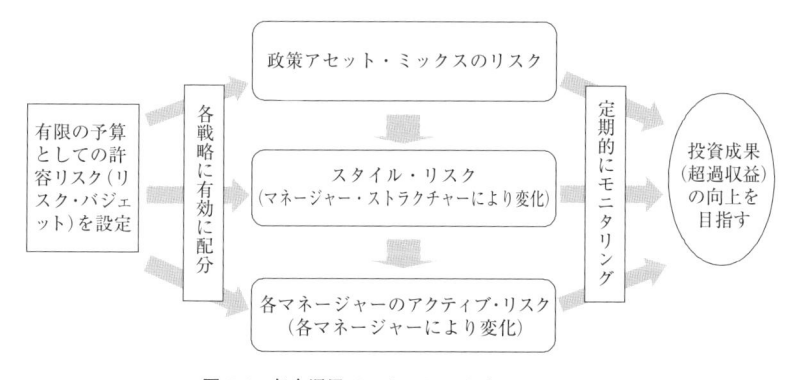

図5.1　年金運用でのリスク・バジェッティング

のリスクをモニタリングし,必要とあればリバランスすることで収益改善につなげることが重要である.そしてこのことにより①基金全体で有限の予算として許容可能なリスク量を設定し,②各戦略に効率的にリスク配分を行い,③配分したリスクのモニタリング・リバランスを行う(図5.1),という体系化したリスク管理プロセスの構築が可能となる.

5.3 リスク・バジェッティングの利用例

5.3.1 北米基金におけるリスク・バジェッティング

北米では,「リスク・バジェッティング」の考え方を利用している年金基金がすでにある.これは,最適化を利用したリスク配分や,リスク感応度分析を指すのではなく,体系的なリスク管理プロセス全体を指すと理解した方がよい.北米の大規模な基金では,運用実績を利用した事後的なリスク管理法を確立してきた.先端的な基金の中には,リスクを計測し,リスクが事後的に適切な範囲であったかどうかを確認するだけでなく,事前に基金全体や個別資産(ファンド)ごとにどの程度のリスクまで許容可能かを設定し,定期的に実際のリスクを計測して,リスク量が適切な範囲にあるかどうかの点検を行うことをプロセス化している.

リスクが適正な水準であるかどうかの点検を行うための手段として,あらかじめ対象としているリスク量の水準に,信号のように"赤色(リスク量オーバー)","黄色(警告域)","青色(通常の範囲)"などの基準を設けて判断しているところも多い.さらにリスク・バジェッティングは,リスクに対して効率的にリターンを獲得できたかどうかを分析する手法とも考えられている.実績データを用いてファンドごとのリスク寄与度とリターン寄与度の分析が行われる.

たとえば,ファンド全体である期間に5%のリターンを獲得し,リスクが10%であったとする.このファンドのリターンがファンド全体に対して20%寄与し,リスクが50%寄与していたとする.このファンドはファンド全体の半分のリスクであったにもかかわらず,リターンの貢献度は20%でしかない.このような場合は,リスクに対してのリターンは低いファンドであると分析される.

米国における年金運用の世界でリスク・バジェッティングが注目されているのは，運用パフォーマンスの低迷が主な理由であろう．米国では，1990年代に上昇した株価が経済の減速や戦争などにより低迷し，中長期的な株式のリスク・プレミアムは，過去ほど期待できないのではないかという意見も多くなっている．これに対する基金の対応策としては，ALMの強化とアクティブ化に向かっているようである．

ALM強化の背景にあるものは，株価の低迷といえよう．数年前まで北米の基金は，株式にさえ投資していれば高いリターンを享受でき，サープラスは増加し掛金の拠出を行わない（コントリビューション・ホリデー）基金が多かったということがあげられる．そのため，これまでALMにそれほど関心がなかったといえる．しかし最近では，サープラス（資産-負債時価）は減少し，掛金の拠出を再開する必要性が出てきた．そのため，負債をより意識した運用を行わざるを得なくなったのである．

ALMの強化と同時に，リスクに対するリターン改善を目標に掲げる基金も増えている．基金の理事に対しては，株価が低迷しているからといって短期的な絶対リターン追求を行うのではなく，長期的なリターン追求を説得する手段として，また運用委託先であるマネージャーに対しては，「許容したリスク」について「期待できるリターンは適切か」という，リスクとリターンの関係を検討するするツールとしてリスク・バジェッティングが利用されている．また，株式の超過リターンが期待できないため，大型株を中心としたパッシブ運用が相対的に魅力的でなくなり，小型株やスタイルを重視したアクティブ運用が相対的に有利なのではないかと考える基金が増加している．さらに，ヘッジファンドやプライベート・エクイティのようなオルタナティブ投資へ向かう例も多い．

このようなアクティブ化の流れの中で，より収益機会がある市場，よりスキルのあるマネージャーへリスクを配分したいという意図から，アクティブ・リスク・バジェッティングが利用されているようである．

5.3.2 カナダの年金基金の例

カナダのオンタリオ州トロントに本部をおく，オンタリオ州教職員年金基金（The Ontario Teachers' Pension Plan：OTPP）は，運用やリスク管理プロセス

の一環として,実際にリスク・バジェッティングによるリスク管理を利用している例として有名である.OTPPの基本的な考え方とは,①有限である予算としての「リスク量」を設定し,②政策アセット・ミックス,スタイル,また様々な運用戦略へ効率的に「リスク配分」を行い,③配分した「リスク量」をモニタリング,リバランスすることによって,運用へのフィードバックを行い投資成果の向上を目指すことである.

OTPPのリスク・バジェッティングについて詳しく書かれているビーバー,コズン,ズバン(2000)によると,OTPPはまず,リスクを排除してしまうものではなく,リターンを得るための希少な資本であると位置づけた.次に,健全な年金財政を維持するためには,資産が負債を下回るリスクを制限する必要があるとし,そのためサープラス(資産−負債)に対するリスク管理を行っている.サープラス・リスク管理にはSaR(サープラス・アット・リスク)を利用し,「サープラス・リスク・バジェット」として資産の22%までサープラスの損失を許容することとした.これを100年に一度の最悪の事態においても対応しうるサープラスの損失額と表現している.次に,SaRとサープラス・リターンでの有効フロンティアを考え,政策アセット・ミックスの実現により,年率0.5%(株式のリスク・プレミアムを2.5%と仮定)のサープラスの成長をリターンの目標とした(図5.2).

サープラス・リスクの大半が,政策アセット・ミックスが負債の特性と異な

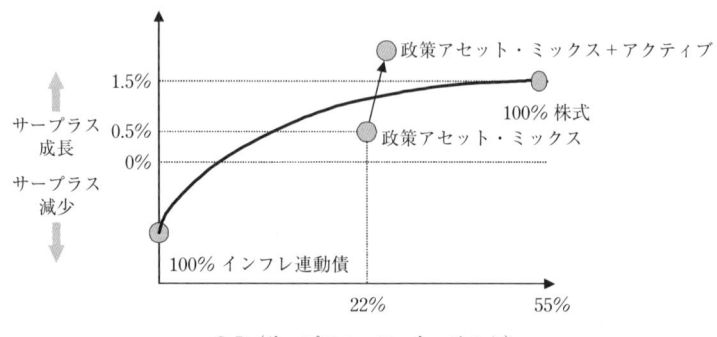

図5.2 OTPPにおけるサープラス・リスク・バジェットの設定(Leo de Bever (2002), Risk Budgeting vs. Asset Allocation, 2002 AIMR Annual Conference より作成)

ることによって生じるリスクであり，OTPPのリスク管理はサープラス・リスク管理に主眼をおいたものであったが，一般の基金と同様に，理事会の関心はアクティブ・リターンに向けられていた．またファンド・マネージャーの報酬も，リターンを重視して決定されていた．

そこでOTPPのリスク管理部門は，1995年にこのような問題を解決するために，「アクティブ・リスク・バジェット」を設定した．ここでも，アクティブ・リスクはリターンを得るための希少な資本として位置づけられた．「アクティブ・リスク・バジェット」を（配分額の）3.2%と設定して，アクティブ運用により年率0.8%のサープラスの成長を目標とした（OTPPでは，アクティブ・リスクを計測する方法の1つとしてVaRと同様な考え方を用いている．これをMEaR（Manager Effort at Risk）と呼んでいる）．3.2%のアクティブ・リスク・バジェットは金額で表示され，リスクの計測は日時データが利用される．また，アクティブ・リスク配分には，アクティブ・マネージャー間の分散投資効果が考慮される．各マネージャーのアクティブ・リスクはモニタリング対象ともなり，"青色"，"黄色"，"赤色"の信号システムによりリスク管理が行われている（図5.3）．

リスク・バジェッティングの導入の背景として，カナダの年金基金は伝統的にアクティブ運用に前向きであるのに加え，OTPPのビーバー（Bever）によれば，収益機会のある市場や，スキルのあるマネージャーへ積極的に配分し，リスクに対するリターンを改善するような仕組みをつくりたかったことと，オルタナティブ投資などの伝統的なリスク管理の方法では対処が難しかったこと

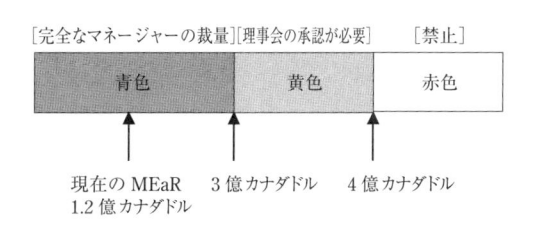

図5.3 OTPPの信号によるアクティブ・リスクの管理
（L.ビーバー，W.コズン，B.ズバン（2000），『リスク・バジェッティング』，L.ラール編，三菱信託銀行受託財産運用部門訳，パン・ローリングより作成）

をあげている.

　また,リスク・バジェッティング導入の結果として,同氏は,①日々のリスク管理によりオペレーショナル・リスクが減少したこと,②理事会においては,これまで年1回の政策アセット・ミックスやアクティブ・リターンに対する議論から継続的なサープラス・リスクの議論へ発展したこと,③ファンド・マネージャーへの評価対象が,超過リターンのターゲットからリスクに対するリターンへ移りつつあることなどを指摘している.

　OTPPが基金運営で成功している理由は,運用管理の仕組みに合うようリスク・バジェッティングをそのツールとして利用していることであろう.わが国では,資産配分は最適化の結果を利用すべきであると考えがちであるが,OTPPではヒストリカルVaRという,計算に必要なデータは大きなものであるが考え方はわかりやすいリスク測度を利用し,「収益機会の追求」「スキル」「分散」という投資の基本的な考え方を具体化するためにリスク配分を利用している.リスクを抑制することが目的ではなく,リスクを有効活用してリターンを高めることが,基金の目的に合致すると運用関係者の多くが理解しているようである.

5.3.3　国内基金での利用方法

　わが国での基金を想定した詳細なリスク管理のアクション・プラン例を示す(図5.4).

　プロセス1は,現状のリスク計測と分析である.時期的には11月〜翌年2月頃にかけて来年度の計画策定を行うが,まず政策アセット・ミックスのリスクに関しての現状把握と,現在の資産配分やマネージャー・ストラクチャーでのリスクの感応度分析を行って,資産配分やマネージャーを変更した場合の影響を分析する.ここで,長期の資本市場の予測だけでなく,直近の市場環境を考慮してリスクの推定・分析を行うべきである.基金は長期のリスクだけでなく,母体企業の掛金拠出能力などの短期的なリスクにも直面しているため,長期予測から推定される標準偏差だけではリスクのすべてを把握することは難しい.市場環境など現在利用できる情報を考慮し,分布が左右対称な場合に利用されるリスク指標だけでなく,VaRやストレステストなどの下方リスクを意識した指標も利用する.

5.3 リスク・バジェッティングの利用例

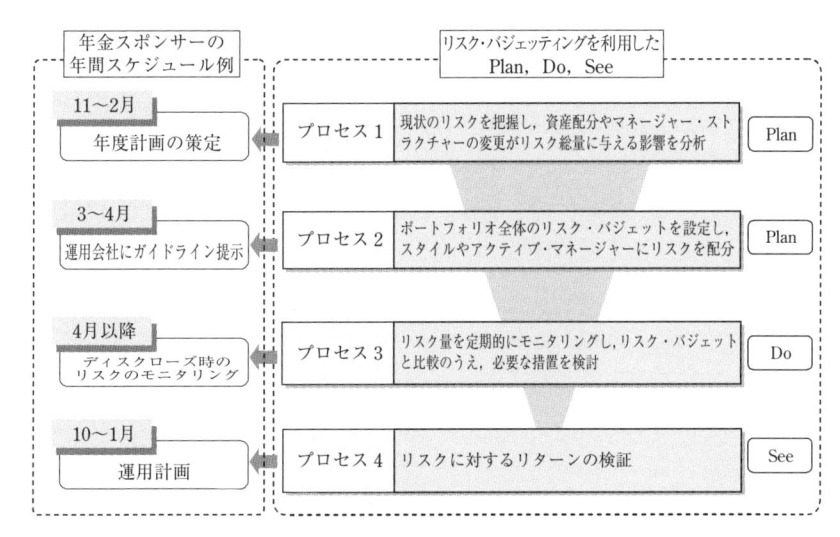

年金スポンサーの年間スケジュール例		リスク・バジェッティングを利用した Plan, Do, See		
11〜2月 年度計画の策定	←	プロセス1	現状のリスクを把握し、資産配分やマネージャー・ストラクチャーの変更がリスク総量に与える影響を分析	Plan
3〜4月 運用会社にガイドライン提示	←	プロセス2	ポートフォリオ全体のリスク・バジェットを設定し、スタイルやアクティブ・マネージャーにリスクを配分	Plan
4月以降 ディスクローズ時のリスクのモニタリング	←	プロセス3	リスク量を定期的にモニタリングし、リスク・バジェットと比較のうえ、必要な措置を検討	Do
10〜1月 運用計画	←	プロセス4	リスクに対するリターンの検証	See

図5.4 リスク・バジェッティングを利用したアクション・プラン

アクティブ・リスクの計測は，スタイル・リスクとマネージャー固有のリスクの程度を推定する．スタイル・リスクは，実際のマネージャーへの配分と基金の政策アセット・ミックスとの違いによって生まれるリスクである．マネージャー固有のリスクは，マネージャーが自己申告する目標トラッキング・エラーと過去の実績とを比較したり，推定トラッキング・エラーを計算するソフトウェアなどを用いたりして把握することになる．現在のリスク総量を計測し，基金が許容できる範囲であるかどうかを十分に検討する．

次に，資産配分，スタイル，マネージャーの変更を行った場合，ポートフォリオのリスク総量がどのような影響を受けるかの分析を行う．これはマネージャー変更を行う場合の影響を分析する理由もあるが，基金のリスクがどの部分に影響を受けやすいかを理解するのに役立つ．分析の視点として，①資産配分の変更，②アクティブ・パッシブ比率の変更，③スタイルの変更，④アクティブ・マネージャーの新規採用，解約，変更，などを行った場合に，ポートフォリオのリスクがどのように影響するかを，個別資産や個別マネージャーのリスクの大小ではなく，基金のポートフォリオ全体に与える影響を分析し理解することが重要である．

プロセス2では，基金全体のリスク予算を設定し，リスク配分を行って各運

用会社にガイドラインとして提示する．このとき，母体企業の追加拠出能力や利益水準，長期の資本市場の予測に基づき，基金が許容可能なリスク予算（リスク・バジェット）を設定することになる．つまり，リスク予算とプロセス1で算出した現行のリスク総量とを比較し，現行のリスク総量がリスク予算の範囲かどうかを確認する．リスク予算に収まらない場合は，①政策アセット・ミックスの見直し，②リスク予算の見直し，③リスク配分の見直しを検討する．リスク予算は，母体企業のリスク許容度や長期の資本市場予測に基づき設定する．そのためには，母体企業などのトップマネジメントとリスクに対する議論を行うことが重要である．リスクがその予算を超えているからといって，現在のリスク水準に収まるようリスク予算を増額することは避けるべきである．

　リスク・バジェットの設定後，リスク配分を行う．モニタリング可能な単位にリスクを分解し，政策的な管理目標値を設定する．リスク分解は，たとえば，①政策アセット・ミックスのリスク，②政策アセット・ミックスと採用マネージャーのベンチマークが異なることよるスタイル・リスク，③マネージャー固有のリスクの3つに分解することができる．リスクの分解方法はモニタリングの容易さを考えて，実務的に対応可能な範囲で分解すればよい．政策アセット・ミックスとスタイル・リスクにおいてどの程度リスクを許容するかは，基金にとって重要度が高く，基金運営に影響が大きい．

　次に，リスクの管理目標値を設定する．問題が発生した場合に対処できるようにするため，リスクが①通常の範囲，②危険域，③過剰域のような範囲を定めることが必要である．

　プロセス3は，配分したリスクの定期的なモニタリングとリバランスである．政策アセット・ミックスのリスクとスタイル・リスクは，直近の時価構成と市場環境を反映したリスクを用いて，各モニタリング単位で計測し，あらかじめ定めた管理目標値と比較する．各マネージャーのアクティブ・リスクは，直近のポートフォリオを用いた推定トラッキング・エラーと，運用実績から計算される実績トラッキング・エラーを計測する．リスクが通常の範囲であれば問題はない．それ以外であれば，リスクの要因について確認する．リスク量が増加している場合は，①想定したシナリオが変化する構造的な要因か，それとも一時的なものか，②資産配分が政策アセット・ミックスと異なるための変化か，③マネージャーの運用スタイルや手法の変化によるものか，などの視点をもっ

て原因の究明を行う．

　政策アセット・ミックスのリスクが許容範囲にないことは，大きく複雑な問題であることも考えられる．処理方法などについて定めた「リスク管理ガイドライン」などをあらかじめ策定して，対処タイミングや方法などを検討しておくことが望ましい．

　リスク管理の目標は，意図しないリスクを排除することと，リスク水準を適正に保つことであり，リスクのモニタリングはその手段である．リスクが管理目標値を外れた場合に，リスクの要因と影響を分析し，一時的なリスクの増加か，リスクが意図されコントロールされているならば，その後も注意を払う必要はあるが，すぐに管理目標値に戻すための対策をとる必要はない．精緻なリスク計測よりも，より頻繁なリスク報告と議論によってリスク管理に規律性をもたせることが，意図しないリスクの発見と対処には重要である．

　プロセス4は，リスクに対するリターンの検証である．実績値を用いてリスクとリターンの比率などを用いて検討する．ただし，短期的なデータを用いた検証は難しい．リスクとリターンの関係は，長期において成立するものであるので，単にある年度においてリスクとリターンを比較して運用戦略の優劣を検討することは望ましくない．リスク・バジェッティングの考えを利用したパフォーマンスの検証はこれからの課題である．

5.4　リスク・バジェッティングの方向性

　リスク・バジェッティングは，リスクに見合ったリターンを追求するためのツールと考えられている．しかし，「行動ファイナンス」の理論では，単に厳密なリスク管理を行うだけでは，かえってリスクを抑制することにもなり，長期的な年金基金の目標が達成できなくなるとしている．

　これからのリスク管理は，マネージャーの運用制約を厳しくするようなものではなく，最小限の運用制約と，適切なリスク管理指標とプロセスを用いることで，マネージャーの裁量の範囲を拡大しリスクを十分活用できるようにして，アルファ追求の可能性を高めるようにすることが理想である．

　さらに，単にリスクを制限するだけであるとリスクをとる動機が失われる．そのため，リスク管理と運用報酬は同時に考えるべき事項である．年金基金の

理事の報酬が運用成果とリンクしていなければ，年金運用で積極的にリスクをとることはなくなり，リスクはできるだけ排除されるべきものとして扱われる．このような環境では，リスク管理はそれほどの効果を上げることができないであろう．

5.5 最適リスク配分モデル

5.5.1 アクティブ・リスク・バジェッティング

本項では，アクティブ・リスク配分モデルの例を紹介する．最適資産配分と最適リスク配分は，リターンが正規分布に従うという条件のもとでは同じであると紹介したが，実務的には，資産配分ではなくアクティブ・リスク配分を明示的に検討したい場合もある．たとえば，基金が運用を委託する際，基金全体のアクティブ・リスクを制限しながら，各マネージャーへリスク配分を検討したい場合などである．次節以降では，トラッキング・エラー（TE）をアクティブ・リスクとして考え，リスク配分の例を紹介する．アクティブ・リスク配分の例として，次の3通りが想定できる．

（1）投資比率固定，TE配分の検討：バランス型ファンドやマルチ・マネージャー運用を行っている場合などで，資産配分はすでに検討済みで，ポートフォリオ全体のTEを制限しながら各マネージャーへTE配分を検討したい場合．

（2）TE固定，最適資産配分の検討：各アクティブ・マネージャーの期待アルファ，予想TEや相関係数などのデータが利用可能な場合に，ポートフォリオ全体のTEを制限しながら，各マネージャーへの最適資産配分を検討したい場合．

（3）TE配分と資産配分を同時に検討：各アクティブ・マネージャーへの最適資産配分とTE配分を同時に検討したい場合．

次項より以上の3つのアクティブ・リスク配分について解説する．

5.5.2 トラッキング・エラー配分モデル

アクティブ・マネージャーへのトラッキング・エラー（TE）配分を検討する（巻末参考文献 Blitz and Hottinga（2001）のモデルを参考としている）．ア

クティブ・マネージャーが $i=1,\cdots,N$ 社存在するとし，各アクティブ・マネージャーへの投資比率 w_i はすでに決まっているとする．たとえば，バランス型ファンド（株式や債券など複数の資産を組み入れて運用するファンドの形態）や年金基金で資産配分（政策アセット・ミックス）が決定している場合や，運用会社でマルチ・マネージャー制[*] を採用していて，各担当マネージャーへの資産配分はすでに決まっているような場合である．

> [*] 1つのファンドを複数のファンド・マネージャーが担当する運用方法．各マネージャーが，グロース型やバリュー型などの異なる運用スタイルを担当する場合や，すべてのマネージャーが同じスタイルを担当する場合もある．意思決定の方法にも，合議制や各マネージャーが独立して行う場合がある．

最初にトラッキング・エラー（TE）について解説する．TE とは，アクティブ運用を行うことにより，ベンチマークとは異なるリターンとなるリスクを管理する指標の1つである．時点 t でのベンチマークのリターンを r_t^b とすると，アクティブ・ファンドのリターン r_t^a は，

$$r_t^a = \alpha + \beta r_t^b + \varepsilon_t \tag{5.1}$$

とできる．ここで，α はアクティブ・マネージャーがもつ超過リターン，β はベンチマークに対するベータ値，ε はアクティブ・マネージャー固有のリスクを表し，平均 0，標準偏差 ω の正規分布に従うとする．TE はベンチマークとアクティブ・ファンドのリターン差の標準偏差であるから，

$$\begin{aligned}\mathrm{TE} &= \sqrt{Var(r_i - r_b)} = \sqrt{Var(\alpha + \beta r_b + \varepsilon - r_b)} \\ &= \sqrt{(1-\beta)^2 Var(r_b) + Var(\varepsilon)} = \sqrt{(1-\beta)^2 \sigma_b^2 + \omega^2}\end{aligned} \tag{5.2}$$

である．ここで，σ_b はベンチマークのリスクである．仮にアクティブ・ファンドの β が1であれば，(5.2) は，

$$\mathrm{TE} = \sqrt{\omega^2} = \omega \tag{5.3}$$

とできる．以下，$\beta=1$ と仮定して話を進める．

ファンド全体の目標 TE が，運用ガイドラインなどの形で外生的に与えられる場合を仮定する．ファンド・マネージャーは，TE が目標の範囲に収まるように運用する．各マネージャーの運用の優劣がインフォメーション・レシオ（IR）として利用可能であるとする．IR はアクティブ・マネージャーの運用の優劣を分析するための指標の1つであり，期待超過リターン（α）と TE（ω）との比で，第 i マネージャーの IR は以下のように表せる．

$$\mathrm{IR}_i = \frac{\alpha_i}{\omega_i} \tag{5.4}$$

ポートフォリオの IR は，各マネージャーの IR を配分比率で加重平均したもので，

$$\mathrm{IR}_p = \sum_{i=1}^{N} x_i \mathrm{IR}_i \tag{5.5}$$

と表せる．このモデルでは，あるマネージャーを基準とした相対 IR を利用する．つまり，ある特定のマネージャーを IR＝1 として，そのマネージャーを基準とし，優秀なマネージャーは IR＞1，そうでない場合は IR＜1 となるように相対化したデータを利用する[*]．

[*] 相対 IR ではなく，（絶対）IR 自体を推定することも可能であるが，実務的には，あるマネージャーを基準とした相対化した IR の方が利用しやすいであろう．

各マネージャーへの投資比率 x_i と，インフォメーション・レシオ IR_i をインプットとし，ポートフォリオ全体のターゲット・トラッキング・エラー ω_{target} を制限しながら，ポートフォリオ全体のインフォメーション・レシオ IR_p を最大化する各アクティブ・マネージャーへの最適トラッキング・エラー ω_i^* を求める．各マネージャー α には相関がないものと仮定する．目的関数は，

$$\max_{\omega_1,\cdots,\omega_N} \mathrm{IR}_p = \frac{1}{\omega_{\mathrm{target}}} \sum_{i=1}^{N} x_i \mathrm{IR}_i \omega_i \tag{5.6}$$

である．制約条件は，

$$\omega_{\mathrm{target}}^2 = \sum_{i=1}^{N} (x_i \omega_i)^2 \tag{5.7}$$

となる．(5.6) の分子は，

$$\sum_{i=1}^{N} x_i \mathrm{IR}_i \omega_i = \sum_{i=1}^{N} x_i \frac{\alpha_i}{\omega_i} \omega_i = \sum_{i=1}^{N} x_i \alpha_i = \alpha_p \tag{5.8}$$

であり，ポートフォリオ全体の期待アルファで，分母は目標トラッキング・エラー ω_{target} であるから，(5.6) はポートフォリオ全体のインフォメーション・レシオを表している．(5.7) が成立しているのは，各マネージャーの期待アルファの相関は 0 と仮定しているためである．ラグランジュ乗数を λ とすると，ラグランジュ関数は，

$$L(\omega,\lambda) = \frac{1}{\omega_{\mathrm{target}}} \sum_{i=1}^{N} \omega_i \mathrm{IR}_i \omega_i - \lambda \left(\omega_{\mathrm{target}}^2 - \sum_{i=1}^{N} (x_i \omega_i)^2 \right) \tag{5.9}$$

となり，ω_i^* が最適解であるための 1 次の条件は，

$$\frac{\partial L}{\partial \omega_i} = \frac{1}{\omega_{\text{target}}} x_i \operatorname{IR}_i + 2\lambda x_i^2 \omega_i = 0, \qquad i = 1, \cdots, N \tag{5.10}$$

$$\frac{\partial L}{\partial \lambda} = \omega_{\text{target}}^2 - \sum_{i=1}^{N} (x_i \omega_i)^2 = 0 \tag{5.11}$$

となる λ が存在することである．(5.10) と (5.11) の連立方程式を解くことにより，

$$x_i \omega_i = -\frac{1}{2\omega_{\text{target}}} \frac{\operatorname{IR}_i}{\lambda} \tag{5.12}$$

を得る．これから，最適トラッキング・エラー ω_i^* と λ を求めることができる．$\omega_i > 0$（TE は標準偏差なので必ず正）となることを考慮して，ラグランジュ乗数は，

$$\lambda = \frac{1}{2\omega_{\text{target}}} \sqrt{\sum_{i=1}^{N} \omega_i^2} \tag{5.13}$$

第 i マネージャーへの最適トラッキング・エラー ω_i^* は，

$$\omega_i^* = \frac{\operatorname{IR}_i}{x_i \sqrt{\sum_{i=1}^{N} \operatorname{IR}_i^2}} \omega_{\text{target}} \tag{5.14}$$

となる．(5.14) によれば，各マネージャーへの TE 配分は，IR に比例する．つまり，IR が高いマネージャーへ TE を大きく配分すべきであるということになる．これは直感とも整合的である．また，IR が正である限り，そのマネージャーへ TE を配分することになる．つまり，IR が劣るアクティブ・マネージャーが存在しても，TE を配分すべきであることを意味している．これは，優秀なマネージャーは選択し，劣るマネージャーは解約するという実務的な直感とは異なる結果であろう．その理由の 1 つとして，このモデルでは配分金額の大きさによる運用コストの違いを考慮していないからである．

最後に，IR が同じであれば，資産配分 x_i が小さいマネージャーへ大きな TE を配分すべきであるということがわかる．言い換えれば，同じ IR であれば，TE が小さいマネージャーの資産配分を大きくすべきであるという結果となる．これは，受託金額を増額させたいアクティブ・マネージャーが，TE を抑えて運用を行おうとする事象と一致する結論であろう．

5.5.3 トラッキング・エラー配分モデルでの数値例 　　　CD-ROM

第1巻に付属のCD-ROMのExcelシート「Example 12」を用い，最適トラッキング・エラー（TE）配分の数値例として，マルチ・マネージャー制を採用している国内株式運用で，①ブレンド株運用，②グロース株運用，③バリュー株運用，④小型株運用の4つのスタイル・マネージャーに，TEを配分する例を解説する（図5.5）．C列は各スタイル・マネージャーへの資産配分比率 x_i であり，各25%とする．D列は相対IRで，グロース運用マネージャーを1としている．E列は相対IRの2乗の合計を計算するための列である．ポートフォリオ全体の目標TEは2.0%（C8セル）とすると，各マネージャーの各スタイル運用への最適TE^*は(5.14)より，F列目のように計算できる．

このモデルのプラス面は，資産やスタイルに対する収益機会の追求は「資産配分の選択」，アクティブ・マネージャーの運用スキルの追求は「リスク配分の選択」というように，収益機会を2つに分離して考えることが可能な点である．リスク管理では，各マネージャーに配分したTEを個別にモニタリングすることで，ポートフォリオ全体のTEをコントロール可能である．

しかし，このモデルのマイナス面は，各資産（あるいはスタイル）の市場リスクの水準を考慮してTE配分を決めていないことである．そのため，各資産でリスク水準が大きく異なる場合，最適TEが市場のリスクと整合的にならない場合もある．たとえば，TE配分を株式のスタイル・マネージャーへの配分ではなく，バランス型ファンドの例として，資産クラスを担当するマネージャーへの配分と考える．数値は上述の具体例と同じとすると，TE配分には問題が出てくる．国内債券を担当するマネージャーへ5.8%のTE配分をすることになるのである．国内債券のリスク自体これほど大きくないので，リスクを配

	B	C	D	E	F	G
1	Example12:トラッキング・エラー配分の数値例				変更可能セル	
2	アクティブMgr	投資比率	相対IR	IR^2	最適TE*	
3	ブレンド運用チーム	25%	0.80	0.640	4.6%	=(D3*$C$8)/($E$7*C3)
4	グロース運用チーム	25%	1.00	1.000	5.8%	
5	バリュー運用チーム	25%	0.50	0.250	2.9%	
6	小型株運用チーム	25%	0.20	0.040	1.2%	
7			合計	1.389	=SQRT(SUM(E3:E6))	
8	目標TE(ポートフォリオ全体)	2%				
9						

図5.5　トラッキング・エラー配分の数値例（「Example 12」シート）

	I	J	K	L	M	N
1						
2		アクティブMgr	投資比率	相対IR	最適TE*	
3		国内株式	25%	0.80	4.6%	
4		国内債券	25%	1.00	5.8%	
5		外国株式	25%	0.50	2.9%	
6		外国債券	25%	0.20	1.2%	
7						
8		目標TE(ポートフォリオ全体)	2%			
9						

図 5.6 バランス型マネージャーへのトラッキング・エラー配分(「Example 12」シート)

分された国内債券のアクティブ・マネージャーは,このTEを目標に運用することは現実的ではないと感じるであろう(図 5.6).

5.5.4 リスク配分を意識した資産配分モデル

年金基金の最適なマネージャー・ストラクチャーを考えるモデルを考える(Waringら(2000)を参考にしている).アクティブ・マネージャーの期待アルファ,ベンチマークに対するトラッキング・エラー(TE),マネージャー間との相関をデータとして利用し,ある一定の目標TEのもとで,アクティブ・マネージャーへの最適資産配分を決定するモデルを紹介する.

アクティブ・マネージャーを表す添字を$i\,(=1,\cdots,n)$,株式や債券などの資産クラスを表す添字を$j\,(=1,\cdots,k)$とする.各マネージャーへの投資比率x(n行ベクトル)を

$$x^{\mathrm{T}} = \begin{bmatrix} x_1 & x_2 & \cdots & x_n \end{bmatrix} \tag{5.15}$$

年金基金の資産配分b(k行ベクトル)を

$$b^{\mathrm{T}} = \begin{bmatrix} b_1 & b_2 & \cdots & b_k \end{bmatrix} \tag{5.16}$$

とする.bは年金基金の政策アセット・ミックスで,株式や債券などの資産クラスへの投資比率である.ここでは,政策アセット・ミックスはすでに決定済みと仮定する(このモデルを利用して,政策アセット・ミックスとマネージャー・ストラクチャーを同時に決定することも容易である).各資産クラスの期待リターンr(k行ベクトル)と共分散行列Σ($k \times k$行列)を

$$r = \begin{bmatrix} r_1 \\ \vdots \\ r_k \end{bmatrix}, \quad \Sigma = \begin{bmatrix} \sigma_1^2 & \cdots & \sigma_{1k} \\ \vdots & \ddots & \vdots \\ \sigma_{k1} & \cdots & \sigma_k^2 \end{bmatrix} \tag{5.17}$$

とする.次に,アクティブ・マネージャーにはそれぞれ,運用の目標とするベンチマークがあり,各マネージャーは自ら定めたベンチマークに対する超過リターン追求を目標としているとする.各マネージャーのベンチマークを表す行列 M ($n \times k$ 行列) は,

$$M = \begin{bmatrix} m_{11} & \cdots & m_{1k} \\ m_{21} & \ddots & m_{2k} \\ \vdots & \ddots & \vdots \\ m_{n1} & \cdots & m_{nk} \end{bmatrix} \quad (5.18)$$

この行列の行はマネージャー ($i=1,\cdots,n$) を表し,列は資産クラス ($j=1,\cdots,k$) を表す.アクティブ・マネージャーの期待アルファ (n 行ベクトル) と,マネージャー固有のリスク(レジデュアル・リスクという場合もある)を表す共分散行列 Ω ($n \times n$ 行列) を

$$\alpha = \begin{bmatrix} \alpha_1 \\ \vdots \\ \alpha_n \end{bmatrix}, \quad \Omega = \begin{bmatrix} \omega_1^2 & \cdots & \omega_{1n} \\ \vdots & \ddots & \vdots \\ \omega_{n1} & \cdots & \omega_n^2 \end{bmatrix} \quad (5.19)$$

として,さらにターゲットとなるポートフォリオ全体の TE を σ_{target},アクティブ・リスク許容度を λ とする.年金基金は,効用関数 $U(x)$ を最大化するアクティブ・マネージャーへの投資比率 x_i^* を決定する.この問題の目的関数を,

$$\max U(x) = \alpha_p - 2\lambda \sigma_p^2$$
$$= \{(x^{\mathrm{T}} M - b^{\mathrm{T}}) r + x^{\mathrm{T}} \alpha\} - 2\lambda \{(x^{\mathrm{T}} M - b^{\mathrm{T}}) \Sigma (x^{\mathrm{T}} M - b^{\mathrm{T}})^{\mathrm{T}} + x^{\mathrm{T}} \Omega x\} \quad (5.20)$$

とする.ここで,α_p はポートフォリオ全体の期待アクティブ・アルファ,σ_p はアクティブ・リスクである.$(x^{\mathrm{T}} M - b) r$ と $(x^{\mathrm{T}} M - b^{\mathrm{T}}) \Sigma (x^{\mathrm{T}} M - b^{\mathrm{T}})^{\mathrm{T}}$ はそれぞれ,各マネージャーのベンチマークを合計したポートフォリオと,政策アセット・ミックスが異なることによって生じる期待リターンの差とその分散であり,「スタイル・アルファ」と「スタイル・リスク」と呼ばれることもある.$x^{\mathrm{T}} \alpha$ と $x^{\mathrm{T}} \Omega x$ はそれぞれ,アクティブ・マネージャー固有の α と固有リスクで,「マネージャー・アルファ」と「アクティブ・リスク」などと呼ばれることもある.

制約条件は,ポートフォリオのアクティブ・リスクが目標値である σ_{target} 以下となることと,ポートフォリオの投資比率の合計が1となること,そして空売り禁止で,

$$\sigma_{\text{target}} \geqq \sqrt{(x^{\mathrm{T}}M-b^{\mathrm{T}})\Sigma(x^{\mathrm{T}}M-b^{\mathrm{T}})^{\mathrm{T}}+x^{\mathrm{T}}\Omega x}, \qquad x^{\mathrm{T}}e=1, \quad x\geqq 0 \quad (5.21)$$

とできる．ここで，e（n 行ベクトル）は要素がすべて 1 のベクトルである．この最適化問題をソフトウェア（たとえば Excel のソルバーなど）を利用して解くことにより，最適投資比率 x_i^* が決定できる．

5.5.5 アクティブ・リスク・バジェッティングでの数値例　　　CD-ROM

数値例を考えると理解が容易となるので，CD-ROM の Excel シート「Example 13」を用い，ある年金基金による最適マネージャー構成の例を検討する（図 5.7）．基金は，国内株式，国内債券，外国株式，外国債券の 4 資産クラスに投資を行い（資産クラスをどのように分類するかも重要な問題である．最近では，このような伝統的な 4 資産での分類以外も提案されている），各資産クラスの期待リターン，リスクに以下のような前提をおいている．また，L4：L7 セルにあるような政策アセット・ミックスを仮定する．

いま，基金は，各資産クラスのパッシブ・マネージャーと，6 社のアクティブ・マネージャーを委託先候補としている．各マネージャーは得意とするベンチマークを申告している（(5.20) の行列 M に相当する）．また，各マネージャーに対する期待アルファ，TE，共分散に対して以下のような前提をおいているとする．ここでは，各資産クラスとアクティブ・マネージャーとの間には相関がないと仮定する（図 5.8）．

Q4：T13 セルは各マネージャーのベンチマークを表す行列で，(5.18) の行列に相当する．たとえば，バランスマネージャー A（8 行目）のベンチマークは，国内株式 45%，国内債券 25%，外国株式 25%，外国債券 5% である．年

	B	C	D	E	F	G	H	I	J	L
1	Example13：リスク・バジェッティングの数値例									
2		資産クラス				共分散行列				
3			リターン	リスク		DS	SB	FS	FB	政策AM
4	国内株式	DS	3.1%	17.0%		0.0289	0.001	0.00375	0.0025	40%
5	国内債券	SB	1.2%	9.0%		0.001	0.0081	0.0003	0.006	50%
6	外国株式	FS	1.2%	22.0%		0.00375	0.0003	0.0484	0.012	5%
7	外国債券	FB	1.6%	19.0%		0.0025	0.006	0.012	0.0361	5%
8										
9	期待リターン		2.0%	=SUMPRODUCT(L4:L7,D4:D7)						
10	リスク		8.9%	=MMULT(MMULT(TRANSPOSE(L4:L7),G4:J7),L4:L7)^0.5						
11	政策AM:政策アセット・ミックス									

図 5.7 資産クラスの期待リターン，リスク，相関係数（「Example 13」シート）

金基金は，制約条件（5.21）のもと，効用関数（5.20）を最大化する最適資産配分を選択したい．許容する TE を $\sigma_{target}=1.0\%$ とした場合の計算例は，図5.9のようになる．

4〜8行目のスタイル乖離では，基金の政策アセット・ミックス（A：政策AM）と，マネージャー・ベンチマーク（B）との乖離（C）を計算している．ここで，マネージャー・ベンチマークは，各マネージャーのベンチマークの合計である．

11〜13行目のスタイルによる部分とは，政策アセット・ミックスと実際の

	O	P	Q	R	S	T	V	W	Y	Z	AA	AB	AC	AD	AE	AF	AG	AH
2			マネージャー・ベンチマーク				マネージャー						マネージャー共分散					
3			国内株式	国内債券	外国株式	外国債券	α	TE	(1)	(2)	(3)	(4)	(5)	(6)	(7)	(8)	(9)	(10)
4	(1)	P:国内株式	100%	0%	0%	0%	0.0%	0.0%	0%	0%	0%	0%	0%	0%	0%	0%	0%	0%
5	(2)	P:国内債券	0%	100%	0%	0%	0.0%	0.0%	0%	0%	0%	0%	0%	0%	0%	0%	0%	0%
6	(3)	P:外国株式	0%	0%	100%	0%	0.0%	0.0%	0%	0%	0%	0%	0%	0%	0%	0%	0%	0%
7	(4)	P:外国債券	0%	0%	0%	100%	0.0%	0.0%	0%	0%	0%	0%	0%	0%	0%	0%	0%	0%
8	(5)	A:バランスA	45%	25%	25%	5%	0.3%	3.1%	0%	0%	0%	0%	0.08%	0.00%	0.00%	0.00%	0.00%	0.00%
9	(6)	A:バランスB	30%	45%	20%	5%	0.4%	3.9%	0%	0%	0%	0%	0.00%	0.15%	0.00%	0.00%	0.00%	0.00%
10	(7)	A:バランスC	30%	20%	40%	10%	0.5%	4.7%	0%	0%	0%	0%	0.00%	0.00%	0.22%	0.00%	0.00%	0.00%
11	(8)	A:日本株A	100%	0%	0%	0%	0.8%	5.0%	0%	0%	0%	0%	0.00%	0.00%	0.00%	0.25%	0.00%	0.00%
12	(9)	A:日本株B	100%	0%	0%	0%	0.5%	3.2%	0%	0%	0%	0%	0.00%	0.00%	0.00%	0.00%	0.03%	0.00%
13	(10)	A:日本債	0%	100%	0%	0%	0.2%	1.8%	0%	0%	0%	0%	0.00%	0.00%	0.00%	0.00%	0.00%	0.03%
14		P:パッシブ，A:アクティブ					TE:トラッキングエラー											

図 **5.8** マネージャーのベンチマーク，期待アルファ，リスクの想定（「Example 13」シート）

	A	AK	AL	AM	AN	AO
1						
2		1.スタイル乖離				=MMULT(TRANSPOSE(Q4:T13),AT4:AT13)
3			A	B	C	
4		国内株式	40.0%	42.6%	2.6%	=AY4-L4
5		国内債券	50.0%	47.4%	-2.6%	
6		外国株式	5.0%	4.6%	-0.4%	
7		外国債券	5.0%	5.4%	0.4%	
8		A:政策アセット・ミックス，B:マネージャー・ベンチマーク，C:スタイル乖離部分(B-A)				
9						
10		2.スタイルによる部分				
11		期待リターン	(1)	0.1%	=SUMPRODUCT(D4:D7,AZ4:AZ7)	
12		分散	(2)	0.0%	=MMULT(MMULT(TRANSPOSE(AZ4:AZ7),G4:J7),AZ4:AZ7)	
13		リスク		0.5%	=SQRT(AZ11)	
14						
15		3.マネージャー固有による部分				
16		期待α	(3)	0.3%	=SUMPRODUCT(AT4:AT13,V4:V13)	
17		分散	(4)	0.0%	=MMULT(MMULT(TRANSPOSE(AT4:AT13),Y4:AH13),AT4:AT13)	
18		リスク		0.9%	=SQRT(AZ16)	
19						
20		4.最適化目的関数				
21		λ		1.6		
22		(1)+(3)−λ[(2)+(4)]		0.00	=(AZ10+AZ15)−AZ20*(AZ11+AZ16)	
23						
24		5.リスク予算				
25		制約条件(TE)	1.00%	>=	1.00%	=SQRT(AM12+AM17)
26						

図 **5.9** 効用関数最大化の例（「Example 13」シート）

資産配分との乖離によるポートフォリオの期待リターン（(5.20)の$(x^TM-b^T)r$に相当する部分で，AM11セルで計算）や，分散（(5.20)の$(x^TM-b^T)\Sigma \times (x^TM-b^T)^T$に相当する部分で，AM12セルで計算）が計算されている．16～18行目のマネージャー固有による部分とは，各マネージャーの期待アルファやTEに起因するポートフォリオ全体の期待アルファ（(5.20)の$x^T\alpha$に相当する部分で，AM16セルで計算）と，アクティブ・リスク（(5.20)の$x^T\Omega x$に相当する部分で，AM18セルで計算）を表している．21～22行目の最適化目的関数では，(5.20)で定義した目的関数がAM22セルで計算されている．ここでは，アクティブ・リスク許容度を$\lambda=1.6$としている．

25行目のリスク予算は，(5.21)の第1式で定義された許容TEに関する制約条件を表している（このほかに配分比率の合計が1，空売り禁止の制約条件をソルバーにインプットする）．ソルバーを用いることで，目的関数が最大となる配分額を求めることができる．AL25セルの許容TEを変化させることで，異なるTEでの配分額を得る（図5.10）．

許容TEが低いと，パッシブ運用を中心としたマネージャー構成となり，許容TEが高くなるにつれて，アクティブ・マネージャーへの投資比率は増加する．許容TEを想定することで，13～14行目のように，アクティブ・パッシブ比率を決定することもできる．

このモデルのプラス面は，ポートフォリオ全体の許容リスク量（許容アクティブ・リスク）を設定して，各アクティブ・マネージャーへの最適資産配分を考えることが可能な点である．また，次に紹介するリスク寄与度を用いれば，リスクの所在と大きさを明らかにできる．マイナス面は，期待リターンや期待アルファの推定が難しいことと，最適化の結果がこれらインプットに大きく依存するということである．

リスク・バジェッティングは，「限界リスク寄与」や，「リスク寄与度」の分析を意味する場合がある．このモデルでの「限界リスク寄与」とは，あるアクティブ・マネージャーへの投資比率を一単位増加させた場合，ポートフォリオ全体のリスクはどの程度変化するのかを表す．ポートフォリオ全体のアクティブ・リスクは，スタイル・リスクσ_mとアクティブ・リスクσ_rで構成される．ポートフォリオ全体の分散σ_pは，

$$\sigma_p^2 = \sigma_m^2 + \sigma_r^2 = (x^TM-r^T)\Sigma(x^TM-r^T)^T + x^T\Omega x \tag{5.22}$$

	AR	AS	AT	AU	AV	AW	AX	AY
1	各許容TEでのマネージャー構成							
2	許容トラッキングエラー	0	0.25	0.5	0.75	1	1.25	1.5
3	P:国内株式	40.0%	25.8%	11.9%	0.0%	0.0%	0.0%	0.0%
4	P:国内債券	50.0%	45.2%	39.7%	32.4%	18.3%	6.6%	0.0%
5	P:外国株式	5.0%	3.5%	2.1%	0.4%	0.0%	0.0%	0.0%
6	P:外国債券	5.0%	4.8%	4.5%	4.3%	4.3%	4.4%	4.5%
7	A:バランスA	0.0%	2.1%	4.3%	6.4%	4.4%	2.4%	0.1%
8	A:バランスB	0.0%	1.6%	3.2%	4.9%	6.4%	7.7%	9.1%
9	A:バランスC	0.0%	1.3%	2.6%	4.3%	5.5%	6.0%	6.5%
10	A:日本株A	0.0%	1.9%	3.9%	5.8%	8.0%	10.0%	12.3%
11	A:日本株B	0.0%	10.8%	21.3%	29.8%	29.1%	28.6%	28.1%
12	A:日本債	0.0%	3.0%	6.6%	11.7%	24.0%	34.3%	39.5%
13	パッシブ	100.0%	79.3%	58.2%	37.1%	22.6%	11.0%	4.5%
14	アクティブ	0.0%	20.7%	41.8%	62.9%	77.4%	89.0%	95.5%
15								

図5.10 各トラッキング・エラーでの資産配分額の例(「Example 13」シート)

と表せる.限界リスク寄与は,ポートフォリオ全体のリスク σ_p を投資比率 x で微分することにより求められる.ポートフォリオの分散 σ_p^2 を配分比率 x で微分した n 行ベクトルは,

$$\left(\frac{d\sigma_p^2}{dx}\right)^{\mathrm{T}} = \begin{bmatrix} \frac{d\sigma_p^2}{dx_1} & \cdots & \frac{d\sigma_p^2}{dx_n} \end{bmatrix} \tag{5.23}$$

と表すと,分散を配分比率で微分したベクトルは,

$$\left(\frac{d\sigma_p^2}{dx}\right)^{\mathrm{T}} = 2M\Sigma(x^{\mathrm{T}}M - b^{\mathrm{T}})^{\mathrm{T}} + 2\Omega x \tag{5.24}$$

となる.したがって,ポートフォリオの標準偏差を配分比率 x で微分した n 行ベクトルは,

$$\left(\frac{d\sigma_p}{dx}\right)^{\mathrm{T}} = \frac{1}{\sigma_p} M\Sigma(x^{\mathrm{T}}M - b^{\mathrm{T}})^{\mathrm{T}} + \frac{1}{\sigma_p} \Omega x \tag{5.25}$$

となる.ここで,第1項の $(1/\sigma_p)M\Sigma(x^{\mathrm{T}}M - b^{\mathrm{T}})^{\mathrm{T}}$ は,投資比率を一単位変化させた場合のスタイル・リスクの変化(スタイル部分)を表し,第2項の $(1/\sigma_p)\Omega x$ は,アクティブ・リスク(アクティブ部分)の変化を表す.

「リスク寄与度」は,ポートフォリオ全体のリスクがどの部分に起因するのかを分析するための指標である.σ_m をスタイル・リスク,σ_r をアクティブ・リスクとすると,スタイル・リスクとアクティブ・リスクに相関がないと仮定しているので,

$$\sigma_p^2 = \sigma_m^2 + \sigma_r^2 \tag{5.26}$$

となる((5.22)と同じ).オイラー定理[*]よりアクティブ・リスク σ_r が

と表せることを利用して，(5.26) は，

$$1 = \frac{\sigma_m^2}{\sigma_p^2} + \sum_{i=1}^{n} \frac{\sigma_r}{\sigma_p^2} \frac{d\sigma_r}{dx_i} x_i \qquad (5.28)$$

とできる．ここで，x_i は第 i マネージャーへの投資比率，σ_m^2/σ_p^2 はポートフォリオ全体に占めるスタイル・リスクの割合，$(\sigma_r/\sigma_p^2)(d\sigma_r/dx_i)x_i$ は第 i マネージャーのアクティブ・リスクの割合と考えることができる．

$$\sigma_r = \sum_{i=1}^{n} \frac{d\sigma_r}{dx_i} x_i \qquad (5.27)$$

[*) ポートフォリオの標準偏差は $\sigma_p = (x^T \Sigma x)^{1/2}$ であるが，配分比率を k 倍した場合は，$\{(kx)^T \Sigma (kx)\}^{1/2} = k\sigma_p$ となり，線形同次性を満たしている．このような場合，オイラー方程式 $\sigma_p = \Sigma_i (\partial \sigma_p / \partial x_i) x_i$ が成立する．

先ほどの数値例を用いて，限界リスク寄与とリスク寄与度を計算した結果が図 5.11 である．AS 列は許容 TE を 1% とした場合の配分比率である．AT 列は限界リスク寄与のスタイル部分で，$M\Sigma(x^T M - b^T)^T/\sigma_p$ の計算結果であり，AU 列はレジデュアル部分で，$\Omega x/\sigma_p$ の計算結果である．ポートフォリオ全体の限界リスク寄与は，この 2 つを足した AV 列である．

ここでは，AV19 セルや AV20 セルのように，国内債券と外国株式の限界リスク寄与がマイナスとなっているので，これらの配分比率を増加させれば，ポートフォリオ全体のリスクが減少することがわかる．ただし，これらの配分比率を増加させると，単にリスクが減少するだけでなく，ポートフォリオの期待リターンも変化することに注意が必要である（図 5.11）．

AW 列は，(5.28) で計算されるポートフォリオ全体に占めるリスク寄与度である．この例では，スタイル・リスク（(5.28) の σ_m^2/σ_p^2 に相当する部分で，AW28 セルで計算）が全体の 23.7% を占めている．このリスクはアクティブ・マネージャーのベンチマークが，年金基金の政策アセット・ミックスと異なるために生じるリスクであり，基金自身が負担しているリスクといえる．これに対して，各マネージャーがアクティブ運用を行うことで生じるリスクであるアクティブ・マネージャー固有のリスク（(5.28) の右辺第 2 項に相当する部分で，AW18：AW27 セルで計算）は，日本株 B のアクティブ・リスクが，ポートフォリオ全体の約 25%（AW26 セル）を占め，次に大きいのは日本債のアクティブ・リスクで約 20%（AW27 セル）である．

	A	AR	AS	AT	AU	AV	AW	AX	AY
16									
17			配分比率	スタイル	レジデュアル	限界寄与	寄与度		
18		P:国内株式	0.0%	7.3%	0.0%	7.3%	0.0%		
19		P:国内債券	18.0%	-1.6%	0.0%	-1.6%	0.0%		
20		P:外国株式	0.0%	-0.6%	0.0%	-0.6%	0.0%		
21		P:外国債券	4.3%	0.0%	0.0%	0.0%	0.0%		
22		A:バランスA	4.7%	2.7%	0.4%	3.1%	1.9%	マネージャー	
23		A:バランスB	6.5%	1.3%	1.0%	2.4%	6.8%		
24		A:バランスC	5.3%	1.6%	1.2%	2.8%	6.4%		
25		A:日本株A	8.1%	7.3%	2.1%	9.4%	16.8%		
26		A:日本株B	28.9%	7.3%	0.9%	8.1%	24.6%		
27		A:日本債	24.2%	-1.6%	0.8%	-0.8%	19.7%	スタイル	
28							23.7%	=AM12/AN25^2	
29		合計	100%				100.0%		
30						=AT27+AU27			
31					=MMULT(Y4:AH13,AS18:AS27)/$AL$25				
32				=MMULT(Q4:T13,MMULT(G4:J7,AN4:AN7))/AL25					
33									

図 5.11　限界リスク寄与とリスク寄与度（「Example 13」シート）

この例では，資産配分の大きさがリスク配分の大きさと一致しているが，必ずしもこのようになるわけではない．リスク寄与度の分析は，基金のリスクがどこに起因するものなのか，またリスクの負担は適性かどうかなどを再検討する機会を与えることになる．ここでのリスク配分に疑問が生じる場合は，マネージャー・ストラクチャーの再検討を行うことになる（分析結果に疑問点が生じることも多いかもしれない．この場合には，モデル自体を見直すか前提条件を見直すなどして再検討を行うことになる）．

5.5.6　資産とトラッキング・エラーを同時に配分するモデル

本項では，資産配分比率 x とリスク σ を掛けた新しい変数「リスク・バジェット（RB）」の最適配分を検討する（長沢 (2001) を参考としている）．このモデルはまず，ポートフォリオ全体の許容リスクと政策アセット・ミックスを設定した後，アクティブ・マネージャーへの資産配分と TE の配分を同時に考慮したい場合に利用するモデルである．モデルへのインプットは，各資産クラスのシャープ・レシオ（SR），リスク，相関，各マネージャーの IR，相関であり，アウトプットは，資産クラスとアクティブ・マネージャーへの資産配分と TE の配分である．

最初に，通常の平均・分散（MV）アプローチを利用した最適資産配分を，もう一度考えてみる．次に，リスク・バジェットの最適配分を考える．いま，

5.5 最適リスク配分モデル

資産クラスが $1, \cdots, n$ あるとする．x を投資比率の n 次元ベクトル，μ を期待リターンの n 次元ベクトル，Σ を $n \times n$ 次元共分散行列とすると，MV アプローチでは，ある一定の期待リターン k のもとで，ポートフォリオの分散 σ_p^2 が最小となる資産配分を求めることができる．この場合の目的関数は，

$$\min_x \sigma_p^2 = x^T \Sigma x \tag{5.29}$$

制約条件は，

$$\mu_p = x^T \mu = k, \quad x^T e = 1, \quad x \geq 0 \tag{5.30}$$

となる．ここで，σ_p はポートフォリオのリスク，μ_p はポートフォリオの期待リターン，e は要素がすべて 1 の n 次元ベクトルである．たとえば 2 資産の場合では，目的関数は，

$$\min_x \sigma_p^2 = \begin{bmatrix} x_1 & x_2 \end{bmatrix} \begin{bmatrix} \sigma_{11}^2 & \sigma_{12} \\ \sigma_{12} & \sigma_{22}^2 \end{bmatrix} \begin{bmatrix} x_1 \\ x_2 \end{bmatrix} \tag{5.31}$$

制約条件は，

$$\mu_p = \begin{bmatrix} x_1 & x_2 \end{bmatrix} \begin{bmatrix} \mu_1 \\ \mu_2 \end{bmatrix} = k, \quad 1 = \begin{bmatrix} x_1 & x_2 \end{bmatrix} \begin{bmatrix} 1 \\ 1 \end{bmatrix}, \quad x_1 \geq 0, \quad x_2 \geq 0 \tag{5.32}$$

となる．次に，新しい変数「リスク・バジェット（RB）」を定義する．n 次元ベクトル RB の各要素は，投資比率 x とリスク σ を掛けたもので，

$$RB^T = \begin{bmatrix} RB_1 & \cdots & RB_n \end{bmatrix} = \begin{bmatrix} x_1 \sigma_1 & \cdots & x_n \sigma_n \end{bmatrix} \tag{5.33}$$

とする．また，n 次元ベクトル SR[*] を

$$SR^T = \begin{bmatrix} SR_1 & \cdots & SR_n \end{bmatrix} = \begin{bmatrix} \dfrac{\mu_1}{\sigma_1} & \cdots & \dfrac{\mu_n}{\sigma_n} \end{bmatrix} \tag{5.34}$$

とすると，最適化問題 (5.31)，(5.32) は以下のように書ける．目的関数 (5.29) は，

$$\min_{RB} \sigma_p^2 = RB^T \cdot C \cdot RB$$

$$= \begin{bmatrix} x_1 \sigma_1 & x_2 \sigma_2 \end{bmatrix} \begin{bmatrix} 1 & \rho_{12} \\ \rho_{12} & 1 \end{bmatrix} \begin{bmatrix} x_1 \sigma_1 \\ x_2 \sigma_2 \end{bmatrix} \tag{5.35}$$

ここで，C は相関係数を表す．また制約条件 (5.30) は，

$$\mu_p = RB^T \cdot SR = \begin{bmatrix} x_1 \sigma_1 & x_2 \sigma_2 \end{bmatrix} \begin{bmatrix} \mu_1/\sigma_1 \\ \mu_2/\sigma_2 \end{bmatrix} = k, \quad \begin{bmatrix} x_1 \sigma_1 & x_2 \sigma_2 \end{bmatrix} \begin{bmatrix} 1/\sigma_1 \\ 1/\sigma_2 \end{bmatrix} = 1$$

$$\frac{RB_i}{\sigma_i} \geq 0, \quad i = 1, 2 \tag{5.36}$$

となる．このように，通常の MV アプローチで最適投資比率 x^* を求める問題は，新しい変数「リスク・バジェット（RB）」を求める最適化問題にすることができる．

<small>*) シャープ・レシオは通常，$(\mu-r)/\sigma$ であるが，ここでは安全利子率を考慮しない．μ/σ は変動係数と呼ばれることもある．</small>

次に，資産配分，マネージャー・ストラクチャーとアクティブ・リスク（TE）の配分モデルを考える．株式や債券などの資産クラスを表す添字を $i(=1,\cdots,n)$，アクティブ・マネージャーを表す添字を $j(=1,\cdots,k)$ とする．第 i 資産クラスへの投資比率を x_i，リスクを σ_i，第 j マネージャーへの投資比率を w_{n+j}，TE を ω_{n+j} とする．投資比率の $n+k$ 次元ベクトル h，リスク・バジェットの $n+k$ 次元ベクトル RB，資産クラスのリスクの $n+k$ 次元ベクトル σ を以下のように定義する．

$$h=\begin{bmatrix}x_1\\\vdots\\x_n\\\hline w_{n+1}\\\vdots\\\omega_{n+k}\end{bmatrix},\ \mathrm{RB}=\begin{bmatrix}\mathrm{RB}_1\\\vdots\\\mathrm{RB}_n\\\hline\mathrm{RB}_{n+1}\\\vdots\\\mathrm{RB}_{n+k}\end{bmatrix}=\begin{bmatrix}x_1\sigma_1\\\vdots\\x_n\sigma_n\\\hline w_{n+1}\omega_{n+1}\\\vdots\\w_{n+k}\omega_{n+k}\end{bmatrix},\ \sigma=\begin{bmatrix}1/\sigma_1\\\vdots\\1/\sigma_n\\\hline 0\\\vdots\\0\end{bmatrix} \quad (5.37)$$

各ベクトルとも 1 行目から n 行目まではそれぞれ，資産クラスへの投資比率，リスク・バジェット，リスク（標準偏差）の逆数を表し，$n+1$ 行目から $n+k$ 行目まではそれぞれ，アクティブ・マネージャーへの投資比率，リスク・バジェットを表す．ベクトル σ は，$n+1$ 行目から $n+k$ 行目まで要素は 0 である．ここでは，アクティブ・マネージャーへの投資比率は，資産クラスへの配分のうち何%かということを表す．たとえば，「第 i 資産への投資比率が 15%（x_i=15%），アクティブ・マネージャーへの投資比率が 5%（w_i=5%）」とは，第 i 資産 15% のうち，アクティブ・マネージャーへ 5%，パッシブ・マネージャーへ 10% 投資するという意味である．

このモデルでは，期待リターンやアルファは，SR と IR に換えて表現される．第 i 資産クラスへのシャープ・レシオを $\mathrm{SR}_i=\mu_i/\sigma_i$，第 j アクティブ・マネージャーのインフォメーション・レシオを $\mathrm{IR}_j=\alpha_j/\omega_j$ として，資産クラスとアクティブ・マネージャーのリスク・リターン比を表す $n+k$ 次元ベクトル S を

5.5 最適リスク配分モデル

$$S = \begin{bmatrix} \mathrm{SR}_1 \\ \vdots \\ \mathrm{SR}_n \\ \hline \mathrm{IR}_{n+1} \\ \vdots \\ \mathrm{IR}_{n+k} \end{bmatrix} = \begin{bmatrix} \mu_1/\sigma_1 \\ \vdots \\ \mu_n/\sigma_n \\ \alpha_{n+1}/\omega_{n+1} \\ \vdots \\ \alpha_{n+k}/\omega_{n+k} \end{bmatrix} \quad (5.38)$$

とする．(5.37)と同様に，行列 S は1行目から n 行目までは資産クラスの SR であり，$n+1$ 行目から $n+k$ 行目まではアクティブ・マネージャーの IR である．次に，資産クラス間の相関係数を ρ_{ii}^{a}，アクティブ・マネージャー間の相関係数を ρ_{jj}^{m} として，資産クラスとアクティブ・マネージャー間の $(n+k) \times (n+k)$ 次元相関係数行列 C を

$$C = \begin{bmatrix} 1 & \cdots & \rho_{n1}^{a} & 0 & \cdots & 0 \\ \vdots & \ddots & \vdots & \vdots & \ddots & \vdots \\ \rho_{1n}^{a} & \cdots & 1 & 0 & \cdots & 0 \\ \hline 0 & \cdots & 0 & 1 & \cdots & \rho_{k1}^{m} \\ \vdots & \ddots & \vdots & \vdots & \ddots & \vdots \\ 0 & \cdots & 0 & \rho_{1k}^{m} & \cdots & 1 \end{bmatrix} \quad (5.39)$$

と表すことにする．相関係数行列 C は，左上が各資産クラス間の相関を表し，右下は各アクティブ・マネージャー間の相関を表す．資産クラスとアクティブ・マネージャー間の相関はないものと仮定し，相関係数行列 C の左下，右上の要素は0である．

年金基金は，ある一定のターゲット・リスク σ_{target} のもと，ポートフォリオの期待リターン μ_p を最大化する RB を選択したいとする．ここで，目的関数は，

$$\max \mu_p = \mathrm{RB}^{\mathrm{T}} \cdot S \quad (5.40)$$

制約条件は，

$$\sigma_{\mathrm{target}} \geq \sqrt{\mathrm{RB}^{\mathrm{T}} \cdot C \cdot \mathrm{RB}}, \quad \mathrm{RB}^{\mathrm{T}} \cdot \sigma = 1$$
$$\mathrm{RB}_i \geq 0, \quad i=1, \cdots, n, n+1, \cdots, n+k \quad (5.41)$$

として最適化問題を解くことで，最適 RB^* を選択することができる．制約条件のうち，$\mathrm{RB}^{\mathrm{T}} \cdot \sigma = 1$ は投資比率の合計が1になるための制約であり，$\mathrm{RB}_i \geq 0$ は投資比率とリスクの積である RB が正になるための制約である．平均・分散法

で最適投資比率を求める問題と比較して，制約条件が1つ多い．各資産クラスへの投資比率は，最適 RB* を用いて，

$$x_i^* = \frac{\text{RB}_i^*}{\sigma_i}, \qquad i = 1, 2, \cdots, n \qquad (5.42)$$

とできる．しかし，アクティブ・マネージャーへの投資比率と TE の配分は一意に決定することができず，以下の双曲線を満たす組 (w_j, ω_j) の中から選択することになる．

$$w_j = \frac{\text{RB}_j^*}{\omega_j}, \qquad j = n+1, \cdots, n+k \qquad (5.43)$$

(5.42) は，RB が一定であれば，資産配分比率が大きいマネージャーへの TE（リスク）は少なく配分し，逆に TE が小さいマネージャーへは，資産配分比率を高くすべきであることを意味する．

このことで，資産配分比率（シェア）を上昇させたいマネージャーは，TE を意図的に抑えて運用することが可能であるため[*)]，年金基金が望むリスクより抑えて運用し，シェア拡大を狙うというインセンティブが生まれることがわかる．

[*)] たとえば，ある一定割合でアクティブ運用を行い，残りをパッシブ運用で行うことで，IR を維持しながら，TE を小さくする運用が可能である．

5.5.7 リスク・バジェット配分での数値例　　CD-ROM

このモデルの数値例として，CD-ROM の Excel シート「Example 14」を用い，株式と債券の2資産に投資を行う年金基金を想定する．各資産にパッシブとアクティブの各1社の運用会社が存在すると仮定する．年金基金は，図 5.12 の D4：I7 のように，各資産クラスの SR（前述のとおり，SR は μ/σ である），リスク（標準偏差），アクティブ・マネージャーの IR と，各資産クラス間とアクティブ・マネージャー間の相関係数を想定している．ここでは，資産クラスとマネージャーとの相関は 0 と仮定している．

目的関数 (5.40) は，D17 セルに相当する．制約条件 (5.41) は，D18：D20 セルに相当する．ここでは，ポートフォリオ全体のリスクを 10％ 以下となるようにしている．最適化問題をソルバーで解くことにより，D11：D14 セルのように最適リスク・バジェット RB* を決定できる．各資産の最適資産配分

5.5 最適リスク配分モデル

は，(5.42) より F11：F12 セルのようになる．この例では，株式への配分が 55% となっている．各アクティブ・マネージャーへの資産配分と TE の配分は，(5.43) で示される双曲線上の組合わせが選択可能で，一意に決定できない．この例では，図 5.13 のグラフに表される双曲線上の組の中から選択可能である．

	B	C	D	E	F	G	H	I	J
1	Example14：「リスク・バジェット」配分の数値例						変更可能セル		
2			リスク・リターン		相関係数				
3			SR,IR	リスク	S	B	AS	AB	
4	S	株式	0.80	17.0%	1.00	0.10	0.00	0.00	
5	B	債券	0.30	6.0%	0.10	1.00	0.00	0.00	
6	AS	A:株式	0.04		0.00	0.00	1.00	0.10	
7	AB	A:債券	0.02		0.00	0.00	0.10	1.00	
8	A:アクティブ, SR:シャープ・レシオ, IR:インフォメーション・レシオ								
9									
10			RB	1/R	配分				
11	S	株式	0.0935	5.88	55.0%	=D12*C12			
12	B	債券	0.0270	16.67	45.0%	=E12*D12			
13	AS	A:株式	0.0046	0.00		=1/E4			
14	AB	A:債券	0.0019	0.00					
15	A:アクティブ, RB:リスク・バジェット 1/R:リスク逆数 配分:資産配分								
16									
17		1 期待リターン		8.3%	=MMULT(TRANSPOSE(C10:C13),C3:C6)				
18		2 リスク		10.0%	=SQRT(MMULT(MMULT(TRANSPOSE(C10:C13),E3:H6),C10:C13))				
19		3 リスク制約		10.0%					
20		4 資産配分制約		1.00	=MMULT(TRANSPOSE(C10:C13),D10:D13)				

図 5.12 リスク・バジェット配分モデル（「Example 14」シート）

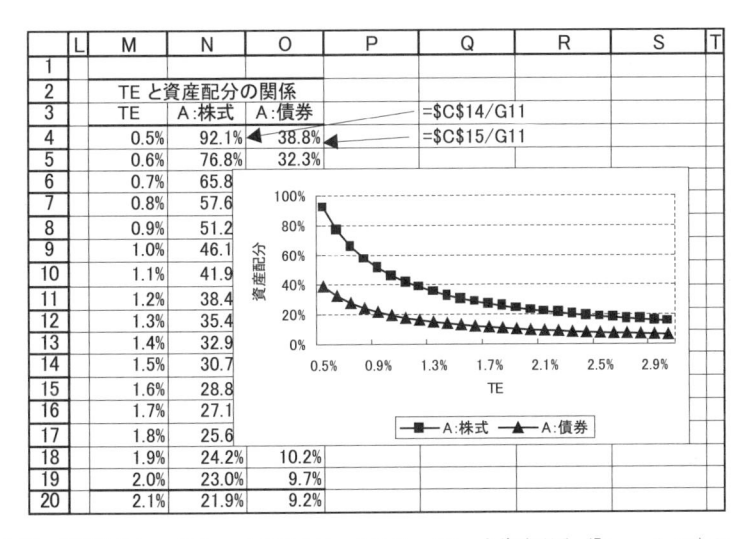

	L	M	N	O	P	Q	R	S	T
1									
2		TE と資産配分の関係							
3		TE	A:株式	A:債券		=$C$14/G11			
4		0.5%	92.1%	38.8%		=$C$15/G11			
5		0.6%	76.8%	32.3%					
6		0.7%	65.8						
7		0.8%	57.6						
8		0.9%	51.2						
9		1.0%	46.1						
10		1.1%	41.9						
11		1.2%	38.4						
12		1.3%	35.4						
13		1.4%	32.9						
14		1.5%	30.7						
15		1.6%	28.8						
16		1.7%	27.1						
17		1.8%	25.6						
18		1.9%	24.2	10.2					
19		2.0%	23.0	9.7					
20		2.1%	21.9	9.2					

図 5.13 最適リスク・バジェットでのトラッキング・エラーと資産配分（「Example 14」シート）

たとえば，TE が 2% まで許容可能であれば，アクティブ株式への配分は23% であり，株式への資産配分が 55% であることから，パッシブ株式へは32% となる．しかし，年金基金は（5.43）で表される双曲線上のどの組合わせ（w_j, ω_j）でも選択できるわけではないであろう．

TAA（Tactical Asset Allocation：戦術的資産配分）やロングショート戦略などのヘッジファンド的な運用を行うアクティブ・マネージャーでは，TE を大きくすることは容易で，デリバティブなどを用いてポジションを何倍かすればよい．このようなマネージャーであれば，TE を大きくすれば，それに比例して期待アルファを大きくすることが可能である．しかし，銘柄選択に付加価値を追求するような伝統的アクティブ・マネージャーの場合，TE を大きくして運用したいからといって，リスクの高い銘柄への投資比率を大きくして，TE を大きくすることはできない．そもそもそのような銘柄が存在するかもわからない．

つまり，伝統的なマネージャーは，IR は比例的でなく，TE を大きくしたとしても，それに応じて期待アルファが大きくなることはない．それより，アクティブ・マネージャーには心地よい TE レベルが存在する場合が多い．

年金基金はこのような TE をアクティブ・マネージャーに申告させ，それを参考に資産配分を決定する方が現実的であろう．ただし前述のとおり，運用シェア拡大を狙うアクティブ・マネージャーは，意図的に TE を低く申告する場合もあることを考慮しなければならないであろう．

5.5.8 リスク寄与度を配分するモデル

リスク寄与度は，ポートフォリオのリスク配分を表したものといえる．それなら，リスク寄与度を変数として，最適なリスク配分と資産配分を求めることが可能ではないかと思われる．つまり，①ポートフォリオ全体のリスクをある一定値に制約して（リスク予算の設定），②ポートフォリオの期待リターンが最大となるような，③リスク配分を決定し，④リスク配分に応じた資産配分を決定する，というのがその考え方である．しかし結論として，このモデルは，制約条件がもとの平均・分散（MV）アプローチにより 1 つ増えることと，ポートフォリオが変化すれば，限界リスク寄与も変化するため，大域的な最適解を求めることは難しい．

5.5 最適リスク配分モデル

資産クラスへのリスク配分をリスク寄与度モデルで行うことを考える．ここでは，このようなリスク配分モデルがそのままではうまく機能しないことを紹介する．まず，MV アプローチにおける最適資産配分を考える．資産クラスを表す添字を $i\,(=1,\cdots,n)$ として，資産配分を表す n 次元ベクトルを $x^{\mathrm{T}}=[x_1 \cdots x_n]$，期待リターンを表す n 次元ベクトルを $\mu^{\mathrm{T}}=[\mu_1 \cdots \mu_n]$，リスクの $n\times n$ 次元共分散行列を Σ，ポートフォリオのリスクのターゲットを σ_{target} とすると，ポートフォリオの期待リターン μ_p を最大化する目的関数は，

$$\max_x \mu_p = \mu^{\mathrm{T}} x \tag{5.44}$$

制約条件は，リスクがターゲット以下であること，投資比率の合計が 1，空売り禁止で，

$$\sigma_{\mathrm{target}}^2 \geq x^{\mathrm{T}} \Sigma x \tag{5.45}$$

$$e^{\mathrm{T}} x = 1 \tag{5.46}$$

$$x \geq 0 \tag{5.47}$$

となる．ここで，e は要素がすべて 1 の n 次元ベクトルである．各限界リスク寄与 $\partial \sigma_p / \partial x$ は，

$$\frac{\partial \sigma_p}{\partial x} = \frac{1}{\sigma_p} \Omega x \tag{5.48}$$

であり，リスク配分として考えるリスク寄与度は，

$$1 = \frac{1}{\sigma_p} \frac{\partial \sigma_p}{\partial x_1} x_1 + \cdots + \frac{1}{\sigma_p} \frac{\partial \sigma_p}{\partial x_n} x_n \tag{5.49}$$

とできる．ここで，

$$y_i = \frac{1}{\sigma_p} \frac{\partial \sigma_p}{\partial x_i} x_i \tag{5.50}$$

を第 i 資産へ配分されたリスク配分割合と考える．各資産クラスへのリスク配分を表す n 次元ベクトルを y，限界リスク寄与を表す $n\times n$ 次元行列を H とする．ここで，H は対角が限界リスク寄与で，他の要素が 0 の行列とする．

$$y = \begin{bmatrix} y_1 \\ \vdots \\ y_n \end{bmatrix}, \quad H = \begin{bmatrix} \frac{\partial \sigma_p}{\partial x_1} & & 0 \\ & \ddots & \\ 0 & & \frac{\partial \sigma_p}{\partial x_n} \end{bmatrix} \tag{5.51}$$

各マネージャーの資産配分 x_i は (5.50) より，

$$x_i = \sigma_p y_i \Big/ \frac{\partial \sigma_p}{\partial x_i} \qquad (5.52)$$

となる．行列表示では，

$$x = \sigma_p H^{-1} y \qquad (5.53)$$

とできる．(5.53) を (5.44) に代入することにより，最適リスク配分を求める目的関数は，

$$\max_y \alpha_p = \alpha^\mathrm{T} (\sigma_p H^{-1} y) \qquad (5.54)$$

とできる．制約条件は，(5.53) を (5.45) に代入して，

$$\omega_{\mathrm{target}}^2 \geqq (\sigma_p H^{-1} y)^\mathrm{T} \Omega (\sigma_p H^{-1} y) \qquad (5.55)$$

となる．資産配分の和が1となる制約条件は，(5.53) を (5.46) に代入して，

$$e^\mathrm{T} (\sigma_p H^{-1} y) = 1 \qquad (5.56)$$

空売り禁止の制約条件は，同様に (5.47) に代入して，

$$\sigma_p H^{-1} y \geqq 0 \qquad (5.57)$$

さらに，配分するリスク配分の和が1となるための制約条件として，

$$e^\mathrm{T} y = 1 \qquad (5.58)$$

リスク配分 y_i，資産配分 x_i が正であるための制約条件として，

$$x \geqq 0, \qquad y \geqq 0 \qquad (5.59)$$

となる．もとの平均・分散法による資産配分問題と比較して，制約条件 (5.58) と $y \geqq 0$ が多い．また，(5.55) において，リスクや限界リスク寄与の値は初期時点のものであり，資産配分が変化すればこれらの数値も変化することとなり，最適リスク配分を求めることには何らかの工夫が必要である．

5.6　補遺：リスクの理論

5.6.1　リスク指標の計測対象と計測法

　本項では，リスク指標を計算する対象や計算方法の理論的側面について解説する．ここで，リスク指標の計測対象とはリスクを測る対象のことで，現代投資理論（MPT）では，証券価格の収益率をリスク計測の対象とし，計算方法として標準偏差をリスクとして扱っている．しかし，このほかにもリスクを表す指標や計算方法は数多く提案されている．

5.6 補遺:リスクの理論

年金運用では,リスクを測る対象としてポートフォリオ価値と収益率の2つが考えられる.時刻 t,資産 j のリスクを測る対象(資産価格,あるいは収益率)を表すベクトルを $X^T=[X_1 \cdots X_n]$,ポジション(x_j が資産価格の場合は保有量(株数),収益率の場合は保有割合(投資比率))を表すベクトルを $\theta^T=[\theta_1 \cdots \theta_n]$ とする.ポートフォリオを表す確率変数を w(x_j が資産価格の場合はポートフォリオ価値,収益率の場合はポートフォリオの収益率)とすると,

$$W(\theta)=\theta^T X \tag{5.60}$$

となる.この確率変数は,ポートフォリオの時価,あるいはポートフォリオの収益率とも考えることができる.さらに,時点 t におけるポートフォリオを表す確率変数 w の分布関数を,

$$F(t, \theta, m)=P\{w_\theta \leq m\} \tag{5.61}$$

とし,密度関数(存在すれば)を

$$f(t, \theta, m)=\frac{d}{dw}P\{w_\theta \leq m\} \tag{5.62}$$

とする.これまでに提案されてきた主要なリスクの計測方法は,

(1) 標準偏差

$$\sigma(\theta)=\sqrt{Var[W(\theta)]}=\sqrt{E[(W(\theta)-E[W(\theta)])^2]} \tag{5.63}$$

(2) バリュー・アット・リスク(Value at Risk:VaR)

$$VaR(1-\alpha, \theta)=\inf\{W(\theta)|F(t, \theta, m) \geq 1-\alpha\} \tag{5.64}$$

(3) 下方部分積率(Lower Partial Moment:LPM)は,ある閾値を m とすると,

$$LPM(m, \theta)=E[(m-W(\theta))^+] \tag{5.65}$$

ここで,関数 $(X)^+$ は確率変数 X のうち正の部分を表す.

(4) CVaR(Conditional VaR)(TVaR(Tail VaR),あるいは期待ショートフォールともいう)

$$CVaR(1-\alpha, \theta)=E[W(\theta)|W(\theta) \leq VaR(1-\alpha, \theta)] \tag{5.66}$$

(5) ショートフォール確率(Shortfall Probability:SP)

$$SP(m)=F(t, \theta, m) \tag{5.67}$$

などがあげられる.(1)の標準偏差 $\sigma(\theta)$ は,確率変数 w_θ が収益率の場合は,MPTで扱うリスクの概念と同一である.金額の場合は,ポートフォリオの平

均価値 $E[w_0]$ からの "ブレ" を表すことになる．資産の収益率が正規分布に従うと仮定すれば，資産価格自体は正規分布とはならない．たとえば資産価格の過程が，

$$dW_t = \mu W_t dt + \sigma W_t dB_t \tag{5.68}$$

となる幾何ブラウン運動に従うと仮定すれば，資産価格自体は

$$W_t = W_0 \exp\left\{\left(\mu - \frac{1}{2}\sigma^2\right)dt + \sigma\sqrt{dt}B_t\right\} \tag{5.69}$$

とでき，対数正規分布に従うことになる．ここで，B_t は標準ブラウン運動，μ，σ は一定とする．資産価格過程が（5.68）以外に従うとすれば，（5.69）のような扱いが容易な分布とはならないこともある．資産価格が正規分布以外の分布に従うとすれば，分布に対する歪みの影響が大きくなり，リスクを標準偏差だけでは測れなくなる．このため，VaR などのリスク計測方法が有効となる．

（2）の VaR は，確率変数 X の分布関数が $1-\alpha$ を超える X の最小値である（確率変数 X が離散の場合，$1-\alpha$ を超えない最大値と定義する場合もある）．これは最悪の事態を想定した場合の損失であり，①ある特定の時間で，②ある特定の確率で，発生するポートフォリオのリターン（$VaR_{\%}$），損失額（VaR_1），損失が発生した場合のポートフォリオ価値（VaR_2）などとして現れる（$VaR_{\%}$，VaR_1，VaR_2 は本書のみの定義）．年金運用では，「将来 5 年間において，確率 5% で発生しうるサープラスの減少額」などとして利用できる．

（3）の LPM は，ある閾値 m から確率変数 X が下回った場合の平均損失額を表す．年金運用では，「積立不足になる場合の平均的な積立不足額」などとして利用できる．

（4）の CVaR は，最悪の自体が起きた場合に失う平均的な金額を表す．年金運用では，「将来 10 年間において，確率 5% で起こりうる最悪の場合での積立不足が，平均的にいくらになるか」というリスクを表す．

（5）の SP は，ある閾値 m を下回る確率が何% となるかを表す．年金運用では，「積立不足になる確率」として利用できる．

次に，具体的なリスク計算方法を示す．最初に，ポートフォリオ価値（資産価格自体）が分析対象の場合は，リスクはモンテカルロ・シミュレーションやヒストリカル・データを利用して分析される．ここでは，モンテカルロを利用する計算方法を示す．

初期時点を $t=0$，最終時点を $t=T$ とする．初期時点と最終時点との中間は区分されていてもされていなくてもよい．区分されていれば多期間モデルであり，区分されていなければ1期間モデルである．ここでは，1資産での計算例を示す．複数の資産がある場合でも同様に計算できる．シナリオを $s=1,\cdots,k$，時刻を t，シナリオ s の資産価格を $X(t,i,s)$ とする．資産価格変動モデルは，幾何ブラウン運動などが利用できる．時点 t，資産 i への投資量（株数）を $\theta(t,i)$ とすると，ポートフォリオの時価 $W(t,s)$ は，

$$W(t,\ s) = \sum_{i=1}^{n} X(t,\ i,\ s)\theta(t,\ i) \tag{5.70}$$

となる．時点 t でのポートフォリオ価値の平均は，

$$E_t[W] = \frac{1}{k}\sum_{s=1}^{k} W(t,\ s) \tag{5.71}$$

であり，ポートフォリオ価値の標準偏差は，

$$\begin{aligned} Var_t[x] &= E_t[W^2] - (E_t[W])^2 \\ &= \frac{1}{k}\sum_{s=1}^{k} W^2(t,\ s) - \left(\frac{1}{k}\sum_{s=1}^{k} W(t,\ s)\right)^2 \end{aligned} \tag{5.72}$$

と計算できる．（2）の（時点 t での）VaR を求めるには，ポートフォリオ価値を表す標本経路 $W(t,s)$ を小さい順にソートして $W_1,\cdots,W_k$ と並べる．アルファ・パーセンタイルに相当（小さい順に上から下へ並んでいる場合は，上から数えて $k\alpha$ 番目）する標本経路を W_α として，この値を損失が発生した場合のポートフォリオ価値（VaR$_2$）とする．

たとえば，ポートフォリオ価値の標本数が $k=100$ であり，上から小さい順にポートフォリオ価値が並んでいるとき，上から5番目のポートフォリオ価値を VaR（最悪の事態が起こった後のポートフォリオ価値）とする．損失額（VaR$_1$）は現在のポートフォリオ価値 x_0 から x_α を引いて求め，損失率（VaR$_\%$）は現在のポートフォリオ価値からの収益率 $(W_\alpha - W_0)/W_0$ を計算する．次に，（3）の LPM は，ある閾値を m として，

$$LPM_t(m,\theta) = \frac{\sum_{s=1}^{S} I_{\{W(t,s)<m\}}(m-W(t,s))}{\sum_{s=1}^{S} I_{\{W(t,s)<m\}}} \tag{5.73}$$

を計算すればよい．（4）の CVaR は（5.72）を利用して VaR を求め，この値

を閾値として (5.73) を利用し，LPM を計算すればよい．最後に，ショートフォール確率は，ポートフォリオ価値の標本経路を小さい順にソートし，閾値以下となる標本経路数を全標本経路数で割ることで計算できる．

次に，収益率を分析対象とする場合は，収益率 R が正規分布に従うと仮定することが多い．この場合，リスクは解析的に求めることができる．収益率の期待値は $\mu_R = E[R]$ であり，標準偏差は，

$$\sigma_y = \sqrt{Var[R]} = \sqrt{E[(R-\mu_R)^2]} = \sqrt{\theta^T \Sigma \theta} \quad (5.74)$$

となる．ここで，Σ は収益率の分散共分散行列である．VaR（損失率）は，

$$\text{VaR}(1-\alpha, \theta) = \mu_R + Z_\alpha \sigma_R \quad (5.75)$$

と計算できる．ここで，Z_α は，

$$\int_{-\infty}^{Z_\alpha} \frac{1}{\sqrt{2\pi}} e^{-(1/2)z^2} dz = N(Z_\alpha) = \alpha \quad (5.76)$$

を満たす数値で，たとえば，$1-\alpha=95\%$ であれば $Z_{5\%}=-1.645$，あるいは $1-\alpha=99\%$ であれば $Z_{1\%}=-2.34$ となる数値である．(5.75) で計算される VaR は，最悪の場合に被る可能性がある損失率を表すが，損失金額 VaR_1 は，現在のポートフォリオ価値を W_0 とすると，

$$\text{VaR}_1(1-\alpha, \theta) = W_0(\mu_R + Z_\alpha \sigma_R) \quad (5.77)$$

あるいは，損失が起きたときのポートフォリオ価値 VaR_2 は，

$$\text{VaR}_2(1-\alpha, \theta) = W_0(1-(\mu_R + Z_\alpha \sigma_R)) \quad (5.78)$$

となる．次に LPM は，ある閾値を m とすると，

$$\text{LPM}(m, \theta) = E[(m-R)^+] \quad (5.79)$$

であったが，y が正規分布に従うと仮定しているので，

$$E[(m-R)^+] = \frac{1}{\sqrt{2\pi}} \int_{-\infty}^{+\infty} (m-r)^+ e^{-(1/2)r^2} dr \quad (5.80)$$

と書ける．$z=(r-\mu_R)/\sigma_R$ として変数変換を行うと，(5.77) は，

$$E[(m-R)^+] = \frac{1}{\sqrt{2\pi}} \int_{-\infty}^{+\infty} (m-\mu_R-\sigma_R z)^+ e^{-(1/2)z^2} dz \quad (5.81)$$

とできる．さらに，(5.78) の積分が正である範囲は，

$$m - \mu_R - \sigma_R z \geqq 0 \quad (5.82)$$

であるから，積分の上限を，

とすれば，(5.81) は，

$$d = \frac{m - \mu_R}{\sigma_R} \quad (5.83)$$

$$\begin{aligned}
\mathrm{LPM}(m,\theta) &= E\left[(m-R)^+\right] \\
&= \frac{1}{\sqrt{2\pi}} \int_{-\infty}^{d} (m - \mu_R - \sigma_R z) e^{-(1/2)z^2} dz \\
&= \frac{1}{\sqrt{2\pi}} (m - \mu_R) \int_{-\infty}^{d} e^{-(1/2)z^2} dz - \frac{1}{\sqrt{2\pi}} \sigma_R \int_{-\infty}^{d} z e^{-(1/2)z^2} dz \\
&= (m - \mu_R) N(d) + \sigma_R e^{-(1/2)m^2} \quad (5.84)
\end{aligned}$$

とできる．ここで，

$$N(x) = \frac{1}{\sqrt{2\pi}} \int_{-\infty}^{x} e^{-(1/2)z^2} dz \quad (5.85)$$

である．CVaR は LPM の閾値 m に $\mathrm{VaR}_2(1-\alpha, \theta)$ を代入すればよいので，

$$\mathrm{CVaR}(1-\alpha, \theta) = (m - \mu_R) N(d) + \sigma_R e^{-(1/2)m^2} \quad (5.86)$$

ただし，

$$m = \mathrm{VaR}_2(1-\alpha, \theta) = W_0(1 - (\mu_\alpha - Z_\alpha \sigma_y)) \quad (5.87)$$

となる．最後に SP は，閾値を m とすれば，

$$\mathrm{SP}(m) = N(m) \quad (5.88)$$

となる．

5.6.2 リスク測度のコヒーレンシー（首尾一貫性）

Artzner ら（1999）は，理想的なリスク指標が満たすべき公理として以下の4つを提唱した（巻末参考文献参照）．ここで，$\rho(X)$ はポートフォリオ X のリスク指標であり，たとえばポートフォリオの標準偏差や VaR などのリスク指標を想定している．

（1）劣加法性（Subadditivity）

$$\rho(X+Y) \leq \rho(X) + \rho(Y) \quad (5.89)$$

リスク指標の劣加法性とは，個別資産のリスク指標を足し合わせたよりも，ポートフォリオのリスク指標は小さくなることを意味する．いわば分散投資効果のことである．リスク指標が劣加法性を満たすとき，配分比率に関して凸関数となる．ポートフォリオのリスクを最小化する配分比率を求める問題は凸計画

問題となり，最適資産配分が算出可能となる（詳しくは参考文献の今野 (1998)，第 15 章補遺を参照）.

（2）単調性（Monotonicity）

もし確率変数が $X \leq Y$ ならば，

$$\rho(X) \geq \rho(Y) \tag{5.90}$$

単調性とは，確率変数 X が確率変数 Y よりも，ほぼすべての事象で小さいならば，リスクは $\rho(X)$ の方が大きいということである．たとえば，$\rho(X)$ を年金基金のサープラスと考えると，サープラスが小さいとリスクが大きいといえる．しかしこれは，資本資産評価モデル（Capital Asset Pricing Model：CAPM）が想定しているリスクの概念と異なるような印象を受ける．CAPM は，ハイリスク・ハイリターンを想定して，リスクが高い資産は，期待リターンも高いという主張である．CAPM はリスク指標として標準偏差を考えるのに対して，単調性は確率変数の分布全体を考え，期待値もリスク指標の一種に含めようとする考え方である．

（3）正の 1 次同次性（Positive Homogeneity）

ある任意の正の実数 $\lambda > 0$ に対して，

$$\rho(\lambda X) = \lambda \rho(X) \tag{5.91}$$

正の 1 次同次性は，リスク指標に対するエクスポージャーを λ 倍したら，リスク指標自体も λ 倍になることを意味する．たとえば，リスク指標として標準偏差を考えたとき，派生証券などを用いてすべての資産の配分比率を 2 倍とした場合，ポートフォリオの標準偏差も 2 倍になる．詳しくは後述する．

（4）並進普遍性（Translation Invariance）

ある正の定数 α に対して，

$$\rho(X + \alpha) = \rho(X) - \alpha \tag{5.92}$$

Translation Invariance（並進普遍性と訳すことにするが，適切な訳語ではないかもしれない）は，リスク資産にバッファーとなる無リスク・ポートフォリオを足した場合，リスク指標はバッファーの分だけ減るという意味である．株式などのリスク資産に無リスク資産を加えた場合のポートフォリオのリスクは，リスク資産のリスクから，無リスク資産の額を引いたものとなるという意味になる．たとえば，株式ポートフォリオの VaR が X 億円であったとする．このポートフォリオに無リスク資産 α 億円を組み入れた場合，将来のポートフォ

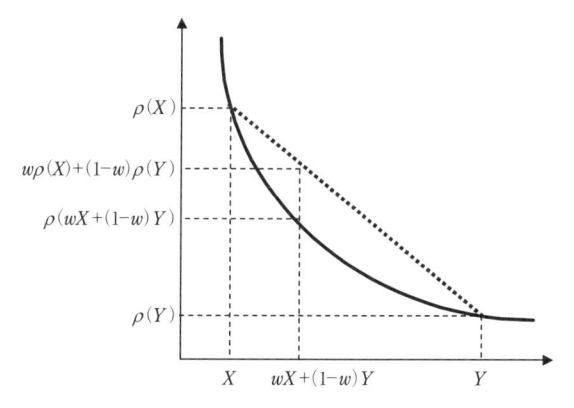

図5.14 劣加法性と正の1次同次性を満たす場合のリスク指標

リオ価値の分布をプラス方向へシフトさせることができ，ポートフォリオのVaRは$X-\alpha$億円となる．

劣加法性と正の1次同次性が同時に満たされる場合，リスクの最小化問題を凸計画問題として解くことが容易である．ポートフォリオの投資比率をwとすれば，

$$\rho(wX+(1-w)Y) \leq \rho(wX)+\rho((1-w)Y)$$
$$= w\rho(X)+(1-w)\rho(Y) \tag{5.93}$$

とできる．第1行目は劣加法性を利用し，2行目は正の1次同次性を利用している．(5.93) は，ポートフォリオのリスクは，個別資産のリスクの加重平均よりも等しいか小さいという現代投資理論が扱うリスクの特性を表している．(5.93) が表す関係を示すと図5.14のようになる．

5.6.3 実務的に利用されているリスク測度のコヒーレンシー

年金運用の実務では，ポートフォリオのリスクを測るリスク指標として標準偏差やVaRが，アクティブ・リスクを測るリスク指標としてトラッキング・エラー（TE）が用いられる．しかし，いずれもリスク指標のコヒーレンシー（首尾一貫性）を満たしてはいない．標準偏差やトラッキング・エラーは，(1) 劣加法性, (2) 単調性, (3) 正の1次同次性を満たしているが, (4) Translation Invariance（並進普遍性）は満たしていない．リスク資産と無リスク資産のポートフォリオの分散は，リスク資産の収益率をX，無リスク資産の収益率をC，

リスク資産への投資比率を w，無リスク資産への投資比率を $1-w$ とした場合，
$$Var[wX+(1-w)C] = w^2 Var[X] \tag{5.94}$$
となり，無リスク資産へ投資したとしても，(5.92) のように投資金額分のリスクが減少するわけではない．またVaRは，(2)～(4) は満たすが，(1) については，信用リスクのある債券や派生証券がポートフォリオに含まれていたり，ダイナミックなリバランス戦略を採用している場合などは満たさない．ただし，すべての資産の収益率が正規分布と仮定すれば，(1) を満たすことになる．実務的には，コヒーレンシーを満たすようなリスクの計測法を用いることは難しい．特に (4) を満たすリスク計測法は，リスクの概念としては簡単となるが，そのようなリスクを計算することは難しくなる．

5.6.4　1次同次性とリスク分解

リスク寄与度を計算する際に重要な1次同次性について解説する．1次同次性 t は，任意の関数 $z=f(w_1,\cdots,w_n)$ とすると，
$$az = f(aw_1,\cdots,aw_n) \tag{5.95}$$
が成立することをいう．たとえば資産配分において，すべてのマネージャーへの配分比率を，レバレッジ効果を利用して2倍とすると，ポートフォリオのトラッキング・エラーは2倍となる，ということである．アクティブ・マネージャーへの配分比率を表す n 次元ベクトル w，トラッキング・エラーを表す $n \times n$ 次元分散共分散行列 Ω を

$$w = \begin{bmatrix} w_1 \\ w_2 \\ w_3 \end{bmatrix}, \qquad \Omega = \begin{bmatrix} \omega_{11} & \cdots & \omega_{1n} \\ \vdots & \ddots & \vdots \\ \omega_{n1} & \cdots & \omega_{nn} \end{bmatrix} \tag{5.96}$$

とすると，ポートフォリオのトラッキング・エラー ω_p は，
$$\omega_p = (w^{\mathrm{T}} \Omega w)^{1/2} \tag{5.97}$$
となる．各マネージャーへの投資比率を a 倍したとすると，ポートフォリオのトラッキング・エラーも，
$$[(aw)^{\mathrm{T}} \Omega (aw)]^{1/2} = (a^2 w^{\mathrm{T}} \Omega w)^{1/2} = a(w^{\mathrm{T}} \Omega w)^{1/2} = a\sigma_p \tag{5.98}$$
と a 倍になることから，トラッキング・エラーや，同様な計算を行う標準偏差は，1次同次性を満たしていることがわかる．1次同次性が満たされるリスクは，以下のように分解可能である（オイラーの定理という．詳しくは解析学や

5.6 補遺：リスクの理論

物理学の教科書を参照されたい）．

$$\sigma_p = \frac{\partial \sigma_p}{\partial w_1} w_1 + \cdots + \frac{\partial \sigma_p}{\partial w_n} w_n = \sum_{i=1}^n \frac{\partial \sigma_p}{\partial w_i} w_i \qquad (5.99)$$

ここで，$\partial \sigma / \partial w$ は，ポートフォリオ全体のリスク σ_p を配分比率 w で微分したもので，ある資産への配分比率を一単位増加させた場合，ポートフォリオ全体のリスクがどの程度増加するかを表す「限界リスク寄与」である．(5.99) をさらに σ_p で割ることにより，

$$\sum_{i=1}^n \frac{\partial \sigma_p}{\partial w_i} \frac{w_i}{\sigma_p} = \sum_{i=1}^n \phi_i = 1 \qquad (5.100)$$

とできる．ここで，ϕ_i は第 i マネージャーのポートフォリオ全体に占めるリスクの割合と考えることができ，「リスク寄与度」と呼ばれるものである．たとえば，現在の投資比率を

$$w^{\mathrm{T}} = \begin{bmatrix} 0.2 & 0.3 & 0.5 \end{bmatrix} \qquad (5.101)$$

共分散行列を

$$\Sigma = \begin{bmatrix} 0.09 & 0.03 & 0.006 \\ 0.03 & 0.04 & 0 \\ 0.006 & 0 & 0.01 \end{bmatrix} \qquad (5.102)$$

とする．ポートフォリオのリスク σ_p は，

$$\sigma_p = (x^{\mathrm{T}} \Sigma x)^{1/2} = 12.0 \, (\%) \qquad (5.103)$$

と計算できる．限界リスク寄与は，

$$\frac{d\sigma}{dw} = \frac{1}{\sigma} \Sigma w = \begin{bmatrix} 0.25 \\ 0.15 \\ 0.05 \end{bmatrix} \qquad (5.104)$$

となる．(5.99) より限界リスク寄与に投資比率を掛けて合計すれば，ポートフォリオのリスクになることが確認できる．

$$\sum_{i=1}^3 \frac{d\sigma}{dw_i} w_i = \frac{d\sigma}{dw} x^{\mathrm{T}} = \begin{bmatrix} 0.25 \\ 0.15 \\ 0.05 \end{bmatrix} \begin{bmatrix} 0.2 & 0.3 & 0.5 \end{bmatrix} = 12.0 \, (\%) \qquad (5.105)$$

さらにリスク寄与度 ϕ_i は，(5.100) より，

$$\begin{bmatrix} \phi_1 \\ \phi_2 \\ \phi_3 \end{bmatrix} = \begin{bmatrix} \dfrac{d\sigma}{dw_1}\dfrac{w_1}{\sigma} \\ \dfrac{d\sigma}{dw_2}\dfrac{w_2}{\sigma} \\ \dfrac{d\sigma}{dw_3}\dfrac{w_3}{\sigma} \end{bmatrix} = \begin{bmatrix} 41.4\% \\ 37.2\% \\ 21.4\% \end{bmatrix} \qquad (5.106)$$

となる．第3資産への資産配分は60%と最も配分比率が高いが，リスク配分をみると，第1資産のリスク配分がポートフォリオ全体の41.4%を占めていることがわかり，ポートフォリオのモニタリングを行う際には，第1資産の値動きに注意を払う必要があることがわかる．

5.6.5 動的リスク指標と静的リスク指標

標準偏差やVaRなど実務的に利用されているリスク指標は，現在のポートフォリオを将来も維持した場合のリスクという，いわば「静的なリスク指標」といえる．これに対して実際の年金運用では，ポートフォリオのリバランスが行われ，リバランスの方法しだいでは，現在のポートフォリオを維持した場合のリスクというのは，実体を表さないこともある．たとえばポートフォリオがCPPI（Constant–Proportion–Portfolio–Insurance）戦略に従っているとする（CPPI戦略については，巻末参考文献 Perold and Sharpe（1988）を参照）．CPPIはポートフォリオ価値があるフロアを維持するようにする投資戦略で，具体的には，株価が上昇すれば買い増し，下落すれば売るというトレーディングを行い，ポートフォリオ価値がフロアと比較して大きいほど，リスク資産への配分比率が上昇する動的な戦略である．そのため，CPPI戦略に従うポートフォリオ価値の分布は偏りをもった分布となり，フロア付近の価値が実現する確率が高くなる（図5.15）．

CPPI戦略に従う場合のVaRと，バイ・アンド・ホールド（買い持ち）戦略に従うポートフォリオのVaRを比較すると，ポートフォリオ価値が下落するにつれて，株式を売却するCPPIの分布から計算されるVaRは小さいものとなる．CPPIのような動的な運用戦略をとる場合のリスクは，現在のポートフォリオを固定した場合の静的なリスク指標では，リスクを過大あるいは過少評価する場合もある．

5.6 補遺：リスクの理論

これに対して，運用戦略を考慮したリスクを，「動的なリスク指標（Dynamic Risk Measure）」と呼ぶこともある．最近では，動的なリスク指標についての理論的な研究も多くある．たとえば Cvitanic and Karazas (1999) は，（サープラスの）期待損失を最小化するような多期間での最適ポートフォリオ戦略を維持した場合の動的リスク指標について議論している（参考文献参照）．

いま，最終時点 $t=T$ では，負債 C を満たすポートフォリオ $X(T)$ が必要であるとする．積立額が十分である場合，証券市場で負債を複製するための証券が存在するとき（完備市場），年金基金は最終時点での負債を完全に複製可能なポートフォリオを初期時点で選択し運用できる．しかし，初期時点 $t=0$ でのポートフォリオ価値 x が負債を完全に複製するのに十分ではなく積立不足であるとする．この場合，年金基金はサープラスの期待損失

$$\inf_{\pi(\cdot) \in A(x)} E_0 \left[\frac{C - X^{x,\pi}(T)}{S_0(T)} \right] \tag{5.107}$$

を最小化するポートフォリオ π を選択するとする．ここで，S_0 は無リスク債券価格，$\pi(\cdot) \in A(x)$ は年金基金が破綻することがないように，規制当局により課された制約 $A(x)$ の中でポートフォリオを選択するということを意味する．年金基金が様々なシナリオを想定しているとして，年金基金全体の動的なリスクは，

$$V(x) = \sup_{v \in D} \inf_{\pi(\cdot) \in A(x)} E_v \left[\frac{(C - X^{x,\pi}(T))^+}{S_0(T)} \right] \tag{5.108}$$

これは，様々なシナリオを想定して最適資産配分を選択するが，その中の最悪

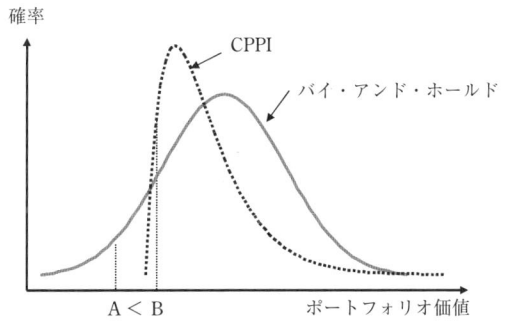

図 5.15 CPPI に従うポートフォリオの分布
A：バイ・アンド・ホールド戦略の VaR，B：CPPI 戦略の VaR．

のシナリオで被る期待損失である．これは，リスク指標のコヒーレンシー（首尾一貫性）を満たしている．このような動的リスクは，ある一定のポートフォリオ戦略を維持した場合のリスクであり，理論的な研究が行われているが，実務的に利用している例は少ない．その理由として，リスク測度としての考え方が難しく，計算も複雑であることがあげられるが，年金運用の場合，CPPIのような特定の戦略に従う運用や，多期間でのポートフォリオ投資戦略を考える例が少ないからでもあろう．

ポートフォリオのリスクを評価する場合に，ある運用戦略に従うから，静的なリスク指標ではなく動的なリスク指標で評価しなくてはならないということではない．動的なリスク指標は，ある一定の投資戦略を維持した場合でのリスクであるから，市場環境の変化などにより，そのような投資戦略が維持できなくなった場合，動的リスク指標でのVaRは，"最悪のケースでのリスク"ではなくなるときもある．

参考文献

Artzner, P., F. Delbaen, J. M. Eber and D. Heath (1999), "Coherent measure of risk", *Mathematical Finance,* **9**(3), 203-228

Balzer, L. (1994), "Measuring investment risk : A review", *Journal of Investing,* **3**(3), 47-58

Bliss, C. and M. Intriligator (1982), *Stochastic Methods in Economics and Finance,* North-Holland

Blitz, D. and J. Hottinga (2001), "Tracking error allocation", *Journal of Portfolio Management,* **27**(4), 19-26

Cambell. J and L. Viceira (2002), *Strategic Asset Allocation,* Oxford Univ. Press

Cochrane. J. (2001), *Asset Pricing,* Princeton Univ. Press

Cvitanic, J. and I. Karazas (1999), "On Dynamic Measures of Risk", *Finance and Stochastic,* **3**(4), 451-482

Dixit, A. and R. Pindyck (1994), *Investment Under Uncertainty,* Princeton Univ. Press ［邦訳『投資決定理論とリアルオプション』，翻訳主幹：川口有一郎 (2002), エコノミスト社］

Drijver, S., W. Haneveld and M. Vlerk (2000), "Asset liability management modeling using multistage mixed-integer stochastic programming", Working paper, CiteSeer, NEC Research Institute

Duffie, D. (1996), *Dynamic Asset Pricing Theory,* Princeton Univ. Press ［邦訳『資産価格の理論』，山崎　昭，桑名陽一，大橋和彦，本田俊毅訳 (1998), 創文社］

Hull, J. (2000), *Options, Futures, & Other Derivatives,* 4th ed., Prentice Hall ［邦訳『ファイナンシャルエンジニアリング』，東京三菱銀行金融商品開発部訳 (2001), 金融財政事情研究会］

Ibbotson, R.G. and R.A. Sinquefield (1976), "Stocks, bonds, bills and inflation : Simulation of the future (1976-2000)", *Journal of Business,* **49**(3), 313-338

Klaassen, P. (1998), "Solving stochastic programming models for asset/liability management using iterative disaggregation", In *Worldwide Asset and Liability Modeling* (Ziemba, W.T. and J.M. Mulvey ed.), p.427-463, Cambridge Univ. Press

Korn, R. and E. Korn (2001), *Option Pricing and Portfolio Optimization,* American

Mathematical Society

Kritzman, M. and G. Chow (2001), "Risk budgets", *Journal of Portfolio Management*, **27**(2), 56-60

Kritzman, M., G. Chow, R. Van and A. Soplie (2001), "Risk budgets：Comment", *Journal of Portfolio Management*, **27**(4), 109-111

Merton, R. (1969), "Lifetime portfolio selection under uncertainty", *Review of Economics and Statistics*, **51**, 247-257

Merton, R. (1971), "Optimum consumption and portfolio rules in a continuous time model", *Journal of Economic Theory*, **3**, 373-413；Erratum, **6**(1973), 213-214

Muralidhar, A. (2001), "Optimal risk-adjusted portfolio with multiple managers", *Journal of Portfolio Management*, **27**(3), 97-104

Panjer, H.,et al (1998), *Financial Economics-With Applications to Investments, Insurance and Pensions*, The Actuarial Foundation

Perold, A.F. and W. Sharpe (1993), "Dynamic strategies for asset allocation", *Financial Analysts Journal*, **44**(1), 16-27

Smithson, C. and G. Bodnar (2001), "Risk allocation", *Risk*, Feb, 58-59

Waring, B., D. Whitney, J. Pirone and C. Castlle (2000), "Optimizing manager structure and budgeting manager risk", *Jouanl of Portforio Management*, **26**(3), 90-104

浅野幸弘，金子能宏編著（1998），『企業年金ビッグバン』，東洋経済新報社

乾　孝治，室町幸雄（2000），『金融モデルにおける推定と最適化』，朝倉書店

C. D. エリス（1999），『敗者のゲーム』（鹿毛雄二訳），日本経済新聞社

木島正明，長山いづみ，近江義行（1996），『ファイナンス工学入門第Ⅲ部 数値計算法』，日科技連出版社

D. キャサリー（1994），『リスクへの挑戦』（工藤長義訳），金融財政事情研究会

今野　浩（1995, 1998），『理財工学Ⅰ─平均・分散モデルとその拡張─』，『理財工学Ⅱ─数理計画法による資産運用最適化─』，日科技連出版社

P. ジョリオン（1999），『バリュー・アット・リスクのすべて』（第一勧業銀行金融技術研究チーム訳），シグマベイスキャピタル

多田羅智之，枇々木規雄（2001），「多期間確率計画モデルの年金ALMへの適用」，日本金融・証券計量・工学学会2001年夏季大会予稿集

長沢和哉（2001），「リスク・バジェッティングによるインベストメント・ストラクチャーの構築」（報告集），年金資金運用研究センター，H12-2

年金資金運用研究センター編（1999），『リスク管理ハンドブック』，年金資金運用研究センター

L. ビーバー，W. コズン，B. ズバン（2000），「年金基金におけるリスク・バジェッティング」，『リスク・バジェッティング』（L. ラール編，三菱信託銀行受託財産運用部門訳），パン・ローリング

堀江貞之，A. Robert（2000），「年金リスク管理における重要課題と新事例」，ファンドマネジメント，2000年秋号
森平爽一郎編（2000），『ファイナンシャル・リスクマネージメント』，朝倉書店
湯前祥二，鈴木輝好（2000），『モンテカルロ法の金融工学への応用』，朝倉書店
米沢泰博編（2001），『パッシブ・コア戦略』，東洋経済新報社
リスク管理フォーラム（2000），「リスク管理ガイドライン40」
D. E. ローグ，J. S. ラダー（2000），『年金学入門』（刈屋武昭監訳，年金工学研究会訳），きんざい

[参照ホームページ]
リスク管理フォーラム（大和総研）　http://www.dir.co.jp/Consulting/rmf/index.html
リスク・メトリックス　http://www.riskmetrics.com/
住友信託年金研究センター　http://www.sumitomotrust.co.jp/PEN/research/07_04.html
日本保険・年金リスク学会　http://risk.sfc.keio.ac.jp/jarip
リスク・ラブ・リサーチペーパー　http://www.risklab.ch/Papers.html
ALM Professional　http://www.almprofessional.com
米国アクチュアリー会　http://www.soa.org/
Astin Bulletin　http://www.casact.org/library/astin/index.html
All about Value at Risk　http://www.gloriamundi.org/

索　引

▶ ア　行

アクティブ・マネージャー　131
アクティブ・リスク・バジェッティング　144
アセット・オンリー・アプローチ　51, 64
アセット・クラス　6

意図したリスク　34
意図せざるリスク　34
イミュニゼーション戦略　72
インフォメーション・レシオ　145

オペレーショナル・リスク　5
オンタリオ州教職員年金基金　137

▶ カ　行

解析解　51
確率過程　69
下方1次モーメント　92
下方部分積率　165

幾何ブラウン運動　30
近視眼的損失回避　20
勤務費用　29

限界リスク寄与　133
現代投資理論　5

行動ファイナンス理論　20
購入株数　107
購入量　107
効用関数　59, 81

効率的フロンティア　6
5：3：3：2規制　3
コックス・インガソル・ロス・モデル　74
コレスキー分解　72
コンプライアンス・リスク　5

▶ サ　行

最小分散ポートフォリオ　43
裁定機会　128
最適資産配分　36, 51, 60
最適資産配分戦略　51
最適リスク配分モデル　144
サープラス・アット・リスク　17
サープラス・アプローチ　60
サープラス・フレームワーク　6, 42

資産価格の基本定理　129
資産配分比率　59
資産負債統合管理　3
市場リスク　5
実績トラッキング・エラー　142
資本資産評価モデル　170
状態価格ベクトル　129
ショートフォール確率　17, 165
信用リスク　5

推定トラッキング・エラー　141
スタイル・リスク　141

政策アセット・ミックス　6, 17
静的リスク指標　174
絶対リスク回避度　82
絶対リターン　131

線形ALMモデル　115

相対リスク回避係数　59
相対リスク回避度　82

▶タ　行

退職給付債務　28, 73
多期間離散型ALMモデル　109
多期間離散モデル　87
多期間連続モデル　50, 58

ツリーモデル　127

デュレーション　47
デリバティブ取引　4

投資ガイドライン　11
投資量　107
動的リスク指標　174
トラッキング・エラー　17
トラッキング・エラー配分モデル　144
ドリフト　69
トレーディング業務　4

▶ナ　行

2項ツリーモデル　87, 92

年金運用　3, 36

▶ハ　行

売却株数　107
売却量　107
ハミルトン・ヤコビ・ベルマン方程式　52
バリュー・アット・リスク　17
ハル・ホワイト・モデル　74

評価関数　59
標本経路　168
非予測可能制約　98

負債の期待成長率　66

負債ヘッジポートフォリオ　47
プライベート・エクイティ　137
ブラック・ショールズ・オプション価格公式　25

平均・分散アプローチ　6, 36, 156
べき型効用関数　59, 81
ベータ値　67
ベルマンの最適化原理　52

ポートフォリオ管理　9
保有株数　107
ボラティリティー　66

▶マ　行

マートン問題　51

無裁定理論　127

モンテカルロ・シミュレーション　28

▶ヤ　行

予測給付債務　42

▶ラ　行

ラグランジュ未定乗数法　38

離散モデル　50
リスク・エクスポージャー　21
リスク回避度　82
リスク管理　11
　──の運営体制　12
　──の特徴　12
　──の標準的手法　15
リスク管理ガイドライン40　5
リスク寄与度　133, 162
リスク指標　164
リスク・スタンダード20　4
リスク・バジェッティング　131
リスク・プレミアム　7
リバランス　11

索　引

流動性リスク　5

累積給付債務　42

連続時間モデル　50

ログ効用関数　81

▶欧　文

Absolute Risk Aversion（ARA）　82
Accumulated Benefit Obligation（ABO）　42
Asset Liability Management（ALM）　3, 24, 50, 87
BIS 規制　3
Capital Asset Pricing Model（CAPM）　170
Cox‐Ingersoll‐Ross（CIR）Model　74
HJB 方程式　52, 81, 83
Hull and White Model　74
Myopic Loss Aversion　20
Plan‐Do‐See　20
Projected Benefit Obligation（PBO）　42
Relative Risk Aversion（RRA）　82
The Ontario Teachers' Pension Plan（OTPP）　137

編集者略歴

田中周二（たなかしゅうじ）

1951 年　東京都に生まれる
1974 年　東京大学理学部卒業
現　在　株式会社ニッセイ基礎研究所主席研究員

著者略歴

北村智紀（きたむらともき）

1967 年　東京都に生まれる
1991 年　早稲田大学商学部卒業
1997 年　カーネギーメロン大学産業経営大学院修士課程修了
現　在　株式会社ニッセイ基礎研究所副主任研究員

シリーズ〈年金マネジメント〉3
年金 ALM とリスク・バジェッティング　　定価はカバーに表示

2004 年 3 月 30 日　初版第 1 刷

編集者　田　中　周　二
発行者　朝　倉　邦　造
発行所　株式会社　朝　倉　書　店
　　　　東京都新宿区新小川町 6-29
　　　　郵便番号 162-8707
　　　　電　話　03(3260)0141
　　　　F A X　03(3260)0180
　　　　http://www.asakura.co.jp

〈検印省略〉

ⓒ 2004〈無断複写・転載を禁ず〉　　　　　教文堂・渡辺製本

ISBN 4-254-29583-9　C 3350　　　　　　　Printed in Japan

J.エリアシュバーグ／G.L.リリエン編
前東工大 森村英典・立大 岡太彬訓・京大 木島正明・
立大 守口　剛監訳

マーケティングハンドブック

12122-9 C3041　　A 5 判　904頁　本体27000円

〔内容〕数理的マーケティングモデル／消費者行動の予測と説明／集団的選択と交渉の数理モデル／競争的マーケティング戦略／競争市場構造の評価と非空間的木構造モデル／マーケットシェアモデル／プリテストマーケット予測／新製品拡散モデル／計算経済と時系列マーケット応答モデル／マーケティングにおける価格設定モデル／セールスプロモーションモデル／営業部隊の報酬／営業部隊の運営／マーケティングミクスモデル／意思決定モデル／戦略モデル／生産の意思決定

R.A.ジャロウ／V.マクシモビッチ／
W.T.ジェンバ編
中大 今野　浩・岩手県立大 古川浩一監訳

ファイナンスハンドブック

12124-5 C3041　　A 5 判　1152頁　本体29000円

〔内容〕ポートフォリオ／証券市場／資本成長理論／裁定取引／資産評価／先物価格／金利オプション／金利債券価格設定／株式指数裁定取引／担保証券／マイクロストラクチャ／財務意思決定／ヴォラティリティ／資産・負債配分／市場暴落／普通株収益／賭け市場／パフォーマンス評価／市場調査／実物オプション／最適契約／投資資金調達／財務構造と税制／配当政策／合併と買収／製品市場競争／企業財務論／新規株式公開／株式配当／金融仲介業務／米国貯蓄貸付組合危機

S.I.ガス／C.M.ハリス編
前東工大 森村英典・政策研究大学院大 刀根　薫・
前東大 伊理正夫監訳

経営科学ＯＲ用語大事典

12131-8 C3541　　B 5 判　752頁　本体32000円

OR／MSの重要な用語を、中項目・小項目のランクに分け、世界的な研究者が執筆し、五十音順に配列した大事典。[主な用語]意思決定／回帰分析／環境システム分析／グラフ理論／経済学／計算複雑度／計量経済／ゲーム理論／広告／在庫モデル／巡回セールスマン問題／施設配置／要員計画／線形計画法／探索モデリング／内点法／ネットワーク最適化／配送経路問題／費用効果分析／包絡分析法／目標計画法／マーケティング／待ち行列理論／マルコフ決定過程／リスク管理／他

長崎シーボルト大 武藤眞介著

統計解析ハンドブック

12061-3 C3041　　A 5 判　648頁　本体22000円

ひける・読める・わかる——。統計学の基本的事項302項目を具体的な数値例を用い、かつ可能なかぎり予備知識を必要としないで理解できるようやさしく解説。全項目が見開き２ページ読み切りのかたちで必要に応じてどこからでも読めるようにまとめられているのも特徴。実用的な統計の事典。
〔内容〕記述統計(35項)／確率(37項)／統計理論(10項)／検定・推定の実際(112項)／ノンパラメトリック検定(39項)／多変量解析(47項)／数学の予備知識・統計数値表(28項)。

慶大 蓑谷千凰彦著

統計分布ハンドブック

12154-7 C3041　　A 5 判　740頁　本体22000円

統計に現れる様々な分布の特性・数学的意味・展開等を、グラフを豊富に織り込んで詳細に解説。3つの代表的な分布システムであるピアソン、バー、ジョンソン分布システムについても説明する。
〔内容〕数学の基礎(関数／テイラー展開／微積分他)／統計学の基礎(確率関数、確率密度関数／分布関数／積率他)／極限定理と展開(確率収束／大数の法則／中心極限定理他)／確率分布(アーラン分布／安定分布／一様分布／F分布／カイ２乗分布／ガンマ分布／幾何分布／極値分布他)

日本年金数理人会編

年　金　数　理　概　論

29006-3　C3050　　A5判 184頁 本体3200円

年金財政を包括的に知りたい方，年金数理人をめざす方のための教科書。〔内容〕年金数理の基礎／計算基礎率の算定／年金現価／企業年金制度の財政運営／各種財政方式の構造／財政検証／財政計算／退職給付債務の概要／投資理論への応用／他

J.D.フィナーティ著　法大浦谷　規訳

プロジェクト・ファイナンス
―ベンチャーのための金融工学―

29003-9　C3050　　A5判 296頁 本体5000円

効率的なプロジェクト資金調達方法を明示する。〔内容〕理論／成立条件／契約担保／商法上の組織／資金調達／割引のキャッシュフロー分析／モデルと評価／資金源／ホスト政府の役割／ケーススタディ（ユーロディズニー，ユーロトンネル等）

京大 木島正明・京大 岩城秀樹著
シリーズ〈現代金融工学〉1

経済と金融工学の基礎数学

27501-3　C3350　　A5判 224頁 本体3500円

解法のポイントや定理の内容を確認するための例を随所に配した好著。〔内容〕集合と論理／写像と関数／ベクトル／行列／逆行列と行列式／固有値と固有ベクトル／数列と級数／関数と極限／微分法／偏微分と全微分／積分法／確率／最適化問題

京大 木島正明著
シリーズ〈現代金融工学〉3

期間構造モデルと金利デリバティブ

27503-X　C3350　　A5判 192頁 本体3400円

実務で使える内容を心掛け，数学的厳密さと共に全体を通して概念をわかりやすく解説。〔内容〕準備／デリバティブの価格付け理論／スポットレートのモデル化／割引債価格／債券オプション／先物と先物オプション／金利スワップとキャップ

都立大 渡部敏明著
シリーズ〈現代金融工学〉4

ボラティリティ変動モデル

27504-8　C3350　　A5判 160頁 本体3400円

金融実務において最重要な概念であるボラティリティの役割と，市場データから実際にボラティリティを推定・予測する方法に焦点を当て，実務家向けに解説〔内容〕時系列分析の基礎／ARCH型モデル／確率的ボラティリティ変動モデル

京大 乾　孝治・ニッセイ基礎研 室町幸雄著
シリーズ〈現代金融工学〉5

金融モデルにおける推定と最適化

27505-6　C3350　　A5判 200頁 本体3600円

数理モデルの実践を，パラメータ推定法の最適化手法の観点より解説〔内容〕金融データの特徴／理論的背景／最適化法の基礎／株式投資のためのモデル推定／GMMによる金融モデルの推定／金利期間構造の推定／デフォルト率の期間構造の推定

ニッセイ基礎研 湯前祥二・北大 鈴木輝好著
シリーズ〈現代金融工学〉6

モンテカルロ法の金融工学への応用

27506-4　C3350　　A5判 208頁 本体3600円

金融資産の評価やヘッジ比率の解析，乱数精度の応用手法を詳解〔内容〕序論／極限定理／一様分布と一様乱数／一般の分布に従う乱数／分散減少法／リスクパラメータの算出／アメリカン・オプションの評価／準モンテカルロ法／Javaでの実装

統数研 山下智志著
シリーズ〈現代金融工学〉7

市場リスクの計量化とVaR

27507-2　C3350　　A5判 176頁 本体3600円

市場データから計測するVaRの実際を詳述。〔内容〕リスク計測の背景／リスク計測の意味とVaRの定義／リスク計測モデルの意味／リスク計測モデルのテクニック／金利リスクとオプションリスクの計量化／モデルの評価の規準と方法

京大 木島正明・みずほ第一フィナンシャル 小守林克哉著
シリーズ〈現代金融工学〉8

信用リスク評価の数理モデル

27508-0　C3350　　A5判 168頁 本体3600円

デフォルト（倒産）発生のモデルや統計分析の手法を解説した信用リスク分析の入門書。〔内容〕デフォルトと信用リスク／デフォルト発生のモデル化／判別分析／一般線形モデル／確率選択モデル／ハザードモデル／市場性資産の信用リスク評価

都立大 朝野熙彦・京大 木島正明編
シリーズ〈現代金融工学〉9

金融マーケティング

27509-9　C3350　　A5判 240頁 本体3800円

顧客が金融機関に何を求めるかの世界を分析〔内容〕マーケティング理論入門／金融商品の特徴／金融機関のためのマーケティングモデル／金融機関のためのマーケティングリサーチ／大規模データの分析手法／金融DBマーケティング／諸事例

上記価格（税別）は 2004 年 2 月現在

シリーズ〈年金マネジメント〉(全3巻)

現在の企業年金制度を取り巻く厳しい状況の中では，資産運用などを完全に専門家任せにするのではなく，自らが知識をもち見極める力が必要とされる．企業年金制度の概要から，資産運用の理論までを解説した，年金実務担当者必読のシリーズ．付録ソフトにより（第1巻のCD-ROMに1～3巻分を収録），年金の諸指標を実際に計算する過程の擬似的体験が可能．

1. 年金マネジメントの基礎（CD-ROM付）　[A5判 192頁]本体3600円

ニッセイ基礎研究所　田中周二編　上田泰三・中嶋邦夫著

企業年金制度の仕組み、制度、法律などを解説。

企業年金のしくみ・財政を解説。年金業務に携わる実務担当者必携の書。付録プログラムにより企業の実務で実際に行う計算過程の擬似的体験が可能（退職給付会計の財務諸表の作成等）。

〔内容〕企業年金とは／企業年金の設計と運営／企業年金と退職給付会計／制度の見直し・移行

2. 年金資産運用　[A5判 272頁]本体3800円

ニッセイ基礎研究所　田中周二編　山本信一・佐々木進著

年金運用の基本方針を立てるための理論・モデルを解説。

企業年金の運用においては，長期戦略（運用基本方針）を立てることが重要となる。そのために必要な知識・理論を解説する。

〔内容〕年金運用を取り巻く日米の歴史から学ぶこと／年金運用におけるPlan-Do-Seeプロセス／ポートフォリオ理論／政策アセット・ミックス／各資産クラスの運用手法／マネージャー・ストラクチャー／リバランスと運用評価

3. 年金ALMとリスク・バジェッティング　[A5判 196頁]

ニッセイ基礎研究所　田中周二編　北村智紀著

資産運用におけるリスク管理の理論・モデルを解説。

企業年金の運用においては，リスク管理が重要である。最近注目されるALM（資産負債統合管理），リスク・バジェッティング（リスク予算配分と管理）等の理論・モデルについて解説。

〔内容〕年金運用とリスク管理／年金運用と最適資産配分／多期間連続モデルを利用したALM／多期間離散モデルを利用したALM／リスク・バジェッティング

上記価格（税別）は2004年2月現在